把全世界的"宁波帮"都动员起来建设宁波。

——邓小平(1984年8月1日)

"宁波帮"精神是"浙江精神"的重要组成部分,是浙江人民的宝贵精神财富。

——习近平(2004年8月1日)

宁波人在武汉

武汉宁波经济建设促进会
武汉市宁波商会　编

宁波出版社
NINGBO PUBLISHING HOUSE

《宁波人在武汉》编辑委员会

顾　问　陈华芳　毛冬声　方天人　陈祖源

主　编　唐惠虎　郑奋勇　朱留锋

副主编　沈华强　毛　茵（执行）

编　委　唐惠虎　郑奋勇　朱留锋　余建栋
　　　　付　俊　江安林　沈华强　周丽琳
　　　　毛　茵

参编者　李　琳　丁燕琳

目 录

鞠躬尽瘁　为国铸舰 ··· 001
　　记"辽宁号"航空母舰总设计师朱英富院士

用创新发展的思维，推进中国汽车产业发展 ············· 015
　　东风汽车集团有限公司董事长、党委书记竺延风如是说

我与武汉的不解情缘 ··· 020
　　著名数学物理学家、武汉市原副市长郭友中如是说

丹心热血绽芳华 ··· 032
　　记武汉市原副市长陈华芳

中国器官移植的拓荒者 ··· 045
　　记华中科技大学同济医学院夏穗生教授

倾尽全力为发展 ··· 058
　　记武汉市计划委员会原主任楼隆极

中国商业第一股的点睛者 ······································ 062
　　记武商集团原董事长毛冬声

愿一生站在医疗卫生最前沿 074
  记武汉市卫生局原局长方天人

痴迷于"有限元"的土木建筑专家 090
  记武汉大学土木建筑工程学院原院长朱以文教授

坚守医疗一线的妇产科学家 098
  记华中科技大学同济医学院顾美皎教授

为了中国体育事业的崛起 110
  记武汉体育学院原院长杨鹏飞教授

钟情高等教育三十年 117
  记武汉科技大学校长倪红卫教授

黄鹤楼设计纪事 125
  中南建筑设计院原副总设计师向欣然如是说

围棋规则如是说 132
  围棋理论家陈祖源如是说

《长江日报》落实知识分子政策系列报道二三事 145
  高级记者唐惠虎博士如是说

醉心大数据与互联网时代的系统工程科学家 158
  记华中科技大学长江学者、特聘教授王红卫

国家纳米药物研究的领军人物 165
  记华中科技大学特聘教授杨祥良

情系硅钢三十载 ································· 179
记"杰出工程师奖"获得者、宝武钢铁集团公司毛炯辉

奋进前行打造多元化企业 ·························· 185
记湖北永泰能源集团股份有限公司董事长郑奋勇

朱留锋和他的武汉互联网生涯 ······················ 197
记武汉灯塔财经科技有限公司董事长朱留锋

我的曲艺人生 ··································· 206
湖北省曲艺家协会主席、武汉说唱团原团长陆鸣如是说

国家中医师承导师的医者仁心 ······················ 222
记武汉市中医院主任医师张觉人

激光帝国的巾帼之花 ······························ 230
记武汉华俄激光工程有限公司董事长付俊

小豆芽,让市民生活更如意 ························ 240
记湖北玉如意农业集团有限公司董事长余建栋

再创业是一种社会责任 ···························· 250
记武汉三江联合展示工程有限公司董事长江安林

和祖父沈祝三一样,致力于建设大武汉 ··············· 258
武汉建工(集团)股份有限公司监事沈世璋如是说

附录:武汉市概况 ································ 268
后记 ·· 272

鞠躬尽瘁　为国铸舰
记"辽宁号"航空母舰总设计师朱英富院士

朱英富，1941年7月生于上海，祖籍浙江宁波。1958年考入上海交通大学船舶制造系，1966年研究生毕业。1968年分配至第六机械工业部第七研究院第701研究所工作，遂到江南造船厂、求新造船厂劳动。1970年2月回701研究所，先后担任研究室主任、副所长、所长等职。

1982年至1984年，在美国加州大学伯克利分校船舶与海洋工程系做访问学者，从事船舶流体动力学研究工作。

1990年起担任出口泰国的某型护卫舰工程总设计师，主持设计包括赴索马里海域执行国际护航任务的武汉号驱逐舰、海口号驱逐舰等在内的多型军舰。1995年获国务院政府特殊津贴；1996年起主持我国新一代两型驱逐舰研制；1996年获"有突出贡献中青年专家"称号；1997年获光华科技基金一等奖；2002年被中组部、中宣部、人事部、科技部授予"杰出专业技术人才"称号；2007年被授予高技术工程重大贡献奖。

2011年当选为中国工程院院士；2012年9月25日，朱英富担任总设计师的中国第一艘航空母舰"辽宁舰"交接入列。

看过太多激情澎湃的励志电影，读过太多鸡血满满的奋斗文章，崇拜过太多金融大咖、互联网大腕，当看到身边这位平易而亲切的航空母舰总设计师，在网络上被列为让美国最害怕的十个人之一的朱英富时，我笑了，他也笑了。如此亲近的一位老人，从来都是笑眯眯的，举止谈吐儒雅温和，无论如何也不会让人"害怕"；如此低调从容的一个研究学者，承载着总领我国海军主战装备设计的重任，心中从来只想着如何不辱使命，鞠躬尽瘁，为国铸舰，怎会风云叱咤到让美国"闻风丧胆"？

一个出生于上海，居住在武汉的宁波人，坐着宁波的手摇船，看着黄浦江上的汽轮，种下的一个造船梦，终在长江畔开出了美丽的花，结出了沉甸甸的果。回顾起来，一切的选择都是被生活的境遇推动，一切的发展都是那么坦荡和自然，没有惊心动魄的大起大落，只有淡定平和的心态，对技术的孜孜以求，学习成长的兴趣和强烈的使命感、责任感。

贫苦出身，读书改变命运

从小生活在黄浦江边的朱英富院士，看着江中穿梭来往的船只，一直梦想着能当一名船长。

然而，朱英富在家中排行老大，下有五个弟妹，父母都只是织造厂的普通工人，父亲只能把他送进一个教会学校。他既要学习，还要照顾家里的弟妹，并且要承担各类家务活。努力好学的他，并不为家境所困，成绩一直名列前茅，而父母也勉力供他读完了高中。但是，由于家里经济拮据，他高中毕业时几乎就要断送了求学之路。因为，读大学所需的学费、路费等，无疑会令这个本不宽裕的家庭雪上加霜。父母想让作为长子的他尽快地赚钱补贴家用，并联系好了让他去做钳工学徒的事宜。

在朱英富的一再坚持下,父母亲同意让他试试,但是只让他报考本地的大学,因为赴外地求学的路费又是一笔不小的开销。于是,朱英富放弃了到大连学习船舶驾驶的机会,也放弃了老师建议报考的北航,转而填报了上海交通大学造船系——毕竟没有断开和船的联系。凭借优异的成绩,朱英富顺利地考上了大学,就这样离他心中的梦想更近了。尽管不能成为船长,但可以成为一名造船人,并且注定与船舶设计结缘一生。

上海交通大学是一所历史悠久的名校,由清代教育家盛宣怀创办于1896年,学校曾培养出钱学森、王希季、吴自良、陈能宽、杨嘉墀、姚桐斌六位"共和国两弹一星"科技功臣,其教育实力可想而知。这所大学的造船系堪称中国舰船设计师的摇篮,该系的第一任系主任是曾留学英国的著名船舶设计专家杨槱(现为中科院资深院士),后来成为朱英富的研究生导师。

但那时是一个不一样的岁月,时代的"风雨"注定要让他们那代人经历更多的磨难,学习的道路也注定不会一帆风顺。朱英富进入交大学习,正值系里搞"单课独进"改革,其间还进行了支农活动,遇到了大炼钢铁、灭"四害"运动,学生们甚至要爬到屋顶咚咚敲鼓驱赶麻雀。虽然对学习造成了一定的影响,但无法阻止朱英富那颗积极进取、用功学习的心。他利用一切学习的时间和机会,

» 1996年朱英富在泰国海军基地

如饥似渴地学好基础知识。

机遇总是垂青那些有准备的人。大学本科快要毕业的时候,正值我国首次全国统招研究生,由于朱英富年纪小且成绩优异,在班主任和大家的多次建议下,他不负众望,以优异的成绩考取本校的研究生,师从著名船舶设计专家杨槱。在导师的指导下,他参加了一系列研究课题,在设计理念、设计创新上打下了扎实的基础。

然而,命运再次跟他开了一个玩笑。研究生毕业时,全国兴起了"文化大革命",他的工作分配也因此被耽搁了将近两年。但砥砺前行的梦想仍在他脑海里回荡,学习从未停歇。1968年,朱英富被分配到第六机械工业部第七研究院第701研究所(今中船重工701所)工作,正式开启了他铸舰报国的征程。

时代磨砺,造就丰富积淀

参加工作后的朱英富经历丰富,一路上既有鲜花,也充满荆棘。

701所于1961年成立于上海,1965年迁至南京。根据上级要求,新入所的大学生、研究生需要先接受工人阶级"再教育"。朱英富被分配到上海江南造船厂劳动,在船体车间当装配工,给装配、焊接师傅打下手。当时正逢厂里给越南制造一批小型船舶,于是他跟着工人师傅一起上下班,向他们学习造船技术,和1966届的大学生们一起在厂里同吃住、同劳动。江南造船厂的实习结束后,转到上海求新造船厂,在那里当剪切工,根据需要剪切造船钢板。此时,上级要求新毕业的大学生、研究生都要到农村去锻炼,朱英富来到位于安徽当涂县丹阳湖的二十军军垦农场,参加围湖造田和修大堤的艰苦劳动生活。

在工厂、农村劳动期间,生活十分艰苦。作为经过专业系统学习的青年知识分子,朱英富的精神压力更大,心理负担也比常人重。但是,在工厂、农村与工人、工程师、士兵和农民的朝夕相处中,朱英富了解了他们的喜乐哀愁,了解了普通劳动者对国家富强的强烈愿望。通过劳动锻炼,他自身的意志力、耐力得到了极大的提高。朱英富将这段经历视为一笔难得的宝贵财富。

1970年2月,朱英富终于回到701研究所。这年4月,701研究所迁至武汉。从此,武汉成为他事业的腾飞之地。

伯乐识才,进修进阶人生

刚被分到701所三室船体科的朱英富,主要从事设计研究工作。拥有扎实基础知识的他,想在工作中快速上手,于是主动向老同志学习请教工程经验,学习各种图纸资料文件,补充自己所需的知识。那时比较先进的是计算机辅助设计用到的编程语言,他利用业务时间主动学习新知识和先进技术,发挥自身特长,在工作中快速成长起来。年轻的朱英富凭借精益求精的工作作风,很快在这个高手如云的单位脱颖而出。

1982年,中国的改革开放方兴未艾,"请进来"与"走出去"不再存在壁垒。科领导认为朱英富英文不错,十分赏识他,动员他参加出国考试。当时,朱英富的出国意愿并不强烈,但是有伯乐相中他,督促并推了他一把,他就决定去试试。不久,他获得了以公派访问学者身份去美国加州大学伯克利分校参与船舶流体力学方面研究的宝贵机会。这对参加工作已14年的他而言,无疑是人生的一次重大跨越。这一步不仅让他跨过了太平洋,还跨进了世界知名大学。已过不惑之年的他,深知这一跨越来之不易,必须抓住机遇,拓宽视野,将"他山之石"拿来"攻玉"。

在美国生活的两年间,他与美国舰船专家一起研究船舶流体力学,在专业知识上继续深入研究研究生时期的课题;学习之余,他常和美国的学者、同事促膝谈心,这不仅全面提升了他的英语会话能力和语言技巧,也使他近距离了解了美国社会与文化,加深了他与美国知识阶层的友谊。

那个时代,改革开放春风乍起,对抗隔阂寒冰渐消,人们小心翼翼地睁大好奇的双目观望大洋彼岸的世界。但30年前的资讯水平远不如21世纪的今天发达,在国内我们只能通过有限的渠道了解西方社会,所得只言片语往往还只是纸上谈兵。有机会赴美学习生活,而不是走马观花地旅游观光,必能切肤体验两种文化的差异。在美国生活的两年,朱英富深刻体会到植根于中西文化本原的思维方式的差异常常导致误解,许多本可避免的矛盾就此产生。因此,坦诚的态度、恰当的表达能力和技巧以及充分而有效的沟通在中西日益频繁的各个领域的交流中显得尤为重要。两年的学习交流使朱英富在专业知识、语言、思维等各个方面的能力和素质有了全面提升。

有没有想过把留学这一途径作为跳板,就此定居国外?朱英富说,自己是最早几批公派留学生之一,那个年代的人想法特别单纯,压根没有产生过定居国外的念头。不仅自己没有这样想过,同一批次出去留学的其他人也没有这种想法。如果说当时借留学之机定居国外的念头还没有来得及产生,那么看着后来者以此为跳板留美不归,自己的内心是否有一丝遗憾呢?朱英富坦诚地说,的确,如果从物质生活条件和做学问的软硬件环境来衡量和比较,中国较西方发达国家还有一定差距。然而,要真正实现自己的人生价值,还是应该回到祖国实现抱负,毕竟以高铁般的速度向前发展的中国为有才能的年轻人提供了广阔的舞台,海阔凭鱼跃,天高任鸟飞,唯有祖国的热土才能实现一个年轻设计师自行设计中国人自己的舰船的梦想。何况朝思暮想的亲人、互助互爱的同事是他难以割舍的牵绊。

事实证明,朱英富的选择没有错!

兼顾双重重任,创造701所新辉煌

1985年,理论知识过硬、拥有多年丰富实践经验、各方面素质和能力都十分优秀的朱英富走上了行政领导的岗位。1987年,朱英富担任701所副所长,1991年担任所长。

行政工作与技术工作是两种性质完全不同的工作。从事科研设计,需要不断往科学高峰攀登的勇气和毅力,需要十年如一日埋头于书本、论文和设计工作的坚守和执着,需要对每一个公式、每一组数据刨根问底的谨慎和考究,过着三点一线循环往复的生活;从事行政管理工作,则需要应付烦琐和庞杂的日常工作,需要如履薄冰地走过人际关系的丛林,需要运用宽厚和智慧平衡各方权益、处理各种矛盾,还需要从宏观层面来把握国家政策的走向、经济发展的脉络。而朱英富要做的,是兼而顾之。

一方面,朱英富继续深入研究领域,坚持学术追求,因为国家需要他在科研一线发挥总师的领军作用;另一方面,他要担任一个科研大所的行政负责人,为成百上千名奋战在一线的科研工作者当好家、把好关。

» 2005年,朱英富在大连造船厂(背景为"瓦良格"号)

1991年,已是知天命之年的朱英富义无反顾地挑起了常人难以想象的两副重担。这一挑,就是十年。在朱英富担任所长的十年间,701所驶入了发展的快车道,特别是"九五"期间,实现了跨越式发展,科技成果、人才资源、经济效益、文明建设、科研水平、发展潜力都表现出明显的优势。十年来,701所获奖成果达百余项,其中获国家科技进步特等奖和一等奖各一项;文明建设也取得显著成效,701所先后获得武汉市文明单位、湖北省文明单位和湖北省最佳文明单位等荣誉称号。朱英富作为所长,做了大量组织、协调、管理、决策工作,对于这些成绩的取得,其贡献是巨大的。

管理之外,他还担任了三种型号舰艇的总设计师。

成功主持售泰护卫舰研制。在主持新型多用途护卫舰的研制过程中,泰国海军要求护卫舰装备国内外先进电子武器、排水量比国外同类型舰小10%,以及西方国家所售武器不在华装舰。朱英富作为总设计师,综合权衡总体布置同设备效能发挥,对主尺度、线型、船机桨匹配作协调设计,解决了在相对较小排

水量的舰船装备较多电子武备的难点,实现了总体设计的优化。他提出了以创新与改进思想指导设计工作的思路,在动力选型、电缆敷设、总体布置等许多方面做了创新与改进,大大提高了此型护卫舰的技术水平和质量,使其综合性能遥遥领先于国内其他护卫舰,也创造了国内 6 年时间建成并交付两艘新舰的"第一"。

德国汉堡船模试验室认定,该型舰为近年来线型最优秀的船之一,其主要性能指标与以德国出口葡萄牙、土耳其、希腊等国的 MEKO 型为代表的具有 20 世纪 90 年代最高水平的护卫舰相当,主要装备和作战能力接近,吨位相近,而航速最高。

该型舰的成功研制,开创了我国自主研发大型武器装备出口的先河,为我国新型护卫舰发展奠定坚实基础,荣获 1998 年度国家科技进步二等奖及 1997 年度中国船舶工业总公司科技进步一等奖。

成功主持我国第三代驱逐舰研制。我国第三代驱逐舰装备复杂、技术起点高,在多方面要力求体现 21 世纪国际水面舰艇发展的新潮流和新特点。要达到这些目标,必须以严谨的设计作保证,以不断创新作基础。由于研制时间紧,总体设计与大量新研系统设备同步进行。作为总设计师,朱英富本着"以我为主、不等不靠、勇于承担技术风险"的精神,按照"总体先行"的原则,与军、厂以及各专业负责人一起,攻克了许多技术难题,充分发挥了技术指挥线的决策作用,为该工程的顺利进展提供了保证。该型舰的研制成功全面提升了我国水面舰艇的研制能力和科技水平,舰的总体技术达到当代世界同类水面舰艇的先进水平;实现了我国水面舰艇从点防空到编队区域防空的跨越,从近海作战到具备高信息化远海协同作战能力的跨越;填补了我国海军中远海作战能力的空白,为我国海军从近海防御型向远海防卫型的战略转型建设做出了重要贡献。

该型驱逐舰被誉为"中华神盾"舰,获 2008 年国家科技进步一等奖及 2007 年国防科技进步特等奖,均排名第一。

2008 年底,该型驱逐舰赴亚丁湾索马里海域执行护航任务,为祖国赢得了荣誉。

成功主持我国首艘航空母舰"辽宁号"研制。进入花甲之年的朱英富,正逢我国海军装备进入高速发展阶段。心系祖国舰船发展的朱英富抓住一切机会，创新超越，主动作为，仍然坚守科技一线，不断取得重大成绩。在国际、国内密切关注中国第一艘航空母舰立项之时，朱英富被集团公司委任为工程总设计师，而这次的重任是他设计生涯中一次更重大的突破，意味着将面临前所未有的重担。

随着我国海洋维权形势日益严峻，国家做出了"要造出中国自己的航母"的决定。整整数日，他的心绪波澜起伏。

他激动。航空母舰是国家意志的体现，更是国家实力的象征。建造航母，不仅彰显了保卫祖国的决心，而且宣告了蓝水海军时代的到来。这是一项足以载入史册的工作，能够投身其中，说明党和国家对自己的肯定与信任，这是无上光荣！

他忐忑。航空母舰工程是一项极其困难、复杂的工程；对我国而言，更是零的突破。设计多型驱护舰的经验告诉他，建造吨位较小的驱护舰尚有"十年磨一舰"的说法，要用短短不到十年时间实现我国航空母舰从无到有，困难之大不可想象。

"当时，我已到退休年龄了，手里还有两条舰船没干完，加上航母没搞过，风险实在太大。有些同志建议我不要接手，怕我年纪大了吃不消。可我还是应了下来——国家让我搞，那就得搞！"

言虽简，志却坚。朱英富深知：航空母舰是国际政治的笔尖。作为海洋大国，中国不能没有航母！作为一个有着影响力的地区大国，中国不能没有航母！

面对全新的领域，他这匹"老骥"焕发了"新驹"的风采，以昂扬的斗志，带领队伍投入到紧张的攻关之中。

由于参加过多年的航母预先研究工作，在设计之初，朱英富就对航母设计有着充分认识。一方面，他深知这与设计驱逐舰完全不一样，需要增加很多功能和配套设施，模块更为复杂、设计更为烦琐。对此他形象地比喻说："如果设计驱逐舰是设计一栋大楼，那么设计航空母舰就是设计一个社会小区。"另一方面，他深知我国第一艘航空母舰是在废弃的"瓦良格"号船体的基础上续建的，该舰交付时仅剩空壳和部分轮机，没有任何图纸可以借鉴，这就必须在摸透它的框架结构后重新设计，难度、工作量倍增。所以，他又戏称其为"烂尾楼"。

"社会小区"道出了我国航母的设计理念，而"烂尾楼"则道出了续建航母的实际困难。然而，压力是动力之源。重重困难没有吓倒这位总设计师，反而彻底激发了他的坚定意志。

鲁迅说："其实地上本没有路，走的人多了，也便成了路。"在那段"从无到有"的岁月里，他带领设计团队拼智慧、拼体力，用心血与汗水诠释了"航母报国"的真谛。

没有指导性文件，朱英富就带队上舰，把现有结构全部测量下来，重新进行设计，重新进行强度计算，重新进行船模试验，硬是摸出了一套设计标准、指导性文件以及设计模板，为航母续建提供了依据。

协调技术问题，朱英富从不摆谱儿，而是实事求是、以理服人。当涉及不熟悉的领域，他虚心向相关专业的设计师求教，大家深为他的虚怀若谷所折服，称他是"最没架子的权威"。他笑着回答："权威并不是因为你的位置，而是要通过扩充你的能力使人信服。"

在国家的全力支持下，续建航空母舰成了全行业攻关，进度突飞猛进。看着航母这条巨鲸由最初的"皮包骨头"逐渐变得"有血有肉"，朱英富如同见证了孩子的成长历程，内心充满了喜悦与自豪。"每当建设完成一个项目，我的信心就多了一分，底气也跟着足了一分。"

在航母续建过程中，动力系统恢复重建是一项十分艰巨的挑战。这是军方明确提出的一项必须实现的标志性技术，即"船能动"。看似简单，但"船能动"的前提是动力系统实现运转，然而这艘"瓦良格"仅是个"皮囊"，与动力相关的配套管路和控制系统全无，残存的主汽轮机也历经逾20年的风雨，能否正常工作大家心里都没底。

"越是有风险，越得要努力。"朱英富带领设计团队联合攻关，修补损坏部分，研制缺失部分，终于全面重建了动力系统。试车那天，所有人的心都提到了嗓子眼，都知道试验的成功或失败对后续工程具有决定性影响，因此每个人都屏息凝神地静候着，默默地祈祷试验取得成功。

皇天不负苦心人，首次试车圆满成功！

朱英富说，他永远忘不了螺旋桨启动时的轰鸣声，那声音就像是巨鲸复苏的心跳，如此强劲平稳，如此生机勃勃。在那一刻，他仿佛读懂了它御海巡洋的渴望和劈波斩浪的夙愿。他的脑海里始终萦绕着这样一句话："我国第一艘航母出航之日就在眼前！"

2011年8月，我国第一艘航空母舰进行首次试航。全球的视线再一次聚焦在中国身上。有国外媒体不无恶意地揣测："中国的航母开出去，一个小时就得被拖回来。"可是，首航的中国航空母舰像入了水的巨鲸，非但没有出现任何颠覆性问题，反而在浩瀚的海洋上整整航行了5天！当航母披着霞辉稳稳靠岸的那一刻，朱英富的泪水盈满眼眶。

这条满载他心血的巨舰，终于不负众望成功航行。从此，我国海军有了核心力量，国家海防增加了镇海神器。

这一年，朱英富当选为中国工程院院士。

航母工程给朱英富留下太多难忘的回忆，而印象最深刻的，却是"机上舰"科目。"机上舰"是另一项军方要求必须实现的标志性技术，该科目并不像字面上那么简单，其间涵盖着诸多技术难题，就连技术成熟度很高的美国都在这上面走过弯路，栽过跟头。

要实现"机上舰"，首要的就是要解决舰机适配问题。

开始的时候，因为船舶与航空两大行业性质不同，研制的过程与程序不同，设计的理念不同，所以船舶设计师与舰载机设计师们经常发生技术碰撞。

对此，他坦率地说："我们对彼此的领域不很了解，特别是你们设计的飞机没上过舰，我们设计的舰从没上过固定翼飞机，刚开始的确没有找到一个好的契合点，出现了互给对方提过高要求的情况。"在船舶与航空两个行业的长期磨合、协调和配合中，朱英富的观念发生了转变，形成了"舰机一体"的"大航母"概念。所谓"舰机一体"就是舰载机与母舰是一个整体，要互相为对方服务，不能给对方留摊子、下绊子，而是要为对方搭梯子、解扣子，只有这样，才能发挥航母的最大效能。

他与航母舰载机总设计师孙聪交换了这一想法，两人英雄所见略同。在后续试验的过程中，大家相互补台，团结协作，以默契的配合推动了舰机适配

» 2009年,朱英富应邀参加新中国成立60周年国庆观礼

的顺利进行。通过基地的磨合,航空与船舶融合得越来越好,很多原来不理解的东西,通过配合实现了融会贯通。也正是在"舰机一体"理念的指引下,航空与船舶两大阵营如同一块坚不可摧的铁板,逐项解决了挂索试验等世界级难题。

2012年9月25日,注定是永远载入史册的日子:我国第一艘航母正式交接入列,不仅标志着我国国防现代化进入一个新的阶段,而且标志着中国海军作战力量揭开了现代化、综合化、立体化的新篇章。这之后,"辽宁号"航空母舰不断进行各种试验、测试,经历维护升级,基本形成实战能力。2018年获得国防科技进步特等奖。

心系新生代,共铸舰船魂

1997年9月,701所正式成立硕士培养点,朱英富作为所里第一批受聘专家,担任硕士研究生导师,开始了他的传道授业生涯。1999年,701所获批成立博士学位授予点,朱英富又担任了博士生导师。

与普通高等院校批量培养研究生的模式不同,研究院施行小班专项培养制度。朱英富要求学生认真学习基础知识,并发挥科研院所承研军工项目多、与实际工程项目结合紧密的优势,在培养硕士、博士生方面,通过将实际工程项目中的理论科学技术问题提取转化为学生的研究方向,或直接从项目中截取部分作为学生的研究课题,大力培养学生独立完成复杂研究工作的能力。

朱英富一直坚守着"活到老,学到老"的信念,对学生的要求也十分严格。相比于学生的智力,他更看重学生的学习能力和刻苦精神。他身先士卒,在指导学生完成课题的同时,不断深化理论基础并致力于创新工作,与学生们共同进步。学生们眼中,朱英富亦师亦友,是努力的方向,更是前进道路上的明灯。

时至今日,朱英富培养的研究生都已走上科研或领导岗位,传承老一辈舰船人的品质,担当起舰船研究设计的大任。时任701所总体科科长的熊治国说,在他求学期间,导师方方面面都给予了无微不至的关心。在学业上,尽管朱英富时任中国船舶重工集团公司第701研究所所长,技术工作和行政工作都十分繁忙,各地出差是家常便饭,但他仍然亲自根据学生特长为学生选研究课题,并会同导师指导小组定期关注学生的课题进展,为学生答疑解惑,督促学生勤奋学习,尽可能帮助每位学生取得学习进步;在生活上,朱英富像慈父般关心照顾刻苦求学的学子,当他知道学生家境困难、贷款求学的状况后,总是想方设法从经济上支援他们渡过眼前的难关,勉励他们要靠勤勉智慧和自己的双手走出困境。研究生们赞誉朱英富不仅是学术的榜样和引路人,也是生活的导师、心灵的导师。

现在,朱英富已经不再担任导师,但他从未停止对青年人孜孜不倦的教诲。他常说,年轻人要谦虚,一定要沉下心来做事,虚心地完成从学校到工作岗位的转变,努力做好每一件琐碎的小事,从中获取提高自己的宝贵经验;他还说,年轻人要自信,以他自己的经历来说,当面对非常困难的工作时,只有坚信自己能做好,才有可能会做好;他还说,单位创造环境,导师以身作则,学生努力钻研,才能实现舰船大业的传承,共筑几代舰船人的强军强国梦。朴实的话语,包含着真切的期望。

在外人眼中,朱英富是中国第一艘航空母舰"辽宁"舰的总设计师,一生获奖众多,高山仰止;而在他的后辈学生眼里,朱英富是名坚定报国的老一辈知识分子,每天工作于一线,用自身行动诠释着他铸舰报国的崇高理想,令年轻的舰船人奋进。

岁月的流逝让他戴上了老花镜,辛苦的工作染白了他的双鬓。但一提到舰船梦,朱英富的精神更加矍铄。忆往昔,峥嵘岁月稠。他把自己最宝贵的年华献给了祖国的舰船事业,他将毕生精力和所学知识献给了祖国的国防事业。身为中国工程院院士的他,现在仍心系舰船,胸怀祖国,奋战在一线。

(本文作者:喻菁、宋晓丽、王雁、罗恒、杨瑜婷、熊师、万里)

用创新发展的思维,推进中国汽车产业发展
东风汽车集团有限公司董事长、党委书记竺延风如是说

竺延风,1961年3月出生,浙江宁波奉化人。1982年5月加入中国共产党,1983年8月参加工作。浙江大学化工系化工自动化及仪表专业大学本科毕业;哈尔滨工业大学控制工程专业研究生毕业,工程硕士;研究员级高级工程师。

2000年8月至2007年12月,任中国第一汽车集团公司总经理、党委副书记、集团董事长(2002年9月,兼天津汽车有限公司董事长);2007年12月至2008年1月,任吉林省委常委、副省长;2012年5月至2015年5月,任吉林省委副书记;2015年5月任东风汽车公司(2017年11月更名为东风汽车集团有限公司)董事长、党委书记。

中国共产党第十六届、十七届、十八届中央委员会候补委员,第十三届全国政协经济委员会委员。中国共产党湖北省第十一届委员会委员,湖北省第十三届人民代表大会代表。

东风汽车集团有限公司总部设于武汉,系世界500强企业。

全国政协委员,东风汽车集团有限公司党委书记、董事长竺延风,2019年3月9日做客新华网《2019全国两会特别报道》。在接受采访时,竺延风表示,汽车产业是制造业的重要平台,在转型升级过程中,承担着重要角色,汽车产业的高质量发展需要用创新发展的思维来推进。

主持人： 从中央经济工作会议到本次政府工作报告,推动制造业高质量发展成为关键词,其中汽车产业是制造业的核心产业,您怎么看待汽车产业的发展趋势？

竺延风： 改革开放40多年,中国制造业有了一个质的长足的飞跃,为制造业的高质量发展奠定了很好的基础。面向未来,我国汽车产业在现有基础上还有很大的发展和创新空间。对制造业来说,高质量发展需要用创新发展的思维来推进。汽车产业是制造业的重要平台,承载着管理技术、装备技术、人才培养与应用,在转型升级和高质量发展过程中,承担着重要角色。因此,汽车产业的高质量发展显得尤为迫切和重要。

主持人： 今年政府工作报告提出推动全方位对外开放。伴随着中外车企在更加开放的环境下竞争,有人认为这对中国汽车产业冲击较大,您如何看待？

竺延风： 几十年的发展经验告诉我们,在许多挑战面前,中国的汽车工业越走越强。未来股比放开,一方面表明了我们更加开放,另一方面表明了改革开放以来我们更加自信。大家要有风险意识。我们既实事求是地承认我们还有很多方面需要改进,又要脚踏实地。中国汽车工业的体系已经形成,还需要积累经验和品牌的厚度。事实上,我国互联网产业发展得很好,汽车产业的互联网应用也非常好。在车载互联网上,我们已经走在了前面,这是不争的事实。

汽车股比放开以后，与国际车企共同合作发展的想法仍是非常强烈的。植根于中国市场的外资企业，会更加了解中国市场，会更加理性地处理发展，而不是简单地从股比的角度考虑企业的发展。所以对待股比放开，我们很坦然，虽然有挑战，但并不是不可承受。相反，这种压力会变成企业转型升级的动力。聚合也是一种竞争方式，大家取长补短，在竞争中生产出更好的产品，最终让用户受益，让消费者受益。

主持人：2018年中国汽车销量遭遇了28年来的首次负增长。您怎么看东风汽车公司2018年的经营情况，2019年的经营目标是什么？

竺延风：去年东风集团的总销量为383万辆，比计划下降了，但是经营效益持续改善，归属母公司的净利润增长了，负债率下降了。这正是按照中央的新发展理念，一直在做结构调整，不再是单纯地追求数量，而是追求经营质量。2019年我们也要按照这个理念继续推进，在保持高质量的基础上，"确保双400"，即经营利润突破400亿元，汽车年销量达到400万辆。

主持人：2019年是东风汽车公司建立50周年。对于下一个50年，东风的思考是什么？

竺延风：50年，对于东风来说，要不忘初心，牢记使命。东风50年前在大山里建设，留下了一笔非常好的精神财富——"马灯精神"。这个财富就像基因一样，已经根植于东风公司体系当中。在新的时代，需要传承，并且发扬光大，赋予新内涵，支撑未来的奋斗。

东风的标志是一个双飞燕。东风的老员工在大山里看见燕子比翼双飞，飞出了大山。由此想到两只燕子驱动车轮，飞驰在大地上。如今，我们在传承的基础上，发布了新的品牌战略：品质、智慧、和悦。这一核心价值延续东风一以贯之的以客户需求为导向的营商理念，不断满足客户对高品质美好生活的需求，提供便捷智慧出行，实现和悦舒畅的惬意人生。

基于这样的考虑，未来我们提出的是把东风建设成为国内一流的卓越汽车企业，准备用五年的时间，使企业能够实现十九大提出的"培育具有全球竞争力

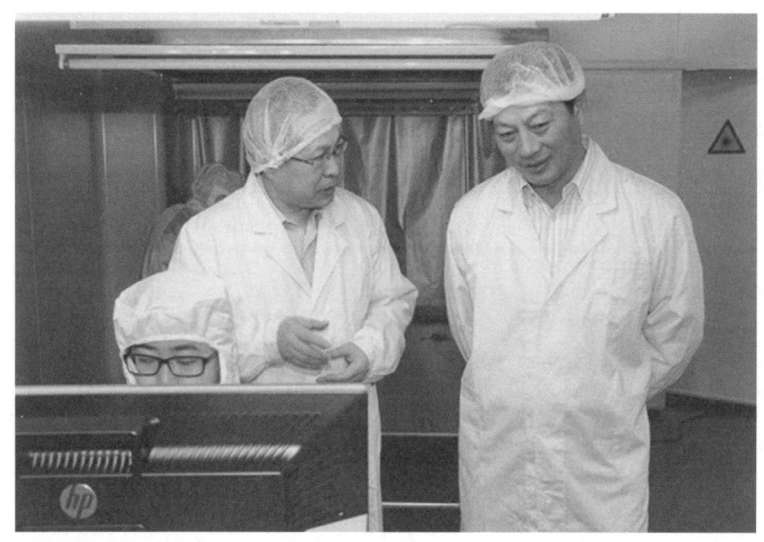

» 竺延风（右）

的世界一流企业"这个目标。2019—2020年奠定卓越企业基础：一方面是体制机制，我们已经进行了大规模的改革；另一方面，要有好的发展规划和思路，我们全面推进"五化"布局，即轻量化、电动化、智能化、网联化和共享化。到2023年左右完成"卓越"这个目标，我们提出了"三个领先、一个率先"的奋斗目标。"三个领先"是：经营质量行业领先；自主事业行业领先；新兴业务行业领先，包括新能源、新材料、智能网联、共享等方面。"一个率先"是，东风员工高质量跨越小康，率先享有新时代美好生活。我们动员广大员工要不忘初心，牢记使命，在做强做优做大的过程中，实现员工共享企业发展和改革成果。

主持人：对下一个50年，我们既有远大的目标，也有非常细致的实施战略和方略。实现这些目标，归根结底还是体制机制改革的问题，东风公司下一步将在改革方面做哪些工作？

竺延风：东风公司坚持贯彻新发展理念，推进高质量发展，改革取得了阶段性成果。下一步的重点方向是现代企业制度、人事制度改革以及技术研发体系等方面的改革。

一是国有企业体制机制改革。如何把国有企业的独有优势和现有的体制机制更好地结合在一起,我们做了大胆推进。在人事制度上,向推进市场化的职业经理人制度迈出了一大步,下一步将根据东风公司的实际和市场的实际进行细化和完善,解决干部能上能下、能多能少,甚至是能进能出的问题。

二是授权体制管理改革。有的时候企业非常大,层级非常多,会出现"一抓就死,一放就乱"的情况。我们施行了科学的授权体系——DOA体系,还有一个科学的治理体系,把制度流程和信息技术相结合,使整个企业做到运筹帷幄之中,决胜千里之外。

三是开放。我们在技术体系上与大量的社会资源展开充分合作,包括新能源技术、新材料技术和网络技术等。

我们的改革是主动式的改革。我们提出要站在山巅看世界,不在山沟里想问题。因为东风是从大山里出来的,有的时候传统观念很多,会形成制约。我们必须用新发展理念进行突破,观念上的转化是最大的挑战。另外,在形成共识上也有一定的压力。但只要我们目标定了,做事情就必须咬住牙。改革是一个永远在路上的过程,需要长久的不断改善的理念,日积月累地不停推进。

主持人:作为一名从事汽车行业三十多年的老兵,如果让您跟汽车行业、汽车企业说几句话,您想分享些什么?

竺延风:汽车是一个四脚落地的产品,要踏踏实实,诚实诚信。它可以有很大的进跃,但绝不是一步飞天,需要不断地积累,做好品质。汽车产品销售结束时,也是消费的开始,这给我们汽车企业留下了很多作业,我们必须对用户负责,把向用户提供满意的产品和服务作为基本的思考点,从用户出发,同时尽到社会责任。

(本文作者:吴晔　原载新华网)

我与武汉的不解情缘
著名数学物理学家、武汉市原副市长郭友中如是说

郭友中，1935年生于杭州，著名数学物理学家，中国民主同盟武汉市原主委。1948年就读于杭州高级中学，1951年考入南京大学。毕业后协助中国科学院学部委员（院士）、武汉大学数学系主任李国平，参加筹建中国科学院武汉数学物理与计算技术研究所。与李国平院士共同完成中苏合作科研课题《自守函数与闵可夫斯基函数》，并由科学出版社出版；完成和合作完成数理科学论著200多部（篇）；参加和为主设计过中国科学院武汉分院大楼、中科院武汉原子能研究所105工程（静电加速器工程）和X-1机机房等工程。

1959年支援长江三峡水利枢纽建设，在长江流域规划办公室所属长江科学院（武汉）工作。"文革"中因莫须有的罪名被判刑20年，1978年经邓小平批示彻底平反，遂任中科院武汉数学物理所常务副所长。1987年10月任武汉市科委主任；1989年被选举为武汉市副市长，主管科技、高教、文化、出版、档案、宗教、侨务、质检、专利、武汉工程科学院及东湖高新技术开发区等委办局11个部门，兼武汉市海外联谊会会长等职，连任两届武汉市政协副主席。

第一届至第五届武汉宁波经济建设促进会顾问。

跌宕起伏的科研人生

在中国科学院武汉分院党组书记、副院长谢文生的领导下,我参加了分院筹建;参加了筹建中国科学院武汉数学物理与计算技术研究所,有幸师从中国科学院学部委员(院士)李国平所长,做他的学术助手,主要研究数理科学;参加和为主设计过分院大楼、中国科学院武汉原子能研究所105工程(静电加速器工程)和中科院计算机研制的"老三家"之一X-1机机房等工程设计。

在李国平所长领导下,我们共同完成了中苏合作科研课题,结题报告《自守函数与闵可夫斯基函数》由科学出版社出版。

20世纪五六十年代中期,是我科学生涯中的第一个黄金时期。在同事们看来,我"出身名门、就读名校、受业名师",是位幸运儿。但是,当大家认为我"青年得志,硕果累累,今后定然前途无量"的时候,一次次巨大的打击接踵而来。

1966年夏,"文化大革命"爆发。武汉大学数学系主任兼中科院数理所所长李国平学部委员(院士)及其弟子,未能逃过劫难。我变成了"白专道路"的典型、"反动学术权威"。很快,我又"晋升"为资产阶级"孝子贤孙""现行反革命分子"。在被折磨了18个月后,我成为"李国平全国性反革命叛国集团"假案的首犯,受尽摧残,家破人残。此案惊动了毛主席,他指示保护李国平教授。

我未能幸免,被判处有期徒刑20年。一夜之间,"郭友中案"成为中国科学院第一案。中国科学院系统和武汉数百万市民知道了我是"最可怕的阶级敌人",或者因为出身不好,是"最受冤屈的青年人"。

狱中,我继续研究数理科学。这引起监狱军代表马孝友的关注,并获得他的全力支持。在马孝友的支持下,我设计了一座玻璃厂的主体建筑,首创高温下多联薄壳池窑,修复了AD-13型煤气站,设计了配套机电设备和钢化玻璃生产线。监狱里，我完成了李国平所长提出的《数理地震微极理论与传输线相似性》和《数学半导体各向异性能带理论》等学术论文。

李国平所长为我能平反冤案奔波申诉，监狱军代表马孝友和许多亲友、同事、师生，都做出了努力。1978年，邓小平同志亲笔做出批示，我得以彻底平反。

"文革"后，中国科学院恢复重建，我被破格晋职为教授，任中科院武汉数学物理与计算机研究所常务副所长、学术委员会主任。

我的数理科学研究得到了学界赞誉，遂出任《数学物理学报》常务副主编，并担任4套学术丛书的主编；当选中国工业与应用数学学会副会长、中国力学学会应用数学与理性力学专业委员会主任。1981年，我的事迹入选《谱写共产主义凯歌的人们》，成为全国得此殊荣的25人之一；1991年，因数学上的成就，与武汉大学数学系主任路见可教授一起被湖北省数学会推荐，个人事迹入选湖北省科协主编的《湖北科技精英》和《武汉地方志》等书。

与长江科学院有缘

1959年，三峡工程研究和设计工作提速进行，为了加强科研力量，从中国科学院、水利部水利水电研究院等14个单位抽调科研人员，在位于武汉的长江流域规划办公室所属长江科学院集中办公。

著名土力学和地球动力学家陈宗基任国家科委长江三峡工程岩基组科技组组长，主持岩体力学和工程研究。他在国际上率先提出的"陈氏屈服值""土的三向固结流变""岩石流变、松弛、扩容"等理论具有广泛影响力，是钱学森向周总理特别推荐的印尼爱国华侨、著名学者。陈宗基重视数学，请中科院选派一名"专攻数学，懂力学的优秀青年学者"做他的助手。中科院武汉分院谢文生书记建议李国平所长指派我去。我十分高兴，能参与举世无双的长江三峡水利枢纽建设工程，能够当上国际著名学者的助手，是每一个青年学者的渴望。

因我工作努力，陈宗基教授很器重我，称赞我有"扎实的数学、力学和物理学基本功，以及分析和解决问题的能力"。谁知一波三折，陈宗基教授很快就不满我"不听话""使用过多的近代数学工具"。一天，组织上安排我参与"一号工程"（超声波发生器工程），陈宗基认为我是专家助手，不应另行安排工作。我被安排从事专业翻译工作,除了翻译陈宗基教授指定的大量文献外,同时完成了隧洞、边坡、动力爆破、野外试验分析,完成了以色列学者雷纳著作《理论流变学十二讲》的翻译,完成了《各向异性隧洞衬砌计算新方法》《统计弹性理论》《极限平衡流变理论》和《自守函数边值问题》等学术论文。业余时间,我与两位同事共同研发李国平所长布置的 X-光高速感光胶片课题。

谢文生书记看到,一年 365 天,中科院武汉分院宿舍最后熄灯的,总是我和几位合作者,因为研究任务太重。不久,谢文生院长向长江流域规划办公室林一山主任开口要人。

我回到了中科院武汉数学物理与计算机技术研究所。这是一段极为难忘的经历,从此我与长江科学院结下了不解之缘。

与东湖高新区有缘

1987 年 10 月,武汉市人大常务委员会一纸公文,任命我为武汉市科委主任(兼任至 1990 年)。

1989 年,我被市人民代表大会选举为武汉市副市长,主管科技、高教、文化、出版、档案、宗教、侨务、质检、专利、武汉工程科学院及东湖高新技术开发区等委办局 11 个部门,并兼任海外联谊会会长等多种职务。此后,我连任了两届市政协副主席,在科技和教育战线几乎工作了一生,一直关心和支持高新技术创新与发展。

改革科研课题审批制度。1978 年科学大会上,邓小平同志提出"科技是第一生产力"的著名论断,国家高度重视科技在发展国民经济中的作用。"科技面向经济,经济依靠科技",成为各级科委当时工作的指导方针。由于体制上的原因,国家科委要求科技工作面向经济建设主战场,依然只能"让开大路,占领两厢",用六大计划,即重大项目攻关计划、863 计划、攀登计划、火炬计划、星火计划、重点成果推广计划,来统筹全国的科学研究和高新技术产业化工作。

在我主持下,武汉市同步组织实施了火炬计划、星火计划和重点成果推广计划等产业化计划。当时,攻关计划立项的不成文规定是见苗浇水,对基础研究无暇照顾。武汉科委毅然超前决策:对研究成果出版进行末端支持,专门设立了出版基金,使得可能功亏一篑的科研成果,特别是基础性研究,得以提前形成知识产权。同时,市科委率先打破常规,创立外事基金,以促进科技领域的对外开放。

分块规划,递阶管理。市科委建立了咨询参谋系统,编制课题申报指南,集中有限科研经费,做大科研课题,改革课题审批制度;成立以华中科技大学创始人朱九思校长为首的顾问委员会,为市科委的重大决策、计划、规划提供决策咨询;成立以市科委老主任邓南生为首的专家委员会,对计划项目分专业进行评审,每次评审专家分专业从专家库中随机产生。

在管理上要求将申报的科研项目划分为两大类:第一大类的指令性项目,为上级交办的项目,由批准领导直接负责,市科委实施监管;指导性项目,经费由立项单位自筹,由分管领导及处室负责审核,市科委指导性管理。第二大类的科技三项经费支持项目,一律经专家委员会评审;过渡性配套性项目系为其他市级委办局配套的项目,总额不得超过总经费的5%,由分管领导及处室负责审核。在我的主持下,市科委实施分块分级,递阶管理,以理顺关系,提高效益。

创建东湖智力密集区。1983年,市科委牵头对武汉市东湖地区的智力资源进行了省、市联合调研,提出创建东湖智力密集小区的建议;1984年12月,经市政府批准正式启动,在市科委设规划办公室,拟定了"官民共举、全面开放、立足产业、滚动发展"的创建思路。武汉市政府批准成立了武汉东湖智力密集经济小区规划办公室,市科委副主任鄢祖林兼任主任。

时值全球新技术革命浪潮汹涌,我国处于改革开放初期,科技与经济脱节,许多有市场前景的科技成果难以转化为商品和产业,一些新兴的民办科技企业面临着创业风险,发展步履维艰,一些意欲创业的科技人员望而却步,他们期盼国家创造一个有利于科技创业的良好环境,以实现自己报效国家的夙愿。

1987年我到任,次年将其更名为东湖新技术开发区,改设管理办公室,科委副主任鄢祖林仍兼任管理办公室主任。经过二十年努力,东湖新技术开发区已成为我国领先的高新技术开发区。

第一家创业中心。1987年6月7日,东湖智力密集区规划办在武昌丁字桥108号一家废弃的军用通讯兵站旧址上创立了首家创业中心(孵化器)。这是中国探索将民营企业纳入政府扶助行列的标志性事件。我任职后全力支持创业中心主任龚伟,进行了各种促进科技企业发展的创新性试验。这引起全国科技界的关注,引发科技企业的巨大变化,改变了数百万科技工作者的命运。在龚伟主任主持下,创业中心孵化了一批又一批高科技公司,多家后来成为上市公司。1988年,在全国火炬计划工作会议上,国家科委常务副主任李绪鄂称火炬计划有两面旗帜:一面是北京市新技术产业开发区,代表人物是胡昭广;另一面是武汉东湖创业中心,代表人物是龚伟。中国高新技术产业开发区协会成立后,龚伟连任三届主任委员。而在创业街的建设过程中,龚伟总结经验,又走出了一种孵化器的新模式——产权孵化器(SBI),即通过孵化器投资主体的多元化来实现孵化器建设的商业化运作。

一街三园,有交拓展。东湖新技术开发区进入规模发展的阶段,仅有洪山科技一条街是无法实现"发展高科技,实现产业化"目标的。产业聚集的工业园区的选点建设,迫在眉睫。限于当时城市经济实力,武汉市洪山区委、市科委提出"一街三园,有交拓展"的原则。即在原有洪山科技一条街的基础上,以区内大型企业、学校为依托,优选三个有千亩以上发展空间的地块作为科技工业园地址;优先选择道路、电力、电信等基础设施完备的地块,便于起步。我和洪山区委书记张烈彩为选址跑遍了辖区500余平方千米的土地,张烈彩不慎为此腿部跌成重伤。功夫不负有心人,经市政府批准,决定把以长飞光纤光缆公司为中心的约3千亩土地作为关东工业园,以733厂为中心的约3千亩土地作为关南工业园,以中国地质大学和武汉高压研究所为中心的近千亩土地作为民营工业园,初步形成了"一街三园"的发展格局。

在东湖新技术开发区的产业迅速发展的同时,跨地域建园的新矛盾随之发生;虽然在政策上实行了省市共营,利税"一统三分",但行政壁垒、政出多门、内部竞争还是不断加剧。我和省市领导产生了开发区托管的设想。

建设东湖科技新城。在国家和省市政策支持下,东湖新技术开发区地域上得东湖风景区湖光山色之美,拥有武汉市洪山区、武昌区、江夏区原有基础设施和武汉大学、华中科大、中科院武汉分院等院校科研机构林立的优势,有效地降低了高科技产业化的成本。但随着发展步伐的加速,各种矛盾上升。由于条块分割、多头管理、政出多门,利益冲突日益明显,政策难以到位落实,武汉新技术产业"九五"要上百亿,科技城建设要"四城同步",困难很大,必须另辟蹊径。

我和同事们提出,将洪山区、武昌区与开发区有关地域合一,实现一体化管理,是避免体制摩擦,促进开发区发展的有效途径。在东湖高新技术开发区的基础上建设东湖科技城,在规模上要同汉口商业金融城、青山钢铁城和沌口汽车城相匹配,真正做到"四城同步";在规划建设上,要改变"八五"计划期间"点、线、面"见缝插针、星罗棋布的建设格局,向"九五"科技、经济、社会、行政一体化的大格局迈进。

我和同事们提出,加速东湖科技城的建设,要抓住国家大力扶植高新技术产业化的机遇。在产业项目上,实现由培育引导开发项目向策划创新集成项目转变,突出大项目、大工程、集成大产业;在发展的动力机制上,实现由政策驱动向功能驱动的转变,突出新城形象,营造一个武汉的"浦东";科技城建设应有成倍扩大的功能区,地域面积不少于 50 平方千米,实现东湖开发区、洪山区和武昌区相关街区的统一规划、统一行政、一体化科学管理,塑造科技城的现代形象。

经过二十年的不懈努力,这一目标已提前完成。

第一个国家高新技术农业园。1988 年,国家科委常务副主任李绪鄂建议平行东湖新技术开发区,创建全国第一个国家高新技术农业园,希望选址武汉东湖地区。在时任市长赵宝江的大力支持下,武汉市政府将报告送到国家科委,宋健主任和李绪鄂、邓楠副主任很快做了肯定的批示。商定以股份制形式启动:国家科委、武汉市各出资 200 万,洪山区以所属桥梁村土地入股,桥梁村村民成股民,由我任董事长,市科委副主任程崇颐任总经理。这是当时列入国家高新区序列的唯一农业高新区,享受国家赋予高新区的各种优惠政策和国家对农业产业的倾斜扶持政策。这一成果,催生了武汉生物医药产业的大发展。

与科教立市有缘

1987 年,武汉市第七次党代会在决议中确立"改革兴市、科教立市、依法治市、勤俭建市"的四项基本市策。市委、市政府以 1988 年 1 号文件颁布《依靠科技进步振兴武汉经济的决定》,进一步明确"科教立市"基本市策的奋斗目标和战略任务。这个重要文件的起草直接责任人是我。市委、市政府同时配发了相应政策性文件,包括东湖新技术开发区发展实施细则,包括市属38所开发型科研机构加快与政府部门脱钩、实现市场化和企业化管理的规定,包括对市属独立科研机构全面放权、实行目标管理和所长负责制的规定,等等。

科技体制改革。在研究武汉工程科学技术研究院体制改革时,有两种不同的意见:一种强调放活院属各所,主张所长负责制,院所两级法人,类似中国科学院,不同的是工程院没有调控手段;一种强调集中管理,主张院长负责制,一级法人,类似高等院校,不同的是院属各所缺乏技术依托。市委、市政府决定采纳我的意见,按照民主、公开、平等、择优原则,面向社会公开招聘院长,评审治院方略、面试答辩、公开演讲、考核上岗;改善科研与办公条件,提高办事效率,对研究院进行了整体规划与设计改建。

数字武汉的先驱工作。1989年,我和市科委争取地质矿产部支持,在全国第一批开展了武汉航空遥感综合规划研究。第一次引进航空和卫星影像技术、图谱和社会经济信息,以地理信息系统为平台,对信息进行综合、对模型进行集成。利用系统分析技术,第一次将城市管理作为非线性开放大系统,研究武汉市的圈层结构:以武汉为中心,由内及外分核心圈、辐射圈和战略圈,作成递阶管理、非线性智能模型,信息库可实时分类检索;模型能提供仿真、诊断和辅助决策,提供多种规划方案,多目标优化。这项工程被市民誉称为"市长工程",成为数字武汉的先驱工程。

创建新江汉大学。20世纪80年代末90年代初,我会同市民盟、市政协教科文卫委员会的专家学者,先后10次在市政协、市人大会议上提出组建以江汉大学为基础的武汉联合大学的提案和议案。在省市委、省市政府支持下,经教育部批准,2001年终于实现了市属原四校(原江汉大学、华中理工大学汉口分院、武汉职工医学院、武汉教育学院)和1888年创办的武汉市卫生学校的合并。新江汉大学主校区建在武汉经济开发区三角湖畔,占地2114亩,风景秀丽,建筑面积达66万平方米,设有经济学、法学、教育学、文学、历史学、理学、工学、农学、医学、管理学、艺术学11大学科门类,设18个学院73个本科专业和8个一级硕士学位授予点,在校师生2万余人。

中国技术开发院。20世纪90年代初,国家科委宋健主任与李绪鄂常务副主任提出组建"中国技术开发院",从事项目和产品开发,以总承包形式进行系统分析、任务分流和系统集成连调,为高科技提供交钥匙服务,面向国内、国外两个大市场。总院设在深圳,由五省、五部和一市(武汉市)作为首批发起单位。国家科委点名要我负责中国技术开发院武汉机电一体化研究所的组建工作。赵宝江市长当即同意筹建,为东湖新技术开发区机构建设集结科技力量提供了经验。

东湖高新区名列榜首。在省市委、省市政府领导和国家科委支持下,1991年3月,国务院批准全国首批26个国家级高新技术开发区,东湖新技术开发区名列榜首。我从大会上带回国家科委复制的邓小平同志亲笔题词:"发展高科技,实现产业化",心中无限喜悦。根据要求,国家级开发区设领导小组,武汉东湖新技术开发区领导小组组长由赵宝江市长兼任,我作为副市长兼任执行副组长。开发区享有市一级管理权限,下设管理办公室。赵宝江市长与我联名致函宋健主任,希望早日批准东湖高新技术开发区为国家新技术产业综合改革试验区。1992年5月,得到国家科委与国家体改委的正式批准。1993年9月东湖新技术开发区管理委员会成立,由市政府副秘书长袁善腊兼任主任(后为武汉市常务副市长),东湖新技术开发区由此进入快速发展阶段。

与武汉中部崛起有缘

2000年9月,我以学者身份受命主持组织开展国家软科学重点项目——《长江中下游经济开发区发展战略研究》。研究提出,继珠江三角洲经济区、长江三角洲经济区和环渤海经济区之后,建立我国第四个重点发展区的时机已经成熟。武汉科技界为之做了大量工作。第四板块的战略目标:实施"科教兴国",建立与WTO对接的市场体制,实现"十五"末工业总量翻番、质量跃上新台阶。一是将中心城市圈建设成为中国内陆地区最大的金融、物流和信息中心;二是将本区建设成为以大耗水、大运量、大耗能的大河产业为主体的现代制造业中心,提升第一产业,建设中国的粮棉基地,以创新为动力,发展知识经济,积极建设5大产业带,形成独具特色的经济板块;三是联手共建长江水陆综合运输大通道、信息网络、生态环境、旅游和市场体系,聚集竞争优势,将中游经济区建成21世纪中国和长江流域经济的新增长极、具有国际竞争力的坚实基地。

此课题受到国家科技部和省市委、省市政府的高度重视。

五年后,国家采纳了以钱伟长为总顾问的12位院士、36位教授和38位中青年研究工作者的意见,给予中部七省特殊政策,把中部崛起列入了"十一五"计划。

与武汉对外开放有缘

1978年小平提出"改革开放",使中国经济成为开放系统,改革使系统内各子系统之间具有非线性竞争关系,使系统演化,可持续发展,带给中国繁荣、富强。

介入轻轨建设。1991年,加拿大UTDC公司总裁邀请我率团访问加拿大,考察洽谈武汉建设轻轨交通,由加拿大UTDC公司出资并全程陪同。我时任武汉市副市长,责成市科委国际科技合作处李西曼处长带团,组织专家系统考察加拿大轻轨建设经验,制订详细的考察大纲——目的、路线、日程,分工明确。这打破了"外事出访必须由部委办领导组团"的惯例。出访8天回国后,他们带回大量的技术资料和300多张照片,完成一份三万多字的考察报告和对武汉建设轻轨的技术性建议。姜兆基副市长在听完汇报后称赞,这次出访的务实与成果在我市是少有的。

1992年加拿大UTDC公司总裁应邀回访武汉,他提出承建武汉轻轨的建议。我方的条件是:采用该公司的线性马达、微噪声机车,轻轨运行速度180千米/小时;加方提供额度为3.6亿美元的出口信贷,4年宽限期;该公司在泰国曼谷中标的轻轨客车90辆的订单移至武汉客车厂生产等。合资合作条件优越。后因国家有关部门要求武汉轻轨采用国产化设备而搁置。然而,这次加拿大考察却为武汉市轻轨决策、选型选线、设计建设和营运管理,以及轻轨的改进完善,提供了宝贵的资料。

邮电部第三个产业基地。1973年国务院批复同意成立武汉邮电科学研究院,1978年邮电部确定武邮院以光纤通信为主攻方向,为武汉市发展光纤产业奠定了基础。1988年武汉市决定引进国外先进技术,组建光纤光缆合资公司。然而,武汉市是电子工业部的三大基地之一,尚不是邮电部的产业基地,经过多次努力仍未得到有关部门支持。

赵宝江市长决定由我再次带团赴京汇报。抵京时已是晚饭时分,我和秘书刘仲和直接上门向杨泰方部长汇报。第二天,杨泰方部长和邮电部领导专门召开会议听取我的意见。最后,杨泰方部长在会上宣布了三条:一是同意武汉成为邮电部的第三个产业基地;二是同意邮电部与武汉市共同引进合资企业;三是采用上海贝尔模式,邮电部与武汉一样参大股。

受市长委托,我负责领导组织这项重要工程。兵分两路,我相继与日本 NEC 和芬兰 NOKIA 谈判,择优合资。经过多轮谈判,反复比较,最后决定了取舍,完成了筹建工作,为武汉市光电产业发展和后来的武汉·中国光谷的建设打下了基础。

大力发展民航事业。武汉航空公司成立于 1986 年,基地设于武汉王家墩军用机场,是东方航空武汉公司的前身。1991 年,市政府为了把武汉建设成为国家中心城市,决定大力发展民航事业。

经过周密考虑,赵宝江市长要求我率团出访谈判。成员有武航总裁程耀

» 2018 年,郭友中教授(左四)与武汉大学张俐娜院士,共获武汉民盟杰出盟员奖

» 2019 年,郭友中教授受聘为全球区块链联盟联合主席

坤、工商银行武汉分行行长曹永明以及市计委成员、高校教授、工厂总工程师和一位翻译,一行七人。任务有两项:一项是引进3架波音或麦道大型客机,另一项是合作生产直升机。赵市长认为,除科学家身份外,我还有两个优势:一是好朋友陈香梅女士的先生赫福满是美国著名航空工程师,二是学术上的朋友有美国加州大学伯克利分校校长田长霖教授,其兄长田长焯是波音公司商用机震颤及振动首席设计师,他们祖籍武汉黄陂,都在汉口出生。这些真心实意的朋友的重要性不言而喻。

波音公司总部设在西雅图,市场经理专门开了当年邓小平同志坐过的车来,请团长坐主宾位,安排客人参观了正在试制的波音707的现场,给予武汉代表团以高规格的接待。麦道公司总部设在洛杉矶,积极参与竞争。第一项任务圆满签完合同后,接着考察直升机公司。鉴于时间已接近年关,为加速完成任务,代表团一分为二:我和程耀坤、曹永明直奔华盛顿,拜会陈香梅女士,向赫福满请教技术经济问题;其余四位继续按计划出色地完成了考察和洽谈合作生产的任务。

(本文作者:郭友中)

丹心热血绽芳华

记武汉市原副市长陈华芳

陈华芳，1948年4月出生于武汉，祖籍宁波鄞县（现鄞州区）。18岁加入中国共产党。1968年冬，响应毛主席"上山下乡"号召，到湖北监利县新庄五队插队落户。1970年被招工进青山化工厂（后改名为武汉炭黑厂）。1984年通过民主选举担任武汉炭黑厂厂长。

历任武汉友谊复印机制造公司第一副经理，武汉市江汉区人民政府常务副区长，武汉市环保局局长，武汉市人民政府副市长，武汉市人大常委会党组副书记、副主任。在这期间，分别于1982年和1996年，先后进入武汉大学和华中师范大学攻读经济学和法学，取得硕士学位。

主持筹建武汉宁波经济建设促进会，任第一届至第五届武汉宁波经济建设促进会顾问。

1948年,陈华芳出生在武汉市江岸区瑞祥路一个普通工人的家庭。陈华芳的父母都是宁波鄞县人,当年随"宁绍轮船公司"来到武汉,从事运输和仓储工作。弹指一挥间,回望七十个春秋如白驹过隙,但陈华芳从未叹息时光易逝,碌碌无为。

这七十年,她从一个聪颖好学、立志立德的少年学子,到从下乡知青中脱颖而出、走上基层领导岗位的青年才俊,再成长为拥有逾千万人口的华中六省最大城市的市级领导。她的每一段成长历程,无不蕴含着组织的培养、亲人的帮助和她对这片江城土地及江城人民的眷恋与热爱,体现着她对党的事业的忠诚与执着。

这七十年,她砥砺奋进,无怨无悔。

脱颖而出,从知青到传奇女厂长

1970年6月,陈华芳被招工来到武汉炭黑厂,先后当工人、技术员、车间主任。1974年任副厂长,分管基建、财务、供应、销售、技术、行政等工作。十年磨一剑,宝剑锋从磨砺出。1984年12月,她被全厂群众民主选举推上厂长岗位。

武汉炭黑厂自1969年选点兴建至基本建设竣工验收用了十多年时间,形成固定资产3200万元,拥有职工1000多名,长期不能很好地发挥效益,产品质量上不去,而且还面临着厂纪涣散、人心不稳、污染严重等诸多困难和挑战。

改革开放后,武汉市化工局党委把该厂列为推行厂长负责制的试点单位。对于组织上的信任、干部职工的期待,陈华芳义无反顾,在做好认真调查、分析的基础上,制订了一个"四年四大步"的总体规划,明确了当年的奋斗目标——生产炭黑一万一千吨,实现利税五百万元,基本消除粉尘污染。

"三斧头"整顿厂纪厂风。走上厂长岗位的陈华芳,凭着在厂里工作十几年的经历,对厂里的现状了如指掌。她深深感到,从严治厂,凝聚人心,是打好翻身仗的前提,而要从严治厂,必须令行禁止,形成良好的厂纪厂风。

在她的主导下,厂委会接连发出《关于整顿劳动纪律的公告》《关于整顿质量管理的公告》《关于治理厂区环境卫生的公告》,被群众称为"三斧头"。这第一斧头就从整顿厂纪、凝聚人心入手。

产品质量是企业的生命。过去厂里发出的产品经常出现质量问题,严重影响了工厂的信誉。她逢会强调产品质量的重要性,指出生产出不合格产品,就是砸企业的锅。她雷厉风行,产品质量大幅上升,

推行承包责任制调动积极性。在反复调研的基础上,她提出在厂里层层推行承包经营责任制。实行承包后,车队职工每天争先恐后要任务,主动在外联系回头货。维修人员和操作人员主动回收,每月回收炭黑十多吨,价值上万元,有效地降低了油耗和车间经费。承包经营,一抓就灵。厂里各部门、车间、单位争任务、比速度,形成比学赶帮的局面,生产效率很快提高。

降服"黑龙"治理环境污染。粉尘污染是全国同行业普遍存在的难点问题,以前炭黑厂生产时烟囱冒出的粉尘如同黑龙一般,在工厂所在的关山地区上空盘旋,严重地污染了空气和环境,群众反映十分强烈,告状信不断。陈华芳果断做出了治理污染的决定,亲自负责,组织专班,聘请专家攻关,请来外单位有经验的工程师指导。她深入群众进行动员,直接同操作人员、车间干部、工程技术人员商量对策,从工艺、设备、操作全过程,在车间、科室、班组层层落实治污措施。经过一个多月的努力,降服了"黑龙",空气质量明显好转,受到周围群众的交口称赞和市环保部门的嘉奖,四邻单位纷纷送来了感谢信,陈华芳被群众誉为降服"黑龙"的传奇女厂长。

"桐花万里丹山路,雏凤清于老凤声。"仅仅一年多时间,陈华芳力克诸多困难,带领武汉炭黑厂职工,实现了由"生产型"向"经营开拓型"的转变,当年产量增长11.23%,利税增长113%,实现了工业产值、上缴利税和企业留利"三个同步"增长,主要经济指标均创造了历史最高水平。

回忆这一段岁月,陈华芳总是深情地说:自己是从一名"泥腿子"知青一步步地走向基层领导岗位的,靠的是广大工人群众的支持拥护,没有他们,就没有自己人生道路上的成功起步。

奋力拼搏，为官一任造福一方

陈华芳在武汉炭黑厂的出色表现，赢得了上级组织的信任。"机遇总是垂青有准备的人。"1989年12月，41岁的陈华芳被推选为武汉市江汉区常务副区长，分管城建、劳动、人事、监察、老龄等方面的工作。江汉区是武汉市商业金融中心所在区域，户籍人口数十万，尚有十余万的流动人口。她暗下决心，牢记全心全意为人民服务的宗旨，树立"为官一任造福一方"的思想，办实事，办好事。

让老城区焕发新活力。江汉区汉正街小商品市场名扬全国，但这里又是一个老城区，各项市政基础设施"超期服役"现象严重，许多居民居住的房屋显得狭窄矮小。这不仅影响到武汉市商业中心的形象，而且还制约着全区商贸经济的持续健康发展。为此，区委、区政府决定用五到十年时间改变江汉老城区的整体形象，充分发挥其商业社区优势。

作为分管城建的常务副区长，陈华芳深感责任重大，任务艰巨。她通过系统研究，在区委、区政府的支持下，提出了"统一规划、分步实施、中心突破、四面延伸"的旧城改造思路，注重经济、社会、环境相统一，力求实现综合效益。

她先后主持了六渡桥、汉正街东端商业区的改造，复兴村棚户区的改造工程，五干道（今发展大道）道路排水工程等，共进行改造和开发区域22片，拆迁居民住房6000余户，改造工商业营业网点200余处，施工面积达60万平方米，同时着力抓好市政配套工程建设。

经过全区上下的努力，江汉区旧城改造开发中，新修道路19万平方米、排水管道3万平方米，新建闸涵上万米，根治了两条又黑又臭的"龙须沟"；完成广场东路、新华下路、复兴小区等8项道路沟涵工程，修建长江日报社宿舍、妙墩小区等19项市政基础设施配套工程，改造小街小巷土路7万平方米，修建了6个垃圾转运台，新建和改建垃圾箱200个，添置密封垃圾筒500个，主要干道新增果皮箱600个。新建、改建公共厕所62座，国家二级公厕达标率为71%。

旧城改造带来了大变化。江汉区主要临街面貌焕然一新，区属商业网点在册危房基本消除。六渡桥商业贸易大楼、六渡桥百货公司新老大楼连接配套工程、汉正街小商品市场江汉交易大楼等重点工程，成了武汉市和江汉区的商业

» 陈华芳

新亮点。市民居住环境得到改善，通过旧城改造搬进新楼房居住的有 6000 余户，其中安置拆迁户 3756 户。环境的改善，吸引了中石油中南分公司等一批税收大户落户。同时，新增和改造商业场地面积 20 万平方米，将 1400 户个体摊位引摊入室，还路于民，有效地促进了商贸的繁荣和经济的发展。

男儿胆识，巾帼柔情。在旧城改造中敢于担当、雷厉风行的陈华芳，在其分管的老龄工作中，却似邻家女儿般充满细心与柔情，尽心尽力地为老年人谋福祉。

江汉区有 5 万多户籍老年人，占总人口的 12.6%。针对全区街道老龄委一无编制、二无经费的状况，她大胆提出在街道试点，设立老年事业服务部，创办老年经济实体，为老同志发挥余热创造条件。在征得区编委同意后，各街道老年事业服务部配置事业编制一名，隶属老龄委，主管老年经济实体。她提出要加强老年经济实体的管理，创收经费真正用于老年事业。江汉区老年经济实体很快发展到 42 个，年创利税 80 余万元，还安排街道待业青年 180 多人就业。同时，促进了全区老年活动的广泛开展，每年重阳、春节慰问老人，举办老年人文艺、体育比赛，组织老年人外出参观，向青少年儿童捐资等，内容丰富多彩。有些街道还兴建了老干部活动中心，为老年人日常活动打造了很好的平台。

由于工作出色，江汉区连续获得省、市老龄工作先进集体，两次在全国相关工作会议上交流了经验。1991 年，陈华芳被授予"全国重视老年工作领导者功勋奖"。

1992年8月,她调任武汉市环保局局长,提出了全市环境保护工作的新思路和新举措,也使她的工作阅历更为丰富。

勤政为民,当人民的好市长

1993年初,当第一缕春风吹暖江城的时候,陈华芳的人生又迎来一次新的转折。当年3月,在市政府新一届领导班子换届选举中,尚未满45岁的她,被列为副市长候选人,受到全市上下各方面的认可和支持。市人民代表大会投票选举她为武汉市副市长,她成为当时武汉历史上最年轻的女市长。她的人生,从此又展开了新的一页。

根据赵宝江市长的分工,陈华芳分管市政府机关、民政、法制、保密、信访、民族宗教、档案、参事、老干部等工作,并联系工、青、妇、残联等人民团体,协助市长抓监察工作。1994年底,市政府领导班子调整分工,又增加分管人事、文化、体育、计划生育、广播电视、新闻出版等工作,并协助市长抓编制工作。

走上新的工作岗位,她深深感到:责任重大,使命光荣,一定不辜负党和人民的重托,尽职尽责,勤政为民,当好人民的市长。

统筹兼顾,学会"弹钢琴"。她所分管的工作涉及社会事业和人民群众生活的许多方面,十分庞杂。她说,要学会"弹钢琴",就是要善于处理中心工作和其他工作之间的关系,就是要善于分清工作的轻重缓急和做事的先后顺序,就是要注意组织管理中各个因素之间的有机配合,抓好平衡协调,就是要做事专心、善于总结。在市长的领导下,她坚持全面统筹,分类指导,弹好"协奏曲",唱准"和谐音",认真抓好分管的每一项工作,力争开创新局面。

既抓载体又组织活动,让文化工作丰富多彩。她结合江城实际,狠抓文化基础设施建设,组织兴建全市标志性的重点文化建设项目——武汉图书馆新馆、武汉博物馆,改扩建新民众乐园、人民剧院、市文联大楼、武汉少年儿童图书馆。狠抓农村文化和群众文化工作,新建和扩建乡镇文化站,组织开展戏剧、电影、图书、科技下乡活动,青山、硚口、江岸等区先后被命名为"全国文化先进区";开展大型文体活动,先后组织了第三届中国武汉国际杂技艺术节、首届武汉市水上体育文化系列活动暨第三十届横渡长江活动、第五届武汉市运动会,

» 陈华芳（右）

以及1997中国·武汉中朝足球对抗赛。这些活动对于大力宣传武汉，丰富群众文化体育生活，激发广大市民对武汉的热爱之情以及追求卓越的精神，产生了深远影响。同时，她狠抓强化文化市场管理，整顿电子游戏娱乐市场，深入开展扫黄打非。1995年、1996年，武汉市连续被评为全国、全省"扫黄打非"先进单位。

让民政真正为民送温暖，体现党和政府对人民群众的关怀。她不忘初心，心系百姓，积极争取民政部支持，建设儿童福利院，改造荣军医院和社会福利院，兴建社区服务大楼，建设残疾人活动中心、残疾人康复中心，对民政福利企业进行深入调查，及时帮助企业解决困难。加强最基层的组织居委会的建设，为社区居民群众排忧解难提供便捷的服务。改革婚龄青年关注的《婚姻登记管理办法》，采取集中登记和系列化的便民利民服务。她认真落实中央决策，抓好军休干部政治和生活待遇的落实，5年完成400多名军队离退休干部的安置任务。

满腔热忱关心民族宗教，推动民族团结进步。她建成回民殡仪馆，圆满解决久拖十年的古德寺归还佛教界交接问题；打通归元寺消防通道，对于乱建佛道教庙宇、滥塑神像的现象开展清理整顿。

创造良好人事环境,充分发挥人才作用。她想方设法为城市发展发现人才、培养人才、留住人才,积极组织推进国家公务员制度的实施,引入竞争激励机制;建立和完善全市人才市场体系,1994年建成国家级区域性的"中国武汉人才市场";认真组织做好军队转业干部安置工作,发挥军转人才在地方工作中的重要作用,力求军队、单位、军转干部都满意,被国务院评为全国军转安置工作先进单位。

善抓关键措施,改革管理方式。在她的具体指导下,计生工作实行目标责任制,扎实开展基层基础工作;法制工作加强行政立法,推行行政执法责任制;档案工作坚持实行分级和目标责任制,推行量化管理;参事工作注重改善队伍年龄和知识结构,积极采纳参事们的合理化建议。这样充分调动了大家的积极性,成效很快显现出来。

为人民群众解决后顾之忧。分管工作中,凡是涉及民生、关系百姓切身利益的事情,如养老、医疗、灾害救济等,她特别重视一个"实"字,认为把这些群众关注的问题解决好了,就能安定人心,保持社会稳定,这也是政府工作的着力点和落脚点。

农村社会保障是农民普遍关心的社会热点,同时也关系到武汉市6个远城区(县)农村社会稳定和小康目标的实现。陈华芳坚持以农村社会养老保险工作为重点,积极推进农村社会保障体系的建立和完善,在进行大量调研的基础上写出了《从农村社会养老保险的基础条件看城市政府工作的着力点》的专题报告,对武汉市农保事业的必要性、基础条件及工作着力点进行了透彻的分析,指出这是一项前无古人的全新事业。在她任副市长的5年间,全市农村累计投保人数43万,占应保人数的43%,有9个区县实行微机管理,717人开始领取养老金。推行农村救灾管理体制改革,在市、区、县、乡镇分别建立起自然灾害生活救济专项预算资金"217"科目,在全国率先落实每年2000万千克的救灾粮指标及差价补贴。特别是1996年,面对特大洪涝灾害,带领全市民政系统广大干部职工不畏艰险,日夜奋战,组织灾民转移,及时发放救灾款物,夺取了抗洪救灾的全面胜利。1996年农村五保供养工作在全省率先实现了所有乡镇建有福利院的目标,提高了集中供养比例和供养标准。

社会保障对于城市居民而言,更是民生的保护网和风险的缓冲器,但也存在制度不统一、统筹层次低等不少问题。她坚持以社区服务为重点,扎实推进城市社会保障体系的建立,提出了抓好"一个主体"(设施服务)、"两个基础"(便民利民服务和志愿者服务)的社区工作思路。经过几年的努力,建立起以市、区(县)、街社区服务中心为主体,以社区单位、居委会小型分散的社区服务设施为补充,以系列化的便民利民服务和志愿者服务为主要形式的层次清晰、档次各异、功能完备、管理有序的社区服务网络,兴建了武汉市社区服务大楼,创办市、区(县)、街三级社区服务中心91个,服务设施4832个,总建筑面积10万多平方米。全市社区服务网点达4600多个,志愿者人数17.35万人,在全市广泛开展社区服务创优达标活动。为总结推广武汉市社区服务工作经验,民政部组织在该市召开了专题研讨会。

建立城市居民最低生活保障制度,她坚持以推进低保、孤儿福利保障为重点,实施城市居民最低生活保障线制度。累计有5万多户(次)、10万多人(次)领取最低生活保障金500余万元。加快了福利院建设,全市15所公办福利院,有8所被省民政厅评为一级福利院。成立了社会活动慈善会,推进社会福利事业的社会化。在民政部的帮助下,接受台湾佛教慈济慈善基金会捐赠的1400多万元,兴建市儿童福利院综合大楼。组织并连续发起"爱倾孤雏""寻找爱心家庭"等献爱心活动。这些做法被安排在全国民政厅局长会议上做介绍。省委、省政府也在武汉市召开现场会,向全省进行推广。

社会优抚安置是国家稳定与发展的保证,是社会经济繁荣发展的重要措施,也是鼓舞士气、焕发民族精神的重要手段。陈华芳以创建全国"双拥模范城"为契机,加快优抚安置特殊保障体系的建立。认真落实优抚安置政策,优抚对象的抚恤补助标准通过三次提标,城区人均增加60元,农村人均增加45元。农村义务兵家属优待标准达到了当地上年人均收入的85%,城镇义务兵家属优待金已开始社会统筹,并正式兑现。每年全市安置退伍士兵3000余人,安置率达100%。建成面积5700平方米的市优抚医院综合大楼,优抚事业得到长足发展。1993年、1995年武汉市连续被命名为"湖北省双拥模范城",1996年被命名为"全国双拥模范城"。这是武汉市首次获得这个重要的荣誉称号。

心系残疾人群体。残疾人是一个最困难的群体。陈华芳主导抓残联工作的组织建设,即残疾人联合会、福利基金会的换届,成立了市政府残疾人工作协调委员会;抓法制建设,制定了《武汉市残疾人权益保障办法》《关于开展残疾人劳动服务和按比例安排就业工作的办法(试行)》;抓福利设施建设,完善残疾人服务中心,筹建"康丽城";抓业务建设,组织三项康复工作的开展,启动全市精神病防治工作的试点工作;抓为残疾人办实事,帮助他们办理农转非户口、优惠保险、就业培训、劳动就业等。许多工作走在全国前列,得到中残联和社会的好评。

陈华芳特别重视残疾人康复和就业工作,认为这是解决残疾人困难的根本措施。任职5年,全市建立基层康复站124个,建成了面积达18940平方米的武汉残疾人济世之家。完成视力残疾康复、肢体残疾矫治、聋儿语训三项康复达16730人(例)。向残疾人开展职业技能培训达4075人次,采取各种方式安排5184名残疾人就业。全市残疾儿童入学率达到93.53%。

"苟利国家生死以,岂因祸福避趋之!"无论身份、地位、职务与权力如何改变,春夏秋冬,风霜雨雪,她始终朴素无华,波澜不惊,每一步都立得沉凝如山,每一步都迈得踏实稳健,苦乐荣华,皆视之等闲。

不曾停歇,代表人民意愿做好监督工作

1998年1月,在武汉市第十届人民代表大会上,陈华芳当选市人大常委会副主任,身份从政务执行者转变为监督者,她虚心学习,很快适应了角色的转换。2001年受组织信任,她担任市人大常委会党组副书记、副主任。2005年任市人大常委会党组副书记、副主任,主持常委会日常工作。她时时处处提醒自己,一切要从群众利益出发,不断创新工作思路和方法。

密切联系代表和群众。"衙斋卧听萧萧竹,疑是民间疾苦声。"为加强与代表的联系,她与工作委员会的同志一起,每年组织多次情况通报会,加强代表培训,组织代表参与同市、区两级政府的对话和交流会,列席市委、市政府部分常务会议。

为把联系代表工作制度化,她主持制定了《武汉市人民代表大会联系市人民代表大会代表办法》。根据她的提议,专门委员会开展视察活动,每年邀请的代表人数不得少于50人次;同时,市人大代表按其工作性质和行业,组建内司、

财经、教科、文卫等专业小组，把个人智慧汇集成集体智慧，让联系群众、联系人大代表有了一个载体。

她力促街道人大工委的组建，为代表在闭会期间开展活动增添了平台。她还经常走访联系基层代表，与他们交流、沟通，了解他们的工作和生活情况，听取他们对政府工作及其他各方面工作的意见、建议等。她重视信访工作，认为这是加强与人民群众联系，为人民群众排忧解难的好渠道。

尽职尽责地做好分管工作。在人大常委会，陈华芳先后分管科教文卫、人事任免、代表工作和常委会机关工作。对每一项分管工作都做到尽职尽责，力求取得实效。

她十分重视法制建设，结合武汉市实际需要，加强有关地方性法规的制定工作。五年中指导工作委员会先后拟订并提请常委会审议通过了《武汉市促进科技成果转化条例》《武汉市艾滋病性病防治管理条例》《武汉市档案管理条例》《武汉市专利管理条例》《武汉市献血条例》和《武汉市计划生育管理办法（修订）》六个地方性法规，为推进相关工作提供了法律保障。

对于议案的督办，她毫不含糊，一抓到底。2000年，在人大代表建议的基础上，教科文卫委员会提议《关于加强城市文化设施建设案》，经市十届人大三次会议通过。议案指出："在建的图书馆、博物馆、体育中心，应加快建设，早日建成交付使用；武汉剧院的改扩建要列入重点项目尽快组织实施；科技馆二期工程建设和划船队易地建设都应该统筹兼顾安排。"

当年元月下旬，市人大代表大会刚结束，她就与委员会的同志们一道，听取议案承办单位市计委、市文化局汇报议案办理方案。接着，又会同部分市人大代表，实地察看武汉体育中心、江汉大学、武汉博物馆、武汉图书馆施工进展情况，及时了解到体育中心工程尚缺资金、江汉大学土地置换困难、图书馆开办费无着落、武汉剧院维修改造没行动等问题。

她和委员会的同志将视察情况向市人大常委会主任会议汇报，引起人大常委会主要领导的高度重视，指出文化设施是城市文明的标志，对人大代表提出的议案，要千方百计、集中力量、想方设法抓出成效。会后，市政府召集有关部门专题研究，形成市政府《关于文化建设的会议纪要》，并提出七条措施抓落实。

在此后的两个月里,她和委员会的同志们坚持跟踪督办,并根据了解到的情况,进行认真研究,形成加快办理进度的意见,以市人大常委会文件送市人民政府办理。经过方方面面的努力,制约这些文化设施建设的诸多难点,终于逐一打通,一座座光亮耀眼的工程,如同丰碑,展现在人们的面前。

人事任免工作关系干部的选拔任用,上上下下都很关注。为了更好地把好任免关,她在常委会的支持下,同委员会的同志一道,积极探索,勇于创新,将人事任免程序由过去的"一张纸"变革为"一番话"模式。

"一张纸",是指以前任命干部时,常委会组成人员所能看到的只有一张干部简历,这高度浓缩的信息,取舍之间,有时着实让人难以判别。"一番话",就是拟任人员到市人大常委会会议上做供职报告。而且要经过以下必要的步骤和程序:第一步是法律知识考试,考察拟任人员宪法、地方组织法知识水平和依法行政、公正司法的能力。第二步是公示,市中级人民法院、市人民检察院提请任命的法官、检察官的公示还需张贴在信访接待室内。第三步是考察,即到拟任人员所在部门、二级单位和区属部门进行考察,广泛听取意见。考试成绩、公示结果、考察情况一并提交常委会审议。第四步是"一番话",拟任人员向常委会做供职报告,常委会现场投票,做出是否任命的选择。这在很大程度上促进了拟任人员的法律意识、责任意识和廉洁意识的提高。

行使好人民赋予的监督权。对"一府两院"开展法律监督和工作监督,是人大拥有的重要职权。但要做好监督工作,必须勤于调研,敢于克难,勇于质疑,善于建议。她认为,如果监督虚置不落实,就无法树立人大的威信,难以坚持和完善人民代表大会制度,其他职权也必将流于形式。因此,在执法检查、质询问政、建言献策当中要敢说话、说真话,不应顾及面子关系,瞻前顾后,畏首畏尾。

1999年,她和工作委员会的同志及部分代表一起,对黄陂等5个远城区的农村改水情况进行了历时两个月的调查,了解到全市约124万农民饮用洁净水供需矛盾十分突出,亟待解决。这项调查正视现实,敢于建言,很快引起市政府高度重视,成立了改水改厕工作领导小组,将改水工作由政府二级目标转入一级目标,加大了改水经费的投入,农民群众拍手叫好。

"武汉·中国光谷"是发挥我国光电子信息技术、人才和区位优势,促进武汉、湖北乃至中西部地区经济发展的重要基地,其建设发展意义重大。2001年3月,为审议市政府《关于加快武汉·中国光谷建设的决议》执行情况的报告,她和工作委员会的几位主任分别带队,成立四个调研小组,深入到东湖新技术开发区内16家重点项目、4家风险投资公司和3家大学科技园进行实地调查,掌握了大量的第一手材料,形成了关于"武汉·中国光谷"建设情况的调查报告,对助推武汉光谷建设发展发挥了重要指导作用。

对于人民群众普遍关注的热点难点问题,陈华芳敢于加大工作监督力度。1999年,某海关违反《文物保护法》规定,紧贴全国重点文物保护单位江汉关,超高建起一幢海关综合楼,群众反映强烈。她组织人大代表在依法进行检查后,督促市政府及规划部门下决心拆除了海关综合楼的两座塔楼。此事引起市政府及规划部门的举一反三,在城市规划建设中,加强了对文物建筑、优秀历史建筑的保护。洪山区青菱乡代表反映,当地饮用水存在污染,建议兴建改水工程,她和常委会分管领导一起,进行跟踪督办,终于让当地民众喝上了卫生达标的洁净水。

执法责任制是规范和监督行政机关行政执法活动的一项重要制度,对于推动建立权责明确、行为规范、监督有效、保障有力的行政执法体制,全面推进依法行政具有重要作用。她和工作委员会的同志一起,按照常委会的部署和要求,重点进行《武汉市执法责任制工作条例》(后面简称《条例》)的贯彻执行督促检查,并将各项执法检查与《条例》的检查结合起来,将自查与抽查结合起来,做到年初有布置、安排,年中有了解、督促,年末有检查、总结。在对《条例》进行检查的同时,她还分别参加了工作委员会对《义务教育法》《科学技术进步法》《食品卫生法》《文物保护法》《行政监察法》等30多部法律法规在武汉市贯彻执行情况的检查,实事求是地反映问题,提出合理的意见和建议,督促政府及有关部门进一步全面落实法律法规,开展依法行政工作。从而有效地保证了宪法和法律法规的正确实施,促进了社会和经济的健康发展,推进了依法治国和民主法制建设的进程。

丹心热血绽芳华,陈华芳以青春热血和全部力量谱写了自己壮丽的人生之歌,回首来时路,她感到欣慰、坦然。

(本文作者:常乐)

中国器官移植的拓荒者
记华中科技大学同济医学院夏穗生教授

夏穗生，1924年4月17日出生于浙江余姚，2019年4月逝世，享年95岁。1949年毕业于上海同济大学医学院，原华中科技大学同济医学院附属同济医院器官移植研究所教授、主任医师、博士生导师。60多年来，从事肝外科与器官移植学术研究，是中国器官移植学的主要开拓者、创始人之一。

主编学术专著26部，其中《器官移植学》是我国第一本移植医学专著；参编78部著作，发表第一作者学术论文270余篇；先后获得国家、部、省级科技进步奖56项次。1990年，被国家教委、国家科委授予"全国高等院校先进工作者"称号，1996年获同济医科大学首届人才基金奖，2000年获华中科技大学伯乐奖，2002年获华中科技大学优秀研究生指导教师奖。

1973年起进行同种异体原位肝移植研究。1982年在国内首次成功地进行胰腺移植。参加编著有《外科学》《一般外科手术学》等。1958年发表我国第一篇肝切除论文。同年，在我国首次施行狗的异位肝移植与异位肾移植。20世纪70年代初，系统研究和实施狗经典式原位肝移植130次，探索出整套供临床应用术式。

1979年创建我国第一个器官移植研究所。

2013年3月26日，夏穗生登记成为遗体（器官）捐献志愿者。

2019年4月16日,"中国器官移植的拓荒者"夏穗生教授辞世。这一天,离他95岁生日只差一天。逝世后,他的夫人和子女代他向同济医院器官移植研究所捐献了100万元,用于医学研究。遵从夏穗生教授遗愿,他捐献的眼角膜使两位患者重见光明。

2018年,中国器官移植数量居世界第二位。在我国,每年有超过两万名患者因为各种疾病接受器官移植手术,生命之花再次得到绽放。读起那些重获新生的故事,人们常为那些人性的温暖、惊心动魄的救治过程感动落泪。器官移植在我国如何一步步从动物实验走向临床应用?这一切离不开著名外科学家夏穗生。夏穗生是我国器官移植事业的开创者之一,他用130条狗打开了中国器官移植的大门。他与同仁建立了中国第一个器官移植研究所,培养了中国器官移植第一批研究生,成为中国器官移植界的一面旗帜。

"肝脏疾病一旦到了终末期,肝移植就是患者唯一的希望,器官移植事业亟待启幕。"1972年,出任武汉医学院附属同济医院腹部外科研究室副主任的夏穗生,在重症肝病病人的眼神里看到强烈的求生渴望,他深深地意识到器官移植的重要性。

1963年,美国实施了世界首例人体原位肝脏移植手术,但核心技术秘不外宣。没有国外的经验可以借鉴,一切只能摸索着来。

从1972年开始,夏穗生和同事们埋首实验室5年,在开展98次分解手术、实施130次狗的原位肝移植手术后,谜团终于被一一揭开。这是中国人第一次自主掌握哺乳动物大器官移植的完整手术。

1977年12月30日,夏穗生会同裘法祖、吴在德等外科学家为一位肝癌晚期的女患者成功施行了肝移植手术。此后,他们又为一位男性患者开展了肝移植手术,患者存活了264天,创下了当时国内肝移植者存活时间最长的纪录。

中国人体器官移植事业从此起步。

殷实之家，年少业成

1924年4月17日，夏穗生出生于浙江余姚的一个殷实之家。从余姚城区出发，约半个小时车程便可到黄家埠镇韩夏村夏家。韩夏村地处三县交界，北与慈溪交界，西与上虞相邻。夏穗生的祖居是一座大宅院，占地五六亩，是其曾祖父建造的。当时夏家在余姚、慈溪、上虞也是数得上的大户人家。宅院的很多建材从海上运输过来，木材是从福建运来的。故居四面约有四米高的青砖围墙，北边是一条小河。可惜故居没逃过"文革"的厄运，先被盖成了学校，后租给了一家工厂。

夏穗生的父亲叫夏福田，夏穗生小时候在村里启粹小学念过书，后来父亲将他带到上海读中学。整个中学时代，夏穗生在上海度过。沦陷期的上海，多数大学必考日语，夏穗生报考了考英、德语言的同济大学，面试时他用一口流利的英语回答了主考人提出的全部问题，其他课程尚未考完就被上海同济大学医学院提前录取，从此与医学结缘。毕业时，夏穗生选择了外科，成为一名年轻的外科医生。刚出校门没多久，他就掌握了直肠、肛门的手术技术。

萌生为狗"换肝"的奇思妙想

1955年，全国高等院校大调整，上海同济大学医学院调至武汉，与武汉大学医学院组成新的武汉同济医学院，夏穗生从此定居武汉。此时，肝脏手术在中国还是一个禁区，但夏穗生用自己精湛的刀术，实施了国内第一台成功的肝叶切除手术。1958年，33岁的夏穗生因发表中国第一篇关于肝切除的文章而崭露头角，文章详细阐述了肝门血管胆道分布规律，并受邀在第七届全国外科学术大会上做报告。随着外科技术的发展，肝切除术的适应证不断扩大，夏穗生却在思索：虽然病变的部分可以一切而去，但总是有极限的，切了还会坏，总不可能无休止地切下去吧。

或许因为意识到这个手术的局限，夏穗生开始对新的领域摩拳擦掌。既然不能一直切，那为什么不试试用好的肝换掉坏的呢？

当时，我国尚处于被西方国家封锁时期，对国外器官移植方面的资料知之甚少。

1955年，国际上首先实施狗的同种异位肝脏移植实验。1958年，"大跃进"在中国如火如荼地进行，年轻的肝外科医生夏穗生受时代感召突发奇想，在狗身上实施肝移植实验。1958年9月10日，夏穗生将一只狗的肝脏移植到另一只狗的右下腹，手术后这只狗存活了10个小时。当时，国内尚无其他医疗机构和外科医师听过肝移植手术，这是全国第一次尝试，也是对于肝脏移植的一次实验性探索，与国际医学发展不谋而合。

1963年，美国施行了世界首例人体原位肝脏移植手术，患者存活时间为7天。消息传出，世界外科学界深受鼓舞，这其中也包括了正步入不惑之年的夏穗生。夏穗生立即系统查询英文和德文的相关资料，隔年在《国外医学动态》第10期发表《肝外科进展》一文，详细介绍了美国医学家以狗为实验对象开展肝移植实验和自己施行的3例狗体肝移植手术的情况，这也是中国首篇介绍原位肝移植技术的文章。

与此同时，不甘人后的夏穗生在国内着手准备实施狗的同种原位肝移植实验，探索肝移植的手术模式，为人体肝移植进入临床做准备。因为肝脏疾病一旦到了终末期，肝移植就是患者唯一的希望。然而，随之而来的"文化大革命"让这一计划搁浅了。

98次分解手术，130次狗的原位肝移植手术

时隔9年，武汉同济医学院附属同济医院成立腹部外科研究室（现器官移植研究所）。肝移植小组以夏穗生为组长，以杨冠群为副组长，成员朱文慧、李家贵、刘敦贵、胡家珍和汪素兰。

比起肝移植手术的未知困难，手术前的准备也是戏剧性的，外科医生个个成了"捕狗能手"；消毒问题也让肝移植小组绞尽脑汁。实验室有一个直径约70厘米的小型消毒锅，所有器械敷料均靠它高压消毒处理。不像临床手术室的大型消毒锅接通蒸汽就可以高温高压消毒了，这个消毒锅是靠一盏煤油气灯燃烧产生蒸汽消毒。每到实验前一天，原本只需要一个小时的消毒程序，由于煤油

» 裘法祖（左）和夏穗生（右）在研究肝移植受者切除

气灯一而再再而三熄火，往往要延迟两到三个小时。因为器械多而容器小，每次需要消毒三锅，所以手术前的消毒几乎就需要一天的时间。效率之低，令人十分沮丧。

肝移植真正的难度是手术细节和排异反应。虽然美国已经公开发表肝移植论文，但细节并未披露，对肝移植小组来说，他们实验手术的每一步都必须靠自己摸索。手术原理看似简单，供肝组取肝，受体组切肝并实施肝移植。但血管吻合顺序与要点，术中术后生化、水电解质改变规律与治疗，凝血机制紊乱的机制与预防，术后免疫机制与免疫抑制剂的研究……一系列的问题摆在大家面前，这一大片"未开垦的处女地"只有通过实际操作才能一一解决。

当时，令手术医生棘手的难题是术中出血。实验初期，5%的实验狗因此而亡。夏穗生把实验狗的肝脏切下来后，创面出血如注。当时电刀、电凝刀还未问世，更没有氩气刀、等离子刀；缺乏止血纱布，也没有止血凝胶。大家只能耐着性子仔细地用细丝线一个点一个点去结扎。丝线容易断，大家必须反复打结。每次手术，从开腹到手术结束，大家结扎打结三四百个，逐一将出血点止住。这无疑是对实验者耐心的巨大考验。如果是依靠现在的止血工具，80%的结扎是可以避免的。

经过一段时间的实验研究，夏教授发现出血的原因有两个：一是供肝失活或功能极度不良；二是受体肝被切除后，无肝期凝血机制紊乱。为此，他们与同济医学院组织胚胎教研组和病理教研组合作，发现在常温下肝脏耐受缺血时间极短，仅20—30分钟就会发生不可逆的损害而失活。但如果将缺血的肝迅速以4摄氏度的保存液灌洗降温，就可以延长存活时间，一般可达到4小时左右。问题发现了，可是经费有限，购买保存液又成了问题。"自己做！"这难不倒夏穗生。于是参照国外的保存液的成分，与同济医学院免疫教研组、同位素教研组协作，自制保存液，成功延长了缺血肝的存活时间。

受体肝的切除与移植是手术成功的关键，这也是肝移植的核心技术，所以国外文献有所保留，肝移植小组几乎花了两年的时间来探讨这一问题。例如，是先缝合门静脉还是肝脏下腔静脉？他们发现先缝合靠近心脏的肝脏下腔静脉，再缝合门静脉，可以尽快恢复血液循环，解决肠道瘀血的问题，加快功能的恢复，从而结束无肝期。问题接踵而至，手术中没有心电监护装置，怎么办？那就将中心静脉压力表固定在输液架上，然后接上试管，进行人工监测。

手术大功告成，开放门静脉之后，实验狗却突然心脏猝死，又是什么原因？肝移植小组精心分析每一种可能。通过抽丝剥茧，他们发现原来是保存液中高钾的关系。当钾离子高于7毫摩尔每升时，就会引起严重的恶性心律失常，导致死亡的发生。于是他们在开放门静脉之前，先控制肝脏靠近心脏的血管，然后从下腔静脉放血100毫升到200毫升，这样就可以让受体狗免受高钾的刺激。手术后狗的肝功能还未恢复，不尽快回到正常体温，容易产生并发症。那么怎样帮助它更快回温？大家发现，18摄氏度到25摄氏度的温度，有利于狗快速清醒。

可是，寒冷影响了实验效果。受客观条件限制，实验手术室没有空调，武汉的冬天刺骨的寒冷，常常在0摄氏度上下徘徊。怎么办？用煤炭生炉子给狗取暖！夏穗生在"文化大革命"时曾经被调到急诊室，为了给急诊病人创造好的就医条件，他必须每天专门生火给他们取暖。没想到，这一技能又派上了用场。根据他的经验，生炉子必须分三层——纸、木棒和蜂窝煤。首先在炉膛的最下面垫一些纸，然后放入20厘米左右长的干木棒。生火时，先点燃纸，等火将干木柴燃烧得较旺时，再放入蜂窝煤。大家照此方法，果然每次都能顺利生火，但手术室也难免烟雾弥漫，使大家眼睛、喉咙感到难受。

从实验到临床，中国器官移植事业从无到有

肝移植小组只有最原始的激素，如何解决受体狗手术后免疫机制低下的问题？上海同济大学医学院原院长、武汉生物制品研究所著名免疫学家谢毓晋，与移植小组密切合作，用猴子开始了植皮实验，最终发现从马匹身上提取的抗淋巴细胞球蛋白（ALG）可以更好地控制排斥反应。

手术后的纱布、手术巾、手术衣是不能丢弃的，需要洗涤后重复使用。夏天，大家用手搓洗，冬天则在冰冷的水中搓洗，或穿上胶靴踩洗。医生护士们个个动手，争先恐后地找事做，洗的洗、晒的晒，不到一小时，满院子挂上了纱布、手术衣、口罩、帽子……成为那个动荡年代里别样的风景线。

4年的辛苦努力终于得到了回报，肝移植小组98例分解实验，给130条狗进行了原位肝移植实验。术后，狗清醒，在存活期间能咬物、饮水。其中，能站立、行走和奔跑的狗一共21条，最长存活65小时。

这130条狗的实验，为临床开展肝移植提供了十分珍贵的经验；总结出一套切实可行的手术顺序和操作方法，提高和保证了血管吻合的成功率；摸索出一套切取供肝、低温灌洗的方法，能在10到15分钟以内，使供肝中心降温到10摄氏度到15摄氏度；摸索出供肝组和受体组在时间上的配合，使无肝期不超过两个半小时；提供了肝移植手术过程中特别需要注意的环节，以避免发生术中不可挽救的大出血和术后不易控制的创面渗血；为选择灌洗液提供了较好的肝的电子显微镜检的科学资料。

1977年，上海第二医学院（现上海交通大学医学院附属瑞金医院）派了一支专门队伍来取经，夏穗生和肝移植小组毫无保留地将关键性技术交给了自己的同行。

当年12月30日始，同济医院裘法祖、夏穗生、吴在德等外科学家为两位肝癌晚期患者开展了肝移植手术，第一位患者存活6天，第二位术后肝功能恢复良好，先后经受了6次急性排斥反应，存活了93天，死于曲菌性败血症。从1973年9月5日夏穗生开始第一只狗的实验到1977年底肝移植进入临床，中国器官移植事业从无到有，从此起步。

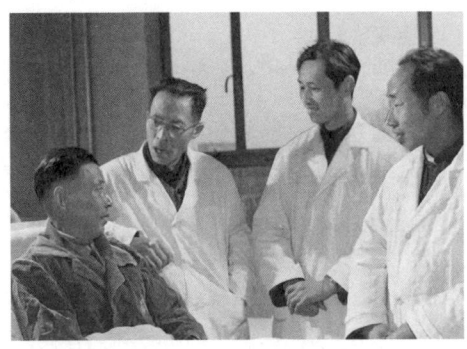

» 1962年3月5日,《人民日报》刊登了裘法祖、夏穗生、金士翱等施行切除胸主动脉瘤并移植人工血管术的报道

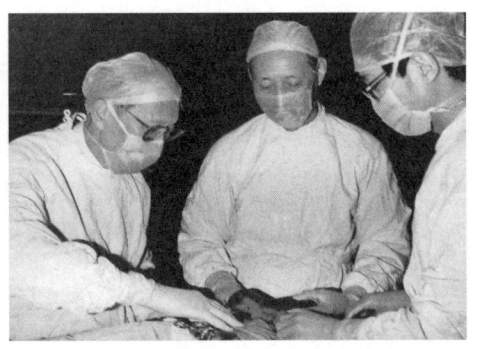

» 1964年,裘法祖、夏穗生、吴在德等建立腹部外科实验室,创新性地开展器官移植实验研究。1977年成功完成肝移植手术,并向全国科学大会报捷

1978年,夏穗生在《中华外科杂志》发表《130例狗原位肝移植动物实验和临床应用》,并在第九届全国外科学术大会上报告,整个外科学界为之振奋。这一成果被评为全国卫生成果甲级奖,受到首届全国科学大会的表彰。

夏穗生的脚步并没有停止。1982年他主持的国内首例胰腺移植获得成功;1983年他在国内实施首例尸体供脾移植成功;1989年首例亲属活体脾移植成功;1987年与德国协作进行"同种带血管复合组织瓣移植修复颜面部缺损"实验成功,开启我国的国际器官移植合作先例;1994年亚洲首例腹部多器官移植成功,2006年改良术式,该项技术至今仍保持着存活时间最长的亚洲纪录……

至今,武汉同济医院的上千例肝移植和全国几万例原位肝移植,都借鉴了夏穗生和肝脏移植小组开创的狗肝移植技术方法。他们用勤奋与智慧创造了器官移植事业一个又一个国内第一、亚洲第一。夏穗生教授从医70余年的奋斗史也是我国器官移植事业发展的生动写照。

医学家眼里,"他为器官移植事业奉献了一生"

著名麻醉学家、华中科技大学同济医学院附属同济医院教授金士翱,与夏穗生是大学同班同学。1949年,两人一起从上海同济大学医学院毕业,20世纪50年代相继来到武汉同济医学院附属同济医院工作。

1965年，夏穗生和他的老师——我国普外学科创始人裘法祖一起，创建了腹部外科实验室——也就是器官移植研究所的雏形，夏穗生负责移植手术，金士翱负责移植麻醉，两人都参与了1977年的我国第一台肝脏移植手术，可谓是并肩奋斗、配合默契的战友。金士翱教授感叹，为了探索器官移植手术，夏穗生教授多年来埋头在动物肝脏移植实验中，在艰苦的条件下从来没有放弃过，为中国的器官移植事业奉献了自己的一生。同济医院原院长南登崑教授，是我国物理医学与康复事业的开拓者，也是中国康复医学会终身成就奖获得者。他说，20世纪80年代，国内康复医学还非常落后，夏穗生却很早就有了康复医学的意识，认识到康复医学能恢复功能，提高生命质量，帮助患者回归家庭、回归社会，让患者不仅治愈疾病，而且做回一个有尊严的、体面的、正常生活的"人"。夏穗生十分重视外科患者术后康复的早期介入，希望患者更早地站起来，走起来，生活自理起来。南登崑教授说："他不仅认真做好一台手术，而且关心患者术前准备、术后康复；不仅自己这样做，也要求年轻医生这样做。"

他鼓励青年医生，"放手做，失败了算我的"

夏穗生教授对青年医生言传身教，真心相助，从不吝啬支持。

同济医院器官移植研究所所长陈知水教授，1987年考上夏穗生教授的研究生。"我的老师一生淡泊名利，甘为人梯。"陈知水说，1999年自己33岁，那时候国内能成功实施肝移植手术的医生凤毛麟角。夏教授让他主刀肝移植手术，说："胆大心细，放手做，失败了算我的。"5个小时的手术，他守在手术台旁悉心指导，手术成功了。陈知水说，这一幕令他终生难忘。

20年前，同济医院肾内科教授吕永曼应邀参加夏穗生教授组织的多学科会诊。由于病情需要，决定由她给患者进行肾活检。患者病情非常严重，她担心发生意外。夏教授安慰说："小吕你认真做就行，我们已经做好各种预案，有责任我来承担！"后来，肾穿手术顺利完成。吕永曼教授说，这是她从医生涯中印象最深刻的一次会诊。

刘敦贵30岁那年开始跟着夏穗生教授做狗移植试验，后来长期从事腹部外科和器官移植临床工作。夏穗生要求他外文一定要过硬，否则看不懂外国文献,不知道国际外科进展。刘敦贵在大学是学俄语的,后来自学英文,夏老为了提高他的英文水平,经常让他摘译国外医学期刊的肝移植文章。如今,刘敦贵已是外科教授、博士生导师,忆起往事仍然十分感慨,"每次我翻译完后,夏老都会认真检查"。

平日里夏穗生教授很严谨,对学生非常严格。在他眼里,患者的生命和健康永远是第一位的。有一次查房,陈知水比约定时间晚了5分钟,夏教授什么都没说直接走了。"哪怕是主任,只要做错一点事,后果都会非常严重,会被夏老训哭。"

夏穗生教授对年轻医师的成长十分珍惜,没有门第观念。

2001年,年轻的外科副主任医师邵永胜等人主持完成了一项科研课题,目的是通过评分方法减少抗生素的滥用,被专家委员会鉴定为达到国内领先水平。邵永胜将研究报告以论文形式投稿至国内权威的《中国实用外科杂志》。不久,编辑部来信表示可惜,说二审被否,因为有争议,不能录用。

不承想,这篇有争议的论文《自行设计腹膜炎评分的临床应用》后来又发表在该杂志2002年6月第22卷第6期上。而这背后是夏穗生教授说服不同意见的严谨评价。夏教授是《中国实用外科杂志》副主编,他看到文章后,专门写下了近2000字的评语,明确指出:该论文从定性发展到定量评分,无疑增加了客观数值,有更大的说服力。学术论文后面配专家评语是罕见的。夏教授的论述,体现了一位德高望重的学术权威对前沿知识的前瞻性认识,以及对一个外科晚辈无私的提携。现在,这位敢于创新的邵永胜,已是湖北省临床肿瘤学会胃肠外科医师分会主任委员、武汉市第一医院胃肠外科主任医师。

夏穗生教授有着超强的记忆力,这与他擅长总结有关。他对学生说,作为一名外科医生,无论是做手术还是参加学术会议,一定要善于总结经验;要善于与国外案例不断对比,尝试改进手术方式。

2005年,在湖北黄冈学术会议上,夏教授讲到外科医生的成长有三个要素,一是天赋,二要勤奋,三是机遇。学生们最能感受到的是这位医学大家的平易近人,许多人的课件讲稿都不外传,而夏教授的学生只要提出要求,都可以得到他讲课的资料,"让大家都好好学习"是他最大的愿望。

夏教授谦虚低调,担任中南六省普通外科学会主席时,每次学术会议,他都会对同行说,"要有什么不对的地方请给我指出啊,多多包涵"。对后辈,夏教授则是鼓励帮助。生活上,夏穗生对同事、学生讲感情,细致入微。有一年夏天,年轻的刘敦贵不慎食物中毒,一天拉七八次肚子。"夏老师来看我时,竟还带了一卷手纸。"刘敦贵教授至今回忆起来还十分感动,"真的,夏老很暖。"

"器官移植的未来在年轻人",这是夏穗生教授晚年念叨最多的一句话。

2019年4月16日下午夏老辞世后,家属遵循他的遗愿,代他捐赠了100万元给同济医院器官移植研究所。这100万元,大部分是夏老的积蓄,还有些是儿女的积蓄。女儿夏丽天教授说:"我爸爸干了一辈子器官移植,培养的学生很多。他捐这个钱,是为了让器官移植事业后继有人,同济能涌现出更好更尖端的人才。"

女儿眼里,"爸爸很温暖"

夏丽天教授是同济医学院同济医院影像学专家。她说父亲生活非常简朴,不讲究吃穿,没有其他嗜好,"所有的一切都是器官移植"。夏丽天记得很清楚,父亲做第一条狗的实验时,就住在实验室,跟狗一起睡,后来做第一例肝移植、第一例脾移植也是一直守护在病人身边。

在女儿的记忆里,爸爸非常敬业。经常是很晚了,做完手术的爸爸还没回家吃饭,家人等了又等。"后来我们才知道,爸爸等手术病人清醒、情况稳定后,向值班医生反复交代了注意事项及可能出现的问题和预案,才会回家。"

"这是因为有的病人虽然手术是成功的,却会死于术后并发症。"陈知水教授解释,这意味着术后恢复管理绝不能马虎。"病人出院了,才算松一口气。"夏教授的身体力行,学生们耳濡目染。陈知水在采访中数次强调:"手术台上的成功不是真正的成功,病人能出院才算。"

严谨,是夏丽天眼中父亲的一个特点。年轻时,夏丽天跟着父亲学过生煤炉,"竟然要精确到火柴根数!"她记得很清楚:"爸爸喜欢说,按我的方法来,保证一次成功不浪费。"一根火柴,四根木头,报纸裁成四份,先放两张,再放两张……夏丽天说着说着就笑了起来:"爸爸没骗我们,按照他的方法,真的能一次成功。"

因为做事严谨，所以在夏家，夏老被评为"最会生煤炉的、煮的饭最香的"人。

夏穗生的记忆力令女儿自愧不如。在电脑刚刚问世时，夏丽天曾和父亲开玩笑："您要学电脑了。"夏老说，资料全在我脑子里。夏丽天将信将疑，随便说了几篇文章"考"父亲。"无论哪篇文章，我刚说出口，他就马上说出发在哪份期刊的第几期、第几页，分毫不差。"

夏穗生教授90岁那年，在同济医院的一次会上说，要为同济器官移植发挥余热。他言出必行，不顾年事已高，还坚持参加学术会议、撰写论文，为学生修改论文。"逐字逐句改，连标点都不放过。"夏丽天说，"父亲在90岁时脑梗，2018年1月病情恶化，卧床不起，即使这样，只要清醒时他就抱着书在床上看。"

夏穗生对家庭和子女充满了爱。年轻时，他就有记日记的习惯，一开始是为了记录手术，有了孩子后，开始记一家人的琐碎日常。"事无巨细，我回家的时间、我妈妈值夜班的时间，他都要记。"夏丽天下乡当知青时，夏穗生会到知青点看望她。有一次来得很晚，夏穗生怕吵醒年轻人，竟然在公共厕所待了一晚上。"我到现在想起来，都觉得爸爸很温暖。"夏穗生保持记日记的习惯直到晚年。

挥之不去家乡情

夏穗生的父亲夏福田是在三年困难时期携妻从上海回到老家定居的，由于故居被改建成了学校，夏福田夫妇只得租住在离故居不远的一间20平方米左右的小屋里。

夏家是书香之家。夏福田的大弟即夏穗生大叔当过石油公司的经理，小弟即夏穗生二叔夏正中是清华大学水利系教授，是位水利专家。

附近乡里人都知道夏福田的三个子女读书很好，也很有出息。夏穗生是大儿子，夏穗生的弟弟在成都铁路局一所院校任教，妹妹毕业于北京林学院，后留京工作。夏福田在上塘住了近十年，夏穗生三兄妹常寄钱回家给父亲。后来，夏福田搬到北京，与女儿一家一起生活。

2004年7月的一天，八十高龄的夏穗生专程回到故乡寻找母亲的坟地，想把母亲的遗骨带到北京与父亲合葬，告慰父母在天之灵。村民们告诉夏穗生，他母亲坟墓所在的那片地，由于年久和平整土地，已经认不出埋葬的具体位置了。父母相濡以沫,历尽磨难,相守一生,去世后却不能葬在一起,这成了夏穗生晚年生活中的一件憾事。夏穗生一辈子都没有忘记宁波话,乡音未改;一辈子都没有忘记儿时父母在家乡的教诲:要做个有用的人、能帮助别人的人。这一直是夏穗生朴素的理想。

注:华中科技大学同济医学院,前身为1907年创建的上海德文医学堂,1927年更名国立同济大学医学院。1950年迁至武汉,与武汉大学医学院合并为中南同济医学院,1955年更名为武汉医学院,1985年更名为同济医科大学。2000年与华中理工大学、武汉城市建筑学院合并,共同组建华中科技大学。2000年6月,华中科技大学同济医学院成立并挂牌。

(本文作者:毛茵)

倾尽全力为发展

记武汉市计划委员会原主任楼隆极

楼隆极,1932年8月生于浙江省宁波市鄞县(现鄞州区)。其父母在上海经营一间成衣坊,三岁时父亲因病去世,抗战期间随家人来到武汉。1947年考入武汉市第一男子中学。在校期间受进步思想影响,参加进步学生社团。1951年参加工作,1951年至1954年在武汉市江汉区委任职,1954年调至武汉市委合作部,1955年调武汉市委工业部,1961年调武汉市经委工作。1969年去武汉市五七干校。"文革"结束后,任武汉市经委生产调度处处长,1981年任市经委副主任,主管全市工业生产调度。1984年任武汉市计划委员会主任,参与或主持了许多武汉市经济建设的重要项目,如华中电网改造、大型国企改制等。

楼隆极长期在武汉市工业经济战线工作。从新中国成立初期的社会主义工业经济改造、社会主义工业基础建设,到"文革"后期的拨乱反正,至改革开放后工业经济快速发展、工业体制的改革改制,他几乎参与了武汉市这一时期所有的工业建设。退居二线后,楼隆极任武汉市咨询委员会副主任,依然以他多年的经验和长期积累的数据为武汉市的经济建设出谋划策,为企业排忧解难。

1984年,楼隆极从武汉市经济委员会副主任晋职市计划委员会主任,主持发改委的工作。

笔者当时在市发改委下属的武汉市经济研究所工作,1990年调到市发改委工作。1993年,楼隆极从主任职上换岗,任武汉市人大常委会财经委员会主任,由于市发改委的工作需要接受市人大财经委的监督和指导,笔者作为市计委副主任经常向他请示请教。这样算下来,笔者在楼隆极主任领导下工作了数十年。

楼隆极是一位"学者型"领导。他为人正直、清正廉洁,最令人敬佩的是他极为认真负责的工作态度和极为出众的业务素质。

市发改委是市政府最为重要的职能部门之一,其主要职能是编制全市国民经济和社会发展的年度计划和长远规划,筹划和审查国民经济和社会发展的重大项目和投资,研究制定促进国民经济和社会全面发展的政策措施。这种工作具有全局性,责任重大。同时,这些全局性的工作由一件件具体的事项组成,这就要求发改委的工作人员不仅要有高度的责任感,还要具有较高的业务素质。要随时了解掌握经济社会发展的基本情况,包括各类数据指标,并且能够鉴别和分析,据此作为提出各项决策的依据。楼隆极在这两个方面为全委的同志做出了表率。

楼隆极对武汉市经济社会发展状况非常熟悉,大小"市情"了然于胸,尤其是对各类主要的经济社会运行指标、数据的记忆极好。不光是当年的数据,多年的数据他都能准确记在脑子里,需要时便可信手拈来。有几次处室的同志向他汇报时数据不准确,楼隆极立马指出来并予以纠正。几次下来,大家都知道了,在他面前绝对不能出错,出错必被纠正。

市发改委是在市委、市政府领导下,在市人大、市政协监督和协商下开展工作的,需要对接国家、省政府相关部委,需要得到市四大家领导的支持,需要协调各方。楼隆极为此经常召开和参加各种会议。楼隆极有个特点,凡是他的汇报稿或讲话稿都是亲自准备,即使是代拟稿,也要亲自修改,反复斟酌才定下来。然而在汇报或发言时,楼隆极又从来不看文稿,语言流畅,数据准确,讲话内容几乎与原稿一字不差。这看似随意的侃侃而谈,不是一般人办得到的。这反映出楼隆极严谨认真的工作态度和精湛的业务水平,他的工作态度和业务能力给全委同志做出了表率。这种严谨的工作作风,促进了全委卓有成效的工作。

20世纪80年代中后期及90年代初期,是武汉市经济社会发展最为困难的时期。我国沿海省市对外开放先行一步,市场经济机制初步形成,外商投资蓬蓬勃勃,经济社会发展一下子走在了全国的前面。相比之下,武汉当时依然是计划经济为主,国有企业当家,机制缺乏活力。武汉是国家重要的工业基地,然而产品几十年一贯制,结构老化,已经远远不能适应市场需求和竞争形势。武汉的食品工业首先退败,市场上售卖的饮料、糕点大多来自沿海城市,市民戏称武汉喝的是"珠江水",吃的是"广东粮"。面对严峻的形势,如何加快改革开放的步伐,加快对产业结构、产品结构的调整,是当时武汉经济社会发展的一项十分迫切的任务。

按照市委、市政府的要求和部署,市发改委必须履行自己的职责,要研究确定武汉经济社会未来发展的主要方向和路径,拟定长远发展的目标和规划,提出产业结构、产品结构调整的措施和重大项目。楼隆极带领全委同志对全市发展现状和未来的发展方向进行了大量的调查研究,多方征求意见,提出了着力发展高新技术产业,有重点地实施老工业基地的改造,加快第三产业发展的发展思路;制订了武汉国民经济和社会发展第八个五年计划和2000年发展规划,筹划了一批基础建设和结构调整的重大项目。

随后,市发改委又在国家发改委的支持和指导下,深入调研武汉工业的现状和发展方向,制订了武汉老工业基地改造和发展规划。规划提出,要通过对武汉传统工业的调整和改造,逐步建立起以高新技术产业为先导,以钢铁、汽车、石油化工等重化工业为主体的新型工业结构,把武汉建设成为我国重要的高新技术产业和现代制造业基地。现在回头再看,"八五计划"和"老工业基地改造规划"都对武汉的发展起到了很好的指导作用。

在制订长远规划的同时,市发改委还协同有关部门积极筹划、推进、实施了一批重大建设项目。其中不少项目都对武汉全局发展和长远发展起到了积极的推动作用。

中法合资神龙汽车有限公司的30万辆轿车项目,落户武汉市蔡甸区沌口镇及其周边地区。以此项目为基础,武汉市经国家批准成立"武汉经济技术开发区",与设在洪山区、江夏区的"武汉东湖高新技术开发区",并列为武汉市两大国家级开发区。两大开发区一经成立运行,就成了全市经济发展最为强劲的增长极,成为全市经济发展的"领头羊"。经过二十多年的建设和发展,这两大开发区已经成为武汉、湖北乃至全国一个高新技术产业和现代制造业的重要载体。2018年武汉市生产整车逾170万辆,汽车及其零部件工业成为武汉的"第一产业"。

武汉长江二桥的筹建,也凝聚了楼隆极和市发改委的心血。自1957年"万里长江第一桥"武汉长江大桥建成通车后,经过三十多年的时间,1991年5月3日开工建设武汉长江二桥,标志着武汉开启了跨长江的汉口——武昌的循环通道建设的新时代。1995年6月9日,长江二桥通车的第一天,百万市民自发地涌向桥面,庆祝通车,场面甚是壮观。此后,武汉又陆续建设了白沙洲长江大桥、天兴洲长江大桥、阳逻长江大桥、军山长江大桥、二七长江大桥、鹦鹉长江大桥等多座长江大桥以及两座过长江隧道,成为我国跨长江的桥梁和隧道最多的城市之一;许多桥梁设计、建设技术创造了国际新纪录。现在,武汉集聚我国规模最大、水平最高的桥梁设计、勘探、建设、监理集团公司——中铁大桥局集团公司、中铁大桥勘探设计院集团公司、中国铁建第四勘察设计院、中交二航集团公司等,成为名副其实的"桥梁之都"。

这一时期,市计委参与了武汉钢铁公司一千万吨钢扩建工程、240万千瓦阳逻电厂建设、武汉天河机场建设、武汉轻轨一号线建设等重大项目的立项、建设,这些项目的建成运行,对武汉经济社会发展起到了重要的作用。

楼隆极对这些项目都倾注了极大的心血。

(本文作者:乔江林)

中国商业第一股的点睛者

记武商集团原董事长毛冬声

毛冬声,高级经济师。1935年在浙江余姚出生,汉族。

中国上市公司武商集团股份有限公司(简称鄂武商)原董事长,下属多家合资公司董事长。第八届全国人民代表大会代表、主席团成员;第八、第九届全国人民代表大会代表;全国劳动模范;湖北省劳动模范;全国五一劳动奖章获得者;全国优秀企业家;中国经营大师;武汉市企业家协会会长;武汉市劳模协会会长。

第一、第二届武汉宁波经济建设促进会会长。

1982年,毛冬声执掌武汉商场,以大胆的思路贷款改造老商场;1988年,武商率先改革实行股份制;1992年,武商股票在深交所正式挂牌交易,成为中国第一只商业股,也是深交第一只异地股票。2004年,69岁的毛冬声辞任武商集团董事长。此时的武商总资产达34亿元。

如果把武商集团比喻成一条腾飞的巨龙,那么毛冬声就是这条龙的"睛"。叱咤商界的毛冬声,当年在商业改革创新上的胆识之勇、步伐之快、出手之狠,名扬全国。

从商 52 年,亲手参与了武汉商场的建设;主政武商 22 年,亲自操盘,打造中国商业第一股。毛冬声之于武商,有着举足轻重的意义。在武汉商界,毛冬声就是一个传奇,他不按套路出牌,敢为天下先,个性鲜明却又卷入诸多人事纷争。但有一点,所有人的认识是一致的:"他是一个商业奇才。"毛冬声虽然已渐渐远离商界,但是他的传奇故事仍在社会流传。

梳理武汉商业的发展史,武商集团在毛冬声的领导下,在中国商界创造了可以载入中国商业史的众多第一。

1982 年,毛冬声执掌武汉商场,贷款改造老商场。

1988 年,毛冬声率先在武商改革,实行股份制。

1992 年,"鄂武商"在深圳证券交易所正式挂牌上市,成为中国 A 股第一只商业股,也是深交所第一只异地股票。

武商集团销售量长期居全国商业行业前列,所属武汉广场单店销售额连续多年居全国第一。

在武汉商业版图上,武商商圈成为武汉市及鄂豫湘等省周边城市奢侈品集中地的代名词,是高中档商品和顶级娱乐的汇聚地。武商商圈与汉口江汉路、洪山光谷、武昌汉街三条步行街等等,构成武汉人流量最大的商业重地。

2004 年 8 月,69 岁的毛冬声辞任武商集团董事长。此时的武商总资产达 34 亿元,相当于在国家投资的基础上,赚回了 350 个"武汉商场"。

毛冬声敬重家乡和乡贤,到武汉 60 余年乡音不改,至今开口仍是浓重的宁波腔。从近代工商企业家辈出的宁波余姚来到武汉,毛冬声在这座历史上的商业重镇成就了他一生的事业。

思"变"贯穿从商生涯始终

"干则思变,不变不干。一个企业三年不变,这个企业就没有生机。"毛冬声的这句名言已融入武商人的骨髓。在毛冬声看来,只要想干事就必须思变。这与"敢闯敢拼"的甬商精神一脉相承,也与"敢为人先"的武汉精神不谋而合。

1935年毛冬声在浙江余姚出生。15岁那年,毛冬声从近代工商企业家辈出的余姚来到武汉,投奔父兄。那时,有个邻居在百货公司工作,便介绍他进去当实习生。不久,虚报年龄为18岁的毛冬声,顺利通过武汉市百货公司招工考试。因为工作勤奋,积极上进,他先后加入共青团和中国共产党。

1955年,20岁的毛冬声当上武汉市商业局团委书记。1957年,他因"不当言论"被划为右派,直到1979年才平反。或是机缘注定,毛冬声被错打成右派时,赤着脚背水泥、扛砖参加武汉友好商场(武汉商场的前称)的建设。这也成为他此后时常提到的一段经历——"我一生没有离开过这里,这里一砖一瓦都有我的脚印……"中国改革开放的大幕缓缓开启,毛冬声也迎来了人生的新机遇。1982年,毛冬声出任武汉商场总经理。

创办于1959年的武汉友好商场,位于汉口解放大道中段,是武汉为迎接国庆十周年兴建的十大建筑之一,营业面积7400平方米,是武汉最大的商场,也是当年全国十大百货商场之一。商场紧邻全国四座中苏友好陈列馆之一的武汉中苏友好宫,对面是闻名遐迩的汉口中山公园。武汉商场是武汉市民流连忘返的场所,在计划经济年代,武汉全市所获国家分配的日用物资,至少10%经武商售出。由于顾客流量大加上年久失修,卖场光线不足,商场显得十分陈旧。

1983年,武汉商场率先在全国商界"自我改造"。"武商要改造,就得营造现代商场的氛围,所以装修公司一定要具有前沿的思维。"在毛冬声的蓝图中,新武商不但有升降电梯、塑胶地板,还要有咖啡厅、游乐厅和验光配镜等看起来跟百货没关系的新业态。毛冬声坦言,这些"洋玩意"都是从商场美工室订阅的海外画册上看到的。

香港一家装饰工程公司闻讯拿出了设计方案,预算120万美元。

听说国家有外汇贷款,毛冬声直奔北京。他向此前并不认识的国家商务部部长刘毅汇报,得到支持。刘毅部长亲自将贷款报告签到中国银行总行信贷部,120万美元贷款很快到位。这成为全国首笔改造商场、税前还贷的外汇贷款。

20世纪80年代初,"资本主义"仍然是敏感词。美元贷款,加上装修承包商是香港企业,毛冬声引发的风波可想而知。改造完工后,由两位市人大副主任带队的审查组进驻武商。查了两年,没查出什么问题。

1985年9月1日,新武汉商场开业。开业第一年,销售额从改造前的7000万元升至两亿元,贷款当年还清。全国150家大中型商业企业老总组团来武汉考察,学习武商经验。此后数年,中国商界的改扩建热潮一浪高过一浪。

顶着"姓资姓社"争议打造"中国商业第一股"

尽管"姓资姓社"等各种争论让毛冬声如履薄冰,但他仍做了几件"胆大包天"的事:成立武汉市第一家股份制企业——武汉商场股份集团有限公司;向工商银行武汉分行、武汉钢铁公司等6家股东单位发行股票622万股。

1986年12月25日,武汉商场股份集团有限公司宣告成立。工商银行、农业银行、建设银行、保险公司、武汉钢铁公司、武汉石化、汉阳钢铁厂、北京百货大楼、西单商场、上海华联商厦、广州南方大厦、南京新街口百货商场等一批金融、工业、商业企业成为第一批股东。武商集团成为国内商界第一家拥有商业资本、金融资本、产业资本的大型股份制企业,改变了国有企业只有单一国有资本的状况,实现了投资主体多元化。

武商推行股份制的消息传出,在武汉三镇引起了很大轰动。《人民日报》《经济日报》及时予以肯定,多次报道。国家体改委、财政部、商业部的领导多次做出指示:建立现代企业制度,股份制是有效模式,能界定企业的产权关系,能理顺国家、所有者、经营者三者的关系,能规范企业的管理体制,形成决策、执行、监督的法人治理结构。人们对武汉商场的改革之举,又一次投来了赞赏的目光。

1992年,邓小平视察南方,发表了一系列重要讲话。这些话让毛冬声心中的大石头落了地,他要加速带领武商上市。此时的武商,历经3次增资扩股,总股本已达到 1.4 亿多元。在跑了证监会 10 余次,盖完各部门 100 多个章后,1992 年 11 月 20 日,"鄂武商"登陆深圳证券交易所,成为"湖北第一股""中国商业第一股"。上市给武商带来了前所未有的财富——当年筹集资金 2.45 亿元。

有了资金支持的毛冬声,又要干大事了。曾经多次出国考察的毛冬声注意到一个现象:凡是人流量大的地方,必定是商场密布之地。毛冬声将此称为"扎堆"。依据"扎堆理论",他要在繁华的航空路口再建几个大商场,打造摩尔式的购物中心。此时的武汉三镇已有 16 家大商场,在建的还有 32 家,有人认为武汉的商场已经趋于饱和。

"武商如果不建摩尔式的购物中心,就会被别人抛在后面。"毛冬声力排众议。1996 年 9 月,与武汉商场一墙之隔的武汉广场正式开业,第一个月实现赢利,20 个月收回投资成本。从那一年起,武汉广场连续 9 年蝉联"中国单体百货店经济效益第一"。

1999 年,投资 7 亿元兴建的世贸广场购物中心开业。空中连廊将其与武汉广场、武汉商场连为一体,打造了一个集购物、休闲、餐饮、服务等多功能于一体的巨型经营综合体,总营业面积达 20 万平方米。至此,解放大道航空路口的这几栋大厦,组成武汉最大、最繁荣的中央购物区。武商集团终于从单体商场壮大为扎堆经营、错位发展的综合实体。

接着,武商集团公司又一举"吃掉"青山建二商场和武昌亚贸广场,成立武商量贩分公司和家电分公司。此外,还将触角伸向周边的襄樊、荆州、宜昌等城市。

地处中国经济交通枢纽重地,武汉商业发展迅猛,形成四家鼎足而立的上市公司:地处汉口的鄂武商、中百集团,地处武昌的武汉中商,地处汉阳的汉商集团。

在毛冬声的带领下,武商多年稳居武汉商业霸主地位。"想吃螃蟹,就不能怕它的大钳子。"这句毛冬声常挂在嘴边的话,便是他面对风险的态度。

敢于学习,善于学习,勇于改变

毛冬声是个敢于学习、善于学习的人。他出国考察先进的商业经营理念和管理方法,再根据中国的国情和武汉市的市场情况进行综合分析,提出改革意见。

实行股份制后,武商集团基本上达到了"产权明晰、权责明确、政企分开"的现代企业特征要求,但是建立现代企业管理制度,仍然是一座难以逾越的大山。早在20世纪80年代,武商就自编了管理制度,推行全面质量管理。在当时的历史条件下,发挥过一些积极的作用,但缺乏现代企业的核心要领,付诸实施后长期效果不理想。

毛冬声经过反复琢磨,采取了一个绝招,就是办合资企业。在他主持下,武商集团先后与中国香港、马来西亚等地的企业,创办了七家合资公司。目的之一是将合资企业放在自己的眼皮下,看外商怎样管理企业,直接借鉴外商用实践证明过的先进的管理经验和方法。

1993年,武商集团让出儿童用品板块,交给香港永安公司经营。毛冬声从中悟出现代企业管理的做法。他和同事们从五个方面对比了与香港永安公司管理的差距:1.有一个职薪相统一的行政体制,而我们是职薪分离;2.有一个以制度为准绳的管理体制,而我们是人治;3.有一个一级管一级、一级对一级负责的执行体制,而我们是越级指挥;4.有一个重结果、轻过程的功过体制,而我们是重过程、轻结果;5.有一个以文代言、有依有据的考核体制,而我们是"大锅饭"。

1996年,武商集团与香港德信集团创办汉港合资武汉广场购物中心,毛冬声迅速借鉴了香港德信集团的机制,总结为"四新机制",即:新的经营方式(购销分离)、新的管理方法(集中管理)、新的运行机制(一级核算)、新的用工和分配制度(能进能出、能上能下)。运行一年后,取得了十分可喜的效果,经营十分火爆,顾客天天盈门。当年开业,当年获利,各项经济指标名列全国百货零售企业首位,而且取得"六连冠"殊荣。

毛冬声意识到,在合资企业里,无论是行政管理人员还是职工,对企业的规章制度都有很强的执行意识,该奖的奖,该罚的罚,这应该是合资企业的环境造就的。在职工纪律条款中,规定职工不得在商场内吸烟,犯一次警告,犯两次除名。有一位职工犯了两次被除名,本人无言可辩,请来了一位领导说情,但毛冬声说:这是制度规定。购物中心有位职工因迟到扣了奖金,她在店堂里点了一炷香和蜡烛,咒骂管理人员,遂被除名。这些行为,若是在当时传统体制的环境里，可能就会教育了事。

毛冬声在创办合资企业的过程中，注重汲取先进经验，经过筛选提炼，在各实体中进行推广，使武商的管理建立在现代企业科学的管理制度上。毛冬声认为，这是武商集团加快改革发展速度的核心所在。这一做法，引起过全国同行和理论界的高度重视。

武汉市委、市政府十分重视和支持毛冬声的改革发展，在毛冬声年逾六十即将退休的情况下，挽留他继续主持武商集团的工作。

作为两届全国人民代表大会代表，毛冬声自知责任重大，多次参与有关议案、建议的调研，提出改进意见。他始终注重商业经营的理论研究，认为党和国家每到关键时刻，都会做出重大改革部署。他说，改革靠的就是天时、地利、人和。国企改革一度停滞不前，面临经济模式转型考验，但企业经营理念的转变才是关键。他说，在各行业自下而上的改革中，曾经涌现出了许许多多的改革家。"每次改革时的具体情况都不一样，不论环境如何变化，都需要改革家的努力，只是努力的重点不同罢了。"他认为，过去的经济改革主要涉及人事制度和产权制度，今后将同样注重经营理念和经营模式的改革。

他是一个有情怀的企业家

国家商业部原部长胡平说，毛冬声是很厉害的。这是一句亲切的褒奖语。

蕴藏在毛冬声五十多岁就开始谢顶的头颅里的智慧，以及他的言谈举止中透露出来的那股灵气，正是江南明山丽水对他的慷慨赠予。宁波人的精明和务实，体现在毛冬声身上是超前的经营理念。

早在计划经济年代，他就对市场有了充分的解析。毛冬声认为商业服务的重点服务对象，一是青年，二是女人。在他看来，青年和女人最大的性格特征是对新鲜事物特别敏感，因此商业经营的生命线是不断地花样翻新。在全国大型百货商场中，毛冬声最先在武汉商场推出"玩具一条街""跳蚤市场""礼仪小姐""升旗仪式""三资企业产品展销""全国十佳营业员刘莉专柜""有奖咨询意见"等活动，让武汉商场在20世纪80年代眨眼间摇身一变，以全新的面貌出现在顾客面前。

毛冬声还为自己制定了"五条准则",充分体现了他作为一个商业巨子特有的人文情怀。

1. 事业准则:把工作当作一番事业干,当个人利益同事业发生矛盾时,无条件服从事业需要;

2. 知识准则:不甘于外行领导内行,干任何事情,都先将那件事情研究透彻,再发表意见,下达指示;

3. 民主准则:充分发扬民主,在广泛听取不同意见之后,再行使总经理的裁决权;

4. 群众准则:把总经理的意图变成全体员工的愿望,发动群众都来干,带领群众同心干,不和群众对着干;

》毛冬声

5. 利益准则:不当冒尖户,无论商场经济效益如何,个人收入都控制在全场职工收入的平均线以上。

这五条准则渗透进了他的思想里,体现在他的行动中。他的百折不挠的毅力来自他强烈的事业心;他精通商业领域的各种业务问题,是因为他的刻苦钻研;他的从容和坦荡,是因为他决不谋取私利。著名作家曲啸与毛冬声长谈后,曾给他留下七个大字 ——"心底无私天地宽"。

毛冬声是一条铁汉,有泪绝不轻弹。生母去世,伯妈病故,他都不曾掉过一滴泪。然而毛冬声说,他哭过。他这一辈子,总共哭过两次。第一次是1950年,党组织为他安排了工作,使他结束了流浪儿的生活,成了革命队伍的一员,成了年轻的共和国的主人,他哭了,痛快淋漓地哭了。第二次是1979年,全国范围内平反冤假错案,党组织宣布他的"右派分子"为错划,给予平反,恢复了他一个职工和党员干部的尊严。他同妻子一道看电影《牧马人》,触景生情,他流下了眼泪。

1988年,武汉市场部分物资紧缺,市政府要求国营大型商店带头狠杀抢购风。武汉商场挂出巨幅标语"双门冰箱单门价,武汉三镇第一家"。他们让利43万元,售出大批优质的名牌冰箱、彩电等紧俏商品,对稳定武汉市场、回笼资金,起了重要作用。人们感到奇怪,不遗余力追求经济效益的毛冬声,怎么会做出这样的惊人之举。毛冬声则含而不露，一笑置之。了解毛冬声的人们才会知道，同经济效益相比，他总是将社会效益放在首位，这不为别的，只因为他是社会主义的商业管理干部。

毛冬声也有温柔的一面，他重感情，为人直率随和，心口如一，很好相处。熟悉他的老武汉商场人，至今还戏称他为"毛毛"。毛冬声的个性非常鲜明。他待人热情，举止温雅，但从不说狠话重话，也没见他发过火——即使他在跟你讲他最倚重的朋友背负了他，也是语气缓和，慢慢道来。老员工们记得，他和职工一道打台球，参加商场工会组织的大型文艺活动；他把食堂饭菜票丢在办公桌的抽屉里，午餐的时候请办公室的同志带上三两饭、两个菜，同身边工作的同志一道在办公室边吃边聊，市场风云、商场变幻，人间趣事、社会轶闻，天南地北、上下古今，无所不及。于是，午餐时间成了毛冬声和他的同事们一天中最愉快的时光。

毛冬声说，领导一个大型商业企业，不能光靠感情、良心办事。感情当然可贵，良心也是个好东西，但重感情讲良心却不努力工作的大有人在。要使企业全体职工人人奋发工作，个个积极进取，唯一可靠的途径是加强管理，逐步建立一套完整而科学的管理体系，使企业从上到下有章可循，有则可守，有法可依。因为夹紧了尾巴做人，所以才敢昂起头来管事，因为能律己，所以敢律人。因为能理解人关心人体贴人，所以管人才管到点子上。

1985年，毛冬声提出在武汉商场开展以"三三三制"为主要内容的全面服务质量管理。其做法是，在管理对象上抓"三要素"——商品、态度、环境；在管理范围上抓"三全"——全企业、全过程、全体人员；在管理过程上抓"三期"——售前期、售中期、售后期。"三三三制"在很大程度上提高了服务质量，为商场赢得了声誉，为稳步而高速的发展夯实了基础。

乡音无改，初心依旧

毛冬声很感性地说："我很小就离开了家乡，我的根在宁波，武汉是我的第二故乡，对宁波我只能有点感情，并无体验经历。很多人都说宁波人会做生意，这是因为宁波人自古有经商的传统，他们头脑灵活，勤奋刻苦，坚韧不拔，善抓机遇。宁波商人的知名人士中,不少都从小生意一步一步做起来,终成大业。这就是宁波人的精神,我可能也有这种细胞吧。"

毛冬声家族里有9个叔叔伯伯,其中7位早年从宁波老家陆续来到武汉,有的经商,有的打工,进入了武汉商圈。整个家族30多人一直生活工作在武汉,有了深深的武汉情结。但毛冬声和他们一样,乡音无改,初心依旧,走到哪里都踏踏实实做人,勤勤恳恳做事。在老武汉商场的老员工中,也有几十位江浙人,平时毛冬声和他们用乡音打招呼、交流,员工们都感到十分亲切。

毛冬声从不居功自傲,挂在嘴边的话是:"我1982年底出任武汉商场总经理,赶上了改革开放的好年代。"

在党的改革开放方针指引下,毛冬声在武商总经理的岗位上,勤奋耕耘了22年,把一个传统模式的国营老商场,改造成为现代化、具有国际化水平的大型商业集团 —— 武商集团股份有限公司:营业面积由7400平方米扩大到50万平方米,年销售额由1亿增长到92亿,年利润总额由521万增加到3.5亿,集团资产总额由1500万增长到41.8亿。在毛冬声挂帅的22年里,企业经济效益始终保持在全国同行业的领先水平。毛冬声获得"全国五一劳动奖章"。

党和政府重视毛冬声的改革开放精神和实干兴邦的能力,数千万湖北民众敬佩毛冬声的奉献。毛冬声被湖北省人民代表大会连续选举为第八届、第九届全国人大代表。在第八届全国人大会议上,毛冬声被推选为主席团成员。他获得全国劳动模范、全国优秀企业家、全国经营大师等荣誉称号。

宁波精神对毛冬声有多大影响?他风趣地笑道,有些东西可能是骨髓里的。宁波的创新精神建立在"敢创业、不守摊"的理念之上。这在宁波人创业的思想与经历中,习以为常,司空见惯。

20世纪初期,不少宁波商人就充分利用积累的资金去创办新兴实业。宁波商帮的一些重要代表人物,一旦时机成熟就走出宁波,到上海、汉口(今武汉市江北地区主要部分)等大城市寻求新的创业机遇。他们敢冒风险,善于经营,思想不保守,行为不守摊。宁波商帮领袖叶澄衷,当年在上海的火柴业已很有地位,但他还是委托宋炜臣在汉口创办了一家当时全国规模最大的火柴厂,使自己的事业更上一个台阶。虞洽卿早年当过普通职员,最终成为工商巨头,把事业中心推向上海,他经营的宁绍轮船公司在武汉也获得巨大成功。又如武汉的机电业、上海的五金业、天津的制衣业、东北的开垦业等有影响的实业,几乎都是闯荡天下、敢于创业的宁波工商者所为。这种敬业、创业精神在新的历史条件下继续产生着作用与影响。

毛冬声说:"作为一个宁波人,我做了点事,没有给宁波人丢脸,我很自豪;武汉是我第二故乡,在武汉至今生活了70年,我见证、参与了武汉的建设和发展,做了我力所能及的工作。我爱这座时时给人带来惊喜、每天不一样的城市。"

2004年,69岁的毛冬声退休。"当时每月领取退休工资1572元,天天面对的是柴米油盐,无忧无虑无烦恼,开始了我平静的晚年生活。"对于有媒体报道他曾持有三四万股鄂武商股票,毛冬声解释说,鄂武商上市的时候他没钱,当时只买了3000股,后来扩股到5000股。因为上市公司高管必须持股,他代公司"买"了2万股,这部分股份卖出后收益上交集团了。

他继续从事社会活动,担任武汉企业家协会会长、武汉劳模联谊会会长,为武汉经济建设发挥余热,尽着自己的一份力。

1999年,武汉宁波经济建设促进会成立,毛冬声成为创会会长。他可以有机会为心中魂牵梦绕的家乡服务了。2007年,在宁波、武汉两地市政府的关心支持下,毛冬声和武汉宁波经促会积极协助成立了武汉市宁波商会。

为了让武汉市宁波商会的成员更好地了解武汉的经济发展状况和投资环境,毛冬声、方天人、陈祖源等亲自组织商会成员,到武汉周边考察,为今后投资兴业掌握了第一手资料。

2008年全球金融危机,武汉市宁波商会会员企业不同程度地受到影响,为了扶持他们走出困境,武汉宁波经促会除鼓励他们抱团取暖、共渡难关外,还积极利用经促会中银行业成员的关系开展银企对接活动,与中国人民银行武汉分行、中国农业银行湖北省分行、广发银行武汉分行等多家银行联系合作,积极为企业与银行牵线搭桥。宁波籍在汉企业家创办的湖北玉如意绿色食品公司、武汉三友美通公司、宁波华星钢构武汉分公司、武汉宏峰电器商行等会员企业,获得银行贷款。

武汉、宁波两地在许多领域有着广阔的合作关系与互补空间。宁波市政府在武汉举办"宁波周"活动,为两地人才交流、科学研究、旅游发展、商品交易提供服务。在毛冬声的组织下,武汉宁波经促会积极配合"宁波周"筹备工作,邀请武汉市政界、商界知名人士参加了武汉宁波籍人士座谈会,积极组织武汉相关企业代表参加宁波市进口商品贸易推介会、宁波—武汉投资合作洽谈会。宁波商品展销会在武汉获得成功。宁波小百花越剧团多次应邀来武汉演出,一票难求。

"宁波帮"为武汉的经济建设做出了卓越的贡献,"宁波帮"的创业精神加速了武汉的发展,也成就了一代汉口"宁波帮"。在会长毛冬声以及祖籍宁波的武汉市原副市长陈华芳、时任市政府副秘书长唐惠虎的支持下,副会长陈祖源等参与编写了《汉口宁波帮》,由宁波市政协文史委员会出资在中国文史出版社出版。该书记录了从清末到民国初"宁波帮"建设武汉的功绩,也体现了武汉海纳百川的胸怀。

2013年,毛冬声卸任武汉宁波经促会会长。2015年,80岁的毛冬声携外孙女,随武汉宁波经促会代表团回到家乡余姚,在众位乡亲的帮助下寻到祖居和远亲。他十分激动,对外孙女述说着七八十年前的家乡往事。

84岁的毛冬声个子仍是高高大大的,身板笔直,但眉宇间多了谦和慈祥,听别人说话,总是笑眯眯的。每天,他慢慢骑着电动车去小区市场买点菜,自己下厨做简单的一日三餐。他不嗜酒却一辈子没停过抽烟。"少抽点就好,老了轻易改变生活习惯也不利于健康。"毛冬声自有他的"健康理论"。

偶尔外出,他会选择坐地铁。"绿色出行既安全又方便,我们老人还不用花钱!"曾经执掌几十个亿的毛冬声晚年倒是颇会"精打细算"。上淘宝购物,打打电脑麻将,看看电视剧……一切回归平淡。

小区的居民只有听毛冬声讲话,才知道他是位老宁波。

(本文作者:毛茵)

愿一生站在医疗卫生最前沿

记武汉市卫生局原局长方天人

方天人,女,1938年元月出生于宁波镇海。

1956年9月至1961年8月,本科就读于北京医学院公共卫生系。

1961年9月至1979年2月,任武汉市武昌区卫生防疫站医生、副站长。1979年2月至1983年1月,任武昌区卫生局副科长、副局长。1983年1月,任武汉市卫生局副局长。

1985年12月,任武汉市卫生局党委书记。1994年3月至1998年2月,任武汉市卫生局党委书记、局长。1998年2月至2001年9月,任武汉市人大常委会委员、科教文卫委员会副主任委员。

在武汉地区倡导大医疗大卫生理念,加强医院之间横向合作的同时,方天人也采取多种形式同国际医学团队开展多层次的学术交流、技术合作,引进先进的科学技术、管理经验,以及国外资金、人才和项目,加快武汉市卫生事业的纵向发展。不仅扩大了武汉市的影响力,甚至扩展到了国家的影响力。

出身医学世家，冥冥中融入"天人合一"精髓

1938年腊月初八，位于浙江宁波海防前线的镇海县柴桥镇（现为北仑区柴桥街）芦江医院，外科大夫方西畔做完手术，护士立刻迎了上来："方医生，胡医生快要生了。"方医生疾步往产房走去，当妇产科医生的太太又为他生了个千金。祖父来信为孩子取名"天人"。

方天人不太记得祖父为她起名"天人"的缘由。忙于治病救人的父亲似乎也没有向她解释过。长大后，方天人知道了"天人合一"这一哲学思想。"天"代表"道""真理""法则"，"天人合　"就是与先天本性相合，回归大道，归根复命。"天人合一"哲学构建了中华传统文化的主体。而中国医学典籍《内经》也主张"天人合一"，强调"人与天地相应，与四时相副，人参天地""人与天地相参也"。方天人想，或许，冥冥之中，博学的祖父就为她选择了从医这条道路，而且是一条与众不同的道路。

从小学到镇海中学读初中，再到宁波一中读高中，方天人充分发挥了她领导的天赋，不仅成绩优异，还一直担当班长、校团委书记等职务，在学校颇有名气。以至50多年后，时任宁波市人大常委会副主任、当年宁波一中的校长钱念文，还让前来筹建武汉宁波经促会的宁波市政府副秘书长林国莲带信，打听方天人的近况。

读小学的时候，方天人的父母便从亲戚的医院脱离出来，夫妇俩开设了自己的柴桥医院。那是一幢几层楼的楼房，楼下是医院，最上边一层住着他们一家人。有时候医院里特别忙，看到护士们忙碌，放学回家的天人也会主动给护士们帮忙。特别是有一年霍乱流行，医院里送来的全都是霍乱病人。病人们痛苦不堪，急需输液治疗，可护士人手却不够用，看着护士姐姐们跑前跑后，方天

人便端起药盘,为护士们打下手。那时的她并没有救死扶伤的人道主义精神概念,只知道要以自己微薄的力量,去帮助忙碌的护士和无助的病人。

当时,一个疑问在方天人幼小的心里扎下了根——什么是霍乱?为什么这么多人会因此而失去生命?

这些经历,或许为方天人选择从医的道路奠定了基础。1956年,方天人以优异的成绩考取北京医学院(北京大学医学院)。当时浙江考取北京大学的只有两个学生,杭州一个,宁波一个。

放榜的那一天,方天人得知考入了心仪的大学,和同学开心地去抓了几只青蛙来解剖。

1956年夏天,上穿一件干净的白衬衣,下穿一条黑裙子,拎着一只陈旧的木箱,方天人揣着父母和姐姐给她凑的15元钱,一步三回头地离开了生活18年的小镇,独自去北京求学。

踏上绿皮火车的那一刻,汽笛声骤然响起,第一次远离家乡的方天人心里五味杂陈,这也许就是背井离乡了,以后她要一个人独自面对自己的人生。

当时宁波有数十位学生考取了北京的大学,方天人是领队。一路上,同学们欢声笑语,畅谈未来,畅谈人生。火车开到上海要换车,等他们换车时,发现一大波上海学生蜂拥而至,而等待他们宁波学生的是最后一节最差的车厢。

车过河南,过了黄河大铁桥,方天人看向窗外,黄河的水滚滚向东流去,这与江南的小桥流水是截然不同的。但此刻的她既咏不出"欲渡黄河冰塞川,将登太行雪满山",也诵不出"黄河之水天上来,奔流到海不复回"的磅礴诗句。因为她发现,黄河的水面几乎要接近铁路线,有一种火车在黄河中咣当咣当行走的感觉。而水面上漂泊着破旧的船只,船上是破衣烂衫的贫苦人,有壮年,有老人,有妇女,也有孩童,不一样的是年龄、性别,一样的是呆滞、木讷、愁苦的眼神,茫然地望着混浊的黄河水,望不到尽头。一时间,没有见过世面的学生们都哭了。大家对未来充满了忧虑:"我们为什么要考到北京去,北方就是这样的吗……"虽然宁波不是大都市,但毕竟是水乡,再苦也不会苦成这样。

车到济南,要停车几个小时,大家没有办法,只好去附近餐馆吃饭,看见北方人都是蹲在地上吃饭,还将腿跷在凳子上,有学生又哭了。

方天人一辈子都不会忘记那样的情景,还没有踏入大学校门,生活就为他们上了走向社会的第一课。

方天人考取的是北京医学院的公共卫生系。

早期的公共卫生教育起源于以英、法为主的西欧国家,目标是培训公共卫生管理人员。近代公共卫生教育则以美国为中心。我国的公共卫生事业兴起于20世纪30年代,在新中国成立前尽管也有一批公共卫生的有识之士为之奋斗,但因军阀混战、日寇入侵等诸多政治因素,我国的公共卫生事业落后西方国家一个多世纪。随着公共卫生学的发展,我国公共卫生教育模式开始转变。20世纪50年代,中国仿效苏联,在医学院设立公共卫生系。北京医学院的公共卫生系,其前身就是北京大学医学院公共卫生科。

对这个专业,方天人是非常懵懂的,她还没有将这个专业和霍乱之类的联系起来。选择这个专业和姐姐有很大的关系。当时,父母在宁波海滨山区行医,姐姐已经是一位医务工作者。在填报志愿选择专业时,姐姐认为公共卫生专业刚从苏联引进,以后的发展前景会非常好。

但在当时,公共卫生专业的发展在国内并不成熟。临床医学和公共卫生并未分开,一起上课,上的也是同样的课程,到了实习阶段,方天人连北京防疫站

» 方天人

都没有去过。刚刚完成北医三院临床实习的时候,东北北大荒克山病爆发,当地人病死无数,学校派出了近20名学生去北大荒,方天人是队长。

那是让方天人无法忘却的"实习"经历,学生们都以为是单纯的实习,没有想到,到了那里,哪有时间让大家实习,马上就投入了对克山病人的抢救中。当时的条件非常差,正值寒冬,东北的冬天特别冷,晚上他们睡的是土炕,身下烧了炭的土炕热烘烘的,上边却是寒冰刺骨,哈一口气都可以在薄薄的棉被上结冰,可谓冰火两重天。生长在江南的方天人难以承受。然而这些还不是重要的,因为接下来的抢救,对这群一腔热血即将投入医学事业的青年来说是极为惨烈的。经过他们的抢救,有一大批克山病人康复了,但他们也第一次眼睁睁地看着一个个鲜活的生命在身边逝去而无能为力。方天人这时才感觉到,临床医生靠自己的医术就可以治病救人,但是一旦爆发流行疾病,医术再高超的医生凭一己之力也是没有办法改变的。一年后,他们抢救完北大荒的克山病病人,调研并控制疫情回京,毕业生已经全部分配完毕。

1961年,方天人被分配到武汉。刚来武汉的方天人,带着新奇、欢喜,也充满了对新生活、对未来的期待。然而,去武汉市卫生局报到时,命运又给这个毕业于北京医学院的优等生一个小小的考验——接待人员一听是外地毕业生,看也没看她的档案,便将她分配到武昌区防疫站。

既来之则安之。乐观的方天人坦然接受了这样的安排。

第一天去武昌区防疫站报到,方天人清丽娇柔的模样便让所有人暗自摇头,这个闪着一双灵动的大眼睛、看起来稚气未脱的江南女孩,在这儿肯定是留不长久的。不怪大家会这么想,在方天人来之前,就刚刚走了一位大学生,待了不到一个月。更何况,这位还是名校高才生,小庙容不下大佛。但是,谁也没有想到,两年后,方天人当上了防疫站副站长,并且在这儿一干就是十多年,而且将公共卫生防疫工作当作了自己终生的事业。

在防疫站公共卫生科,方天人与后来分来的另一位大学生何德娟,走遍了武昌区近百平方千米的大街小巷。凡是大的疾病流行,她们一个搞疾病诊断控制,另一个负责实验,分工合作,热情地将青春岁月投入到卫生防疫工作,她们也结下了深厚的友谊,成了好伙伴。

1967年"文化大革命"开始,中国进入动荡时期,身处这场风暴中的方天人也未能幸免。

那时候,方天人正怀着她的第二个孩子,而爱人作为武汉大学教师在新疆支边,方天人每天拖着笨重的身子去工作,还要参加自己的批斗大会。怀着七个多月孩子的她,在台上实在撑不下去了,希望靠墙找一个支撑,却惹怒了当时的造反派,一脚踢到她的肚子上。当天晚上方天人早产,孩子是在武昌大中华酒楼门口出生的。那天,是单位好心的门卫借了辆三轮车将她送往医院,离医院还有几百米,孩子就出生了,而方天人却大出血。到了医院,大家赶忙将刚出生的孩子抱进去,方天人却独自躺在医院正对风口的过道里。十月秋风瑟瑟,孩子出生的欣喜也温暖不了她悲凉的心。

那是方天人最为艰难的日子。她看似温婉,但性格刚强而乐观。除了第一次离开家乡去北京时看到黄河边的难民落泪,从此她很少流泪。但是在这个时刻,爱人不在身边,方天人举目无亲,茫然无措。在工作中从不示弱的她终于卸下了外表坚强的盔甲,抱着幼小的儿子在毛主席像前脆弱地哭泣。方天人很迷惘:我们都是在听党的话,救死扶伤,一切都是为了百姓,为什么还有错?

1968年开始,全国各地举办了千余所"五七"干校,几百万干部被下放到农村参加学习、劳动锻炼。武昌区防疫站也形同虚设,而武昌区卫生局干部严重缺失,在这样的情况下,方天人被紧急抽调到区卫生局,负责整个武昌区的医疗防疫工作。

1976年方天人正式调入区卫生局医政科工作。1982年任区卫生局副局长。

在武昌区卫生局,方天人开阔的视野与决策力开始显现。她发现基层卫生院医务人员学历普遍不高,于是她和区卫生局领导商量,与湖北医学院联合办学。在她的努力与筹备下,为医务工作者进行继续再教育的中专与大专两所学校陆续开办,并聘请医学院的教授授课。同时,她还增设外语班,大大提高了全区卫生系统医务工作者的整体文化水平。

为了充分展示医务人员的技术水平,培养他们对医学事业的敬业精神,方天人又策划了全区医务工作者的技术实操大赛,在武昌区委礼堂搭起了舞台,让医务人员进行技术表演。如抢救病人的每个步骤等等,先是技术表演,接着评技术奖项，调动了医务人员在业务学习上的积极性。此举在当年创全市之先。

20世纪80年代，中国进入改革开放初期，为了适应社会主义现代化建设的新要求，党中央着力探求建设一支高素质干部队伍。于是，干部队伍"四化"方针应运而生。武汉市卫生局领导开始在知识分子的档案里寻找"四化"人才，方天人脱颖而出。

1982年，方天人作为武汉市"四化"干部被选任为武昌区副区长，但一直在医疗一线工作的方天长认为自己更适合卫生部门，不适合行政岗位，于是她拖了两个月没有上岗。市委领导了解情况后说，既然方天人离不开卫生系统，喜欢搞业务，那便去市卫生局吧。

终于，在市委的一次干部大会上，辛甫副书记点名道："武昌那位拖两个月拒不到岗的方天人来了吗？"

"来了！"随着一声吴侬软语，清秀干练的方天人站了起来。

有人说，方天人放弃副区长的任职，是人生一大失误，但方天人云淡风轻地一笑，在她看来，医疗卫生才是她擅长的领域，这是她热爱的事业。对于自己的选择，她从不后悔和遗憾。

"弱女子"搞起医疗卫生系列改革不止"三把斧"

方天人是位懂得感恩的人，特别是身处异乡，举目无亲时。当年，武昌卫生防疫站的那位门卫师傅，半夜踩着三轮车送临盆的她去医院，在她被批斗时用身体挡着冲上来的造反派，说："谁要打方站长先打我！"方天人总不忘去探望他，直到门卫师傅去世。她也不会忘记在她的人生事业中对她有知遇之恩的人，譬如武汉市卫生局党委书记马逢元。

马逢元是位老革命，曾经跟随陈赓将军的部队南下，曾任湖北来凤县委书记和武汉市东西湖区区委书记，德高望重，威信极高。方天人调任市卫生局后，和风细雨地进行了一些改革，马书记大为赞赏，知道这位看起来优雅、聪慧的江南女子除了有过硬的专业素养，更具有远见卓识，有极强的决策力。为了让方天人有更大的施展空间，马书记一改老干部干到老的传统，还没有到离休年龄，就执意提前退了下来。此举让所有人大为不解。方天人极力挽留，马书记说："我们干革命一辈子,现在改革需要你们这样年轻有为并有专业背景的领导人才。"

因为马逢元书记向市委、市政府的力荐,方天人出任武汉市卫生局党委书记。后来的一系列改革举措有了更大的拓展空间。马逢元这样爱才惜才、任人唯贤的品质,令方天人非常感动,这一优良品质后来在方天人的任职中也得到了充分的体现。

刚来武汉,方天人不习惯有些机关的作风,报到时接待人员简单的三句话吓了她一跳:哪里的?搞什么?找哪个?

到了市卫生局后,方天人便着手改变卫生系统的机关作风,对干部们进行语言、行为规范的培训。在她看来,国家机关的工作人员,要有国家机关的形象,要有国家机关的纪律和要求。虽然看似是形象,但更多是一种服务意识、亲民意识。她倡导"病人至上"的医疗卫生服务理念,在全市推行的提升医疗服务品质的"创三优"(创建优质服务示范医院、优质服务示范窗口、优质服务示范明星)文明创建活动,由原市属卫生单位扩大到区县医疗机构、企业医院、部省属医院、部队在汉医院,在整个武汉地区开展得声势浩大、如火如荼,帮助解决了老百姓看病难、住院难等问题,大大推进了医疗服务品质的提档升级。

武汉市卫生局的老人都不会忘记1986年中秋节,在长江游船上的一次统战联谊活动。那天,方天人致欢迎辞。她身着一件大红对开毛衫,一袭黑裙,江风习习中,一头微卷短发轻轻飞扬,她笑容灿烂,美丽优雅,从容大气,一改人们心目中灰衣黑裤、直发素颜的正统老太太形象。有人说,这样一位书记,给卫生战线带来了一股清风。

也有人对方天人展示的形象颇有微词,认为党的领导干部应该保持他们理解的所谓的朴素作风。但方天人说,没有人愿意通过你邋遢的外表去了解你精致的内心。她的理念是,优雅得体的着装,既是对别人的尊重,更是对美好生活的展示和向往。她常常将一套很便宜的衣服搭配得优雅得体,甚至高贵。

1995年,全国副省级城市卫生局局长联席会在武汉举办。方天人陪同嘉宾参观武汉的市容及各级医疗机构。她组织卫生部门的机关干部做接待,女性一律着西装套裙,化淡妆,工作细致入微,举手投足都符合礼仪,以致被一些人误认为是聘请的专职礼仪队。在市委招待所,每位嘉宾的床头都放了一朵鲜花、一张温馨的卡片。方天人以女性特有的细腻,让嘉宾感受到武汉这座城市的热情与大气,充分展示了武汉人的"国际范"。

在大家眼里,方天人外表是典型的东方女性的感性、知性与优雅,而内心却是坚强和韧性。

方天人任卫生局党委书记一职后,发现卫生局财务按照国家标准有很多不规范的地方。她是医学专业出身,于是有人想当然地认为她不懂财务管理。因而,在任三年的时间里,方天人没有看到卫生医疗系统的财务账目。她不动声色,她知道,由于历史的原因,一下子改变现状,是极为困难的事。经过三年调研,方天人开始着手财务制度改革。她旗帜鲜明地提出,贯彻国家预防为主的方针,把财务投入的重点放到基层,放到预防重大疾病、医疗急救和重点专科建设,放到青年人才培养上。

在局办公会议上,一些人不赞同方天人的改革,会上争吵非常激烈,方天人很委屈,但她平心静气却又掷地有声地说道:"你们说的情况我可以理解,毕竟这是长久以来的运作方式,但我不认同。我们可以内部调整,但必须按照国家政策办事。"大家对方天人不禁刮目相看,这位书记不仅懂专业技术,也懂行政管理,这么柔弱的身体却彰显出这么强大的气场和魄力。

回家后,她慢慢厘清思路,有了对策。第二天,她一位一位找人谈心,具体商讨,问题也迎刃而解。作为一名原本只想专注医学研究的技术人员,却被推上了行政管理的位子,方天人能做的,只有自我调整,转变观念,迎难而上。

那个年代,"大锅饭""铁饭碗"制约着卫生事业的发展。她领导自己的团队在医疗单位试行人事代理制、职工考试优录制,职工工作质和量与分配挂钩,进行了一系列的人事和分配制度改革,激励医务人员爱岗敬业,提高医疗卫生服务质量和水平。

在任职的时间里,方天人开会从来没有发过一次脾气,几乎没有和一位下属红过脸或有过争执。处理问题时,方天人从不会给人难堪。她的改革不是大刀阔斧、狂风骤雨,而是和风细雨、清风度人。她对下属说:做领导,不仅要有运筹帷幄的决策力,更要爱才惜才,宽容待人。帮别人,也是帮自己,尊重别人,别人才会尊重你。

在任局党委书记期间,方天人在党务工作目标管理上做了大胆的探索与尝试,从思想、组织、作风、制度、队伍建设等方面,设置党务工作目标。采取全新方式加强党的建设,为全市医疗卫生工作提供政治保障。1990年,方天人任武汉市医疗卫生系统思想政治工作研究会会长。该会每年召开两至三次思想政治工作会议,开展专题调查研究,总结政研会工作,交流研究成果和工作经验,在全国系统交流医德医风建设、党务工作目标管理、卫生文化建设等方面的经验,先后被评为全国卫生系统、湖北省卫生系统和武汉市先进政研会。

1990年,在方天人主持下,武汉市卫生局党委加强党务工作建设,注重培养干部梯队,选拔卫生管理人才。张建华、朱宏斌、李燕、金建年等一大批德才兼备的青年干部脱颖而出,这批医疗卫生系统中既懂业务又善管理的人才,一直奋斗在医疗改革的一线,有的至今还在武汉市卫生局主持工作。

不拘一格开放融合,寻求更大的发展

1994年,历史又给了方天人一次更大的挑战,市卫生局人事调整,方天人肩负起局长、党委书记兼任的职责。

春江水暖鸭先知,时逢改革开放的春风吹遍中国大江南北,改革开放让方天人的视野更为开阔,她的思想和行动走在浪潮前面,乘改革之势,迎浪头而上。在武汉市卫生系统党务目标管理领先于全国后,她明白医疗卫生的发展还需要广阔的视野,要从外引进更多的医疗经验。

1979年,武汉市与日本大分市结为友好城市,两市在文化、艺术、体育、医疗等领域进行了深入的交流。方天人认为,我国的医疗卫生水平与发达国家相比还存在很大的差距,只有走出国门,才能发现自己的不足。1990年,方天人带领卫生系统的人员出访日本大分,进行医疗卫生管理体系、医院运作机制等方面的考察。

20世纪90年代初,中国正处在改革开放的发展时期。对卫生系统而言,治病救人是首要任务,医疗环境单一,病人就医条件差,被诟病最多的就是挂号、就诊、缴费排队时间长,看病时间短的"三长一短"问题,住院也是十几个病人一间病房,没有洗手间,走进病房有一股难闻的味儿,且医疗设备落后,医院建设都不完善。

去日本大分市的考察让方天人十分震撼。他们参观大分医院的候诊大厅

以及上百平方米的急救室,看到医院各处连接有电脑网络,大门口就有大显示屏,显示着救护车在市区内所处的具体位置以及通过患者检查的医学指标初步得出的病症等等。救护车还没有到医院,这边医务人员就已等候在医院门口,做好了抢救的准备。

这次考察让方天人看到了差距。回国后,她和各级领导交流考察心得,向各院领导介绍世界各国医院的医疗水平和优质环境,传递改建医疗硬件设施、改造医院环境、引进医疗设备等先进基础设施建设的理念,动员各医院进行基础设施改建。

在方天人的推动下,各大医院开始引进CT、核磁共振等先进的医疗设备。1991年,经过融资、贷款,武汉市医疗卫生系统开始基础设施改建、兴建,市儿童医院、市一医院、市二医院、市三医院、市防疫站……一幢幢门诊、住院、综合、防疫大楼拔地而起。同时,不少医院开始大力植树栽花、种植草坪,建立空中花园,实行墙体垂直绿化,实施"洁、绿、亮、美"工程,用优美舒适的环境和良好的工作秩序促进病人的康复。

» 方天人(前排左六)

武汉市儿童医院是中南地区最大的儿童医院,未改造前,两层的旧门诊楼和七层病房楼根本满足不了病患的需求,医院到处是挂着吊瓶的患儿,门诊楼经常哭闹声一片……改建后的儿童医院不仅有安装了手扶电梯的现代化门诊楼,还建成一幢十二层的每个病房带卫生间的住院部,有大片碧绿的草坪,到处可见垂柳绿荫、曲水廊桥、卡通式建筑、动物雕塑等等,使武汉及周边的患儿享受到现代化的就医环境和服务。1996年武汉市儿童医院被湖北省卫生厅评定为全省专科医院中的首家三级甲等医院,1998年跨入全国"百佳医院"行列。

市儿童医院的发展仅仅是全市医疗机构发展中的一例。

在提出改善基础设施建设的先进理念的同时,方天人也提出了加强医疗预防网络建设的方案,在城镇设置社区医院、妇幼保健院、防疫站、结防所建设标准,农村制定卫生院、改水改厕方案,她多次带领下属,走街串巷,到农民家里亲自"会诊",调研、指导、推进,建立健全基层卫生网络。可以说,方天人党政一肩挑的那几年,是武汉医疗卫生事业发展的最好时期之一。

方天人带队到美国南加州大学学习调研控烟和康复等项目,回国后立即着手成立了市一医院康复中心;按国际规范进行控烟,从娃娃抓起,她亲自到武昌区、青山区的中学去宣讲控烟知识。

医疗卫生系统的软件建设,是方天人紧紧抓住的另一手。在此之前,在市民的印象中,武汉市直医院有一医院、二医院、三医院、四医院……方天人觉得每一家医院都有自己的特色,如"北有林巧稚,南有高欣荣"就是国内医疗界对蜚声海内外的妇产科泰斗、市二医院高欣荣教授的评价。而且市二医院的内、外科,市一医院的中西结合和皮肤科,市三医院的烧伤治疗,市四医院的骨科,市五医院的血液病科,市六医院的普外科都相当有权威,应该借助历史优势,创建特色医院,放大特色效应,打造品牌科室和专家门诊。

求贤若渴,惜才如金,是全市卫生系统上下对方天人最深的印象。她不断向各院传导"有一流人才才有一流技术一流科室,有一流专科才有一流医院"的理念。全面推进医疗技术人才培养计划,挑选好苗子去国内外学习进修,有计划地培养学科带头人。1994年,方天人与局领导班子制订了三年"卫生人才接力计划"(用一批、培养一批、看一批),提高医务人员的业务技术水平。当时市二医院心内科陈曼华、市三医院烧伤科谢卫国、市四医院心血管科聂少平等优秀医生都被安排出国进修。如今聂少平已是全国心脏病协会秘书长、北京安贞医院血管急诊科主任。这批优秀的年轻医生成了武汉市各个专科的中坚力量。"接力计划"造就了一批跨世纪的在国内有影响力的学科带头人。

方天人在选拔人才的观念上也有她的独到之处,她觉得挑选人才应该和挑选干部一样不拘一格,但也有所不同。以前选拔人才都是以领导的意见为主,有的时候,一些有真才实学的人才因种种原因无法展示实际水平而被埋没。所以在进行"接力计划"的选拔时,方天人提出,出国进修人才的推举,不仅要各院的主要领导签字,还要有该院的医疗权威签字,她要让懂技术的专家也参与推荐。

为了给技术人才更多的空间施展自己的才华,方天人在当时武汉最大的长江大酒店举办人才交流沙龙,让年轻的医务工作者一起交流、展示、探讨业务工作。而且,各院的院长书记都前来观摩,年轻人非常振奋,都摩拳擦掌,想一展身手。这一举措在当年产生强烈的反响。

方天人不仅在卫生系统内部开展技术人才的交流,还提出"大医疗大卫生"的概念,加强与卫生部属(同济医科大学)同济医院、协和医院,以及部省属医院、部队在汉医院间的联系与交流。

有一次参加会议,吃饭时正好和著名外科学家裘法祖教授坐在一起,方天人诚恳地对裘法祖说:"裘教授,虽然我就读的是北医,很遗憾没有成为您的学生,但我从学生时代就非常敬佩您的学识,一直以您为榜样,所以也算是您的学生啊。"同为浙江人的裘教授被方天人的真诚所感动,两人的关系亲近了许多。

1997年,武汉市医学学会换届,按照惯例,医学学会会长由卫生局局长担任,但方天人婉拒了这个职务,而推举了裘法祖教授。她说,医学会的宗旨是加强学术交流,培养医学科技人才,方天人认为,会长由医学权威担当,这是对他们学术成就的尊重和认可。这种做法,打破了当时医学会任职的常规。裘法祖教授听闻此事,非常感动。正因为有裘法祖教授这样一位德高望重的权威专家作为会长,武汉市医学会后来成为中华医学会武汉分会。

打破了部属院校和地方医院的条块分割,首次实现全方位融合,武汉市属医院成为(同济医科大学)同济医院、协和医院、(湖北医科大学)人民医院、中南医院的教学基地。方天人倡导"大医疗大卫生"的理念,打通武汉市所有医院资源,进行专家流通、资源共享、大医院带小医院等等医院间的交流合作。裘法祖教授对此给予了全力的支持。方天人的人才观和对人才的培养、爱护,不仅使武汉医疗卫生系统人才辈出,而且她与不同年龄、不同专业、不同层次的卫生人才结下了深深的友谊。

在武汉地区倡导"大医疗大卫生"理念,加强医院之间横向合作的同时,方天人也采取多种形式同国际医学团队开展多层次的学术交流、技术合作,引进先进的科学技术、管理经验,以及国外资金、人才和项目,加快武汉市卫生事业的纵向发展。她同美国、俄罗斯、芬兰、日本等14个国家和地区的医疗团队进行了项目合作,这样的合作,带动了其他城市,成了国家级的合作项目,不仅扩大了武汉市的影响力,在某些方面还扩展了国家的影响力。

方天人在工作中积极倡导团队精神,她认为做项目最能锻炼团队。

1997年,香港黄吉雯借香港回归之际,组织发起香港"明天更好"基金会,致力于免费医治中国内地眼科疾病患者的公益项目"健康快车",为内地贫困白内障患者带来福音。它是中国唯一流动的眼科火车医院。当时,"健康快车"已先后停靠安徽阜阳、四川西昌两地,开展的复明手术主要对象为城市郊区县的贫困农民。方天人知道,湖北省也是白内障眼疾的多发地带,仅武汉市患者就有25000人,其中10个贫困乡镇的白内障患者有约2000人。她希望能引进"健康快车",为本地贫困白内障患者造福。

在香港"明天更好"基金会的建议和方天人的多方奔走努力下,国家卫生部批准武汉定为"健康快车"停靠的第三站。1998年,"健康快车"驶入了武汉黄陂滠口的中糖仓库。这是"健康快车"第一次驶入中心城市。

能够引进项目是令人欣喜的,但是这么大的项目,对武汉卫生系统来说还是第一次,这是一个普查筛选工作量非常庞大的工程。从这年1月开始,全市医务人员就翻山越岭深入近万农户家中,对白内障病人进行调查摸底。初筛病人2000多人,复筛病人1000多人,最后汇总到武汉市中心医院后湖门诊部,再做二级检查,确定名额。

交通的衔接涉及公安、交管。铁路系统需从主干线进入支线,再进入设在黄陂滠口的中糖仓库。三四百名白内障病人在市中心医院进行复查确诊后,每天四辆车对开,在市中心医院后湖门诊部与"健康快车"所在黄陂中糖仓库进行对接。这个项目持续了一两个月时间,来自武汉市江夏、蔡甸、黄陂、新洲区(县)以及周边红安、麻城、大悟革命老区的近400名贫困白内障患者,通过手术植入人工晶体而重见光明。

"健康快车"对全市医疗战线是一个很大的考验,因为患者人数多、治疗集中,列车上手术压力较大,因此,早在"健康快车"来汉筹备之初,市中心医院就对眼科医护人员进行了技术强化培训。同时,全市许多医务人员都加入青年志愿者的行列中,近两个月的时间,成长了一大批优秀干部。

她一直把自己当作一名普通医生

在医疗卫生系统,很多人觉得方天人不像一位局长或者党委书记,更像一位医学专家。还有人说,方天人走到哪救到哪。

对方天人来说,这是一种职业习惯,是身为医者的本能。不管在什么位子,方天人都不忘自己医者的责任。1998年,长江发生了自1954年以来的又一次全流域性大洪水。水灾过后必会有疾病流行,方天人和卫生局工作人员带着物资去慰问在大堤上驻守的军民,并在大堤上巡查血吸虫的情况。正好大堤上有人突发急病,一旁的医护人员也束手无措,方天人检查了病人的症状,立即说,急性胃穿孔,赶紧用我的车送医院。

武汉市一位老干部患脑部肿瘤,进行了四次开颅手术,每次手术前会诊,方天人都会参加,并拿出合理方案。有专家感到奇怪,方天人学的是公共卫生,为什么对临床医学也这么专业?大小抢救都能参与决策?这也许和她从小跟在父母身边端药盘有关,也许和大学时医疗系、公共卫生系合系上课有关,更与她的勤奋好学有关。方天人利用"职务之便",常常向名医"剽学",趁开会之机也会"偷偷"去观摩手术。

在方天人看来,医学是统一的整体。小时候,在方天人的观念里,治病救人就是救好一个是一个;上大学时,知道医疗专业只要凭医生自己过硬的技术就可以救人,但公共卫生不一样,它涉及的面很广泛,包括生物学、环境医学、社会

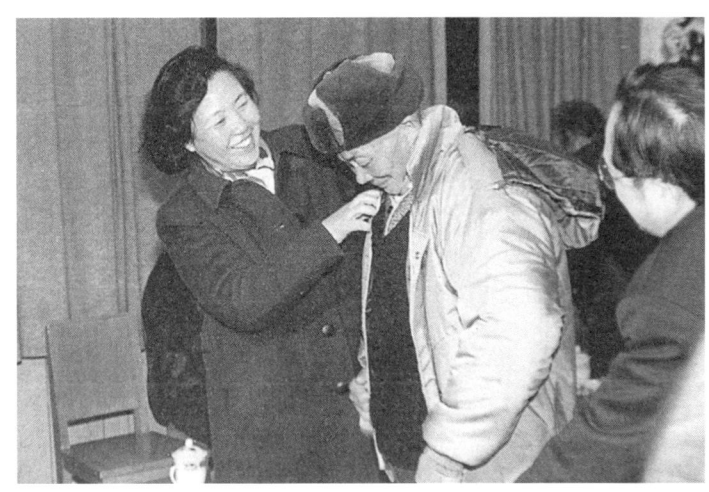

» 方天人（左）

文化、行为习惯、政治、法律和涉及健康的其他许多方面。疾病一旦流行，你的医术再过硬，没有社会环境、社会条件支持，不能切断传染源，你也无能为力。

2003年SARS流行，就是非常典型的公共卫生案例，大家都要面对公共卫生的挑战。当时，党政领导、医务人员、卫生防疫工作者、执法人员等各行各业从业者，都在预防和控制SARS过程中发挥了作用。

SARS突发时，方天人已经退休，但听说北京已有医护人员感染，身为医者的责任让她无法平静，她没有考虑自身安危，立即赶到武汉市传染病医院"上班"，守在病房里，一待就是一个多月，直到最后一例感染患者出院。

当市领导来医院了解病人抢救情况时，竟然发现已经退休多年的方天人正在病房进行专业指导。市领导怕方天人感染病毒让她赶紧离开，方天人爽朗笑道："我是一名医生，我是学公共卫生的，哪里有疫情，哪里就是我的阵地！"

虽然离开心爱的工作岗位多年，方天人也并没有安闲，她成了同志们的义务保健医生，特别是武汉宁波经促会、武汉市宁波商会成立后，一直眷念着故乡的方天人，对在武汉工作的宁波人医疗上的求助更是有求必应。哪怕是三更半夜打电话向她咨询、求教，她也没有丝毫怨言。她说：宁波是我的第一故乡，武汉是我的第二故乡，都是我的家人，我要用心去对待。

（本文作者：周璐、高冬媛）

痴迷于"有限元"的土木建筑专家
记武汉大学土木建筑工程学院原院长朱以文教授

朱以文,1945年11月出生于宁波。1970年本科毕业于清华大学水利工程系河川枢纽及水电站建筑专业,1981年研究生毕业于武汉水利电力大学固体力学专业。

现为武汉大学土木建筑工程学院教授,博士生导师。中国力学学会第五届计算力学专业委员会委员。2002年评为全国优秀力学教师,2005年获得国务院突出贡献专家证书。

1995年,《大型人字门静动力电算程序及原型观测》获武汉水利电力大学科学技术进步一等奖;1998年《南水北调中线河北省超大型渡槽结构形式及设计理论研究》获武汉水利电力大学科学技术进步一等奖;2000年,《超大型预应力混凝土渡槽设计》获武汉水利电力大学科学技术进步一等奖;2004年,科研项目《东深供水改造工程建设技术与管理》获广东省科技进步特等奖;2005年,《外掺MgO砼不分横缝快速筑拱坝新技术应用研究》获广东省科学技术进步一等奖;《抽水蓄电站厂房结构振动研究》获由中国水电工程顾问集团公司颁发的科学技术进步一等奖等。

在"百度学术"中搜索"朱以文",成果数为78,被引频次达934。能检索到的最后一篇论文是《宋家湾连拱隧道控制爆破技术研究》(蔡路军、马建军、朱以文),发表在2014年的《现代隧道技术》上。这一年,距朱以文教授退休已有9年,距他突发眼底出血不到3年。退休,对朱以文教授来说,只是个时间概念,他对事业的执着和热爱,尤其是对"有限元"的痴迷,一天都没有停止过。

清华学子从贵州奋斗到武汉

1945年11月,朱以文出生在宁波。他印象最深的是,童年时期和外婆、母亲住在宁波二中对面,每天能看到进进出出的学子。父亲在那里当过老师,后来到南京去开工厂。朱以文6岁时和家人到了上海,开始了勤奋求学的生涯。酷爱打乒乓球的朱以文上中学时,还拿过上海市卢安区中学生乒乓球比赛的冠军。

1964年,朱以文考入清华大学水利工程系河川枢纽及水电站建筑专业,从此和水电站建设结下不解之缘。清华,是他起步的地方,他不仅成绩优秀,还是校乒乓球队的队长。更重要的是,在清华,遇到了与他志同道合的终身伴侣韦庆如。

这位精密仪器机械制造专业的才女虽然当过班长,但她和朱以文一样,都不在"红五类"之列。这使朱以文对她有了自然的亲近。1970年毕业时,韦庆如阴差阳错到了贵州猫跳河五级电站建设的猫冲工地,25岁的朱以文便毫不犹豫地追随而去。朱以文和韦庆如虽然都在贵州,但他们几乎过着牛郎织女般两地相隔的生活。

朱以文是在铁道部水电九局的工地当"支撑工",1972年后才进入散装水泥技改队,初步开始搞点科研,1976年终于到了中铁九局设计院。而韦庆如是在山沟沟里的贵阳市机床修理厂工作,她每个月坐两个多小时的长途汽车,一路颠簸来到工地,在10平方米的宿舍里和朱以文"鹊桥会"。

1978年朱以文考取武汉水利电力大学固体力学专业的研究生,1979年韦庆如考取华中理工大学杨叔子院士的研究生。1981年他们研究生毕业,才有了一个真正的家,那时两个儿子一个5岁,一个2岁。

刚刚留校任教的朱以文年轻帅气,走进教室讲课常被学生们误以为是同专业的同学。谁也不知道这么帅的小伙子背后有多拼命。

学科任务重,科研要求高,朱以文对自己更是"苛刻"。在一室一厅15平方米的蜗居里,他嫌孩子们晚上吵,效率不高,于是每天只睡几个小时,凌晨三四点爬起来备课搞计算。韦庆如嗔怪地说:"一辈子吵架吵得最多的就是为他半夜起床,开灯影响我休息。"白天课多,本科生、研究生的课都得上,搞科研得挤时间,而凌晨是朱以文头脑最清楚的时候,于是他坚持利用这段时间工作。这个习惯一直到现在还改不了,可害苦了妻子。

半个世纪执着科研痴心不改

有限元是啥东西?为什么会让朱以文夜以继日地研究?他的多个项目合作者、现武汉大学土木建筑工程学院博士生导师蔡元奇教授1988年进入武汉大学有限元计算机中心,和朱以文教授有了交集。他们合作的第一个项目是"重庆安居水电站厂房有限元计算"。

蔡元奇教授介绍,有限元法是一个求偏微分方程数值解的方法,可以解决很多复杂的工程问题,它是现在"数值仿真技术"的重要理论组成部分。计算机的快速发展促使有限单元法成为一种现代计算方法。它从20世纪50年代只求解连续体力学领域问题——飞机结构静、动态特性,快速发展到求解热传导、电磁场、流体力学等多个领域的连续性问题。朱以文教授是中国最早掌握有限元的一批学者之一。

我国著名计算数学家冯康先生在20世纪50年代就提出了有限元方法的基本思想。朱以文孜孜不倦地探索追求学术,治学严谨,在有限元和水工结构、岩土方面有很深的造诣,并取得了丰硕的成果。

有限元在中国的普及,朱以文有重要的贡献。他在有限元理论方面也有大

» 朱以文教授在阅读

量的成果：提出的带优化因子的初应力法加快非线性有限元的收敛速度；解决了泛函中三类变量独立性问题和应力应变关系可否被放松的问题；提出了混凝土材料的数值本构模型的概念和方法；提出了等参元逆变换高效算法，解决了不同网格间数值相互插值问题；提出了一种缩减积分的梯度塑性单元，解决了边坡稳定分析中剪切带有限元网格的依赖性问题；提出了一种约束方程法，实现了非协调网格之间的位移协调等。

"南水北调工程"是中华人民共和国的战略性工程，分东、中、西三条线路，主要解决我国北方地区，尤其是黄淮海流域的水资源短缺问题。工程方案构想于1952年由毛泽东主席视察黄河时提出。

朱以文教授积极投身于这项浩大而有历史意义的工程。他对南水北调中线工程的渡槽进行了输入的研究，与合作者提出了预应力多厢梁式渡槽新型结构及其设计方法，研究了水工渡槽温度应力问题，大跨度结构TMD系统减震问题等。研究成果获得武汉水利电力大学科学技术进步一等奖。

抽水蓄能电站主要解决电网或巨型电站调峰问题，在深夜用电低谷，它用电网过剩的电能把山下水库的水抽到山顶水库内，白天用电高峰时放水发电，补充电网电能不足。它具有高水头、高转速、双向运转、过渡过程复杂等特点，厂房的震动问题是抽水蓄能电站的关键技术之一。朱以文对抽水蓄能电站的震动问题进行了深入的研究,为抽水蓄能电站地下厂房结构设计提供了重要的理论依据。他参与了十三陵、天荒坪、泰安、桐柏、琅琊山、宜兴、宝泉等我国最早建设的十座抽水蓄能电站中的七座抽水蓄能电站的震动问题研究工作。研究成果获中国水电工程顾问集团公司科学技术进步一等奖。

朱以文参与的外掺 MgO 快速筑坝技术解决了大体积混凝土温度对筑坝制约的问题,该技术在广东省阳春长沙拱坝进行了试验验证,成果获得广东省科学技术进步一等奖。参与了东深供水工程的输水结构选型和优化,该工程获得广东省科技进步特等奖。

在岩土工程领域,朱以文在理论上和工程应用技术上都有丰富的成果,提出了一个边坡稳定临界破坏状态的动力学评判方法;发展了一套基于滑移线场理论,根据有限单元法的计算结果来确定边坡滑裂面的数值模拟方法;揭示了雨水入渗下非饱和土边坡变形与应力的若干重要规律;揭示了应力与流土发生的规律;提出了岩体爆破的损伤统计演化理论模型和岩体爆破参数设计的神经网络模型。对堆石坝和渣场的防渗体系也有深入的研究,提出了设置排渗棱体的渣场新的防排体系和深厚覆盖层堆石坝的防渗体系优化方法。将 RBF 网络模型响应面法用于边坡稳定性分析,开展了光纤岩层滑动传感监测原理及试验研究。还对十余个岩土工程做了技术咨询工作,如河南宝泉抽水蓄能电站地下洞室开挖、宋家湾连拱隧道控制爆破、仁宗海沥青心墙堆石坝等。

除此之外,朱以文在结构动力学和计算机软件开发上也有大量的科研成果。

同事说他是不断学习、听得进意见的行政领导

武汉水利电力大学是著名水利电力高等学府,是全国首批博士学位授予单位,朱以文的责任更大了。

1996 年 5 月,经电力工业部和国家教委批准,葛洲坝水电工程学院与其合并,组建成新的武汉水利电力大学,本部设在武汉,宜昌设校区。后顺利通过"211 工程"立项审查,成为国家重点建设的百所大学之一。

2000 年 8 月 2 日,武汉大学与武汉水利电力大学、武汉测绘科技大学、湖北

医科大学合并组建新的武汉大学。在学界享有盛誉的朱以文教授,在四校合并以后,首任武汉大学土木建筑工程学院院长。

朱以文教授在主政土木建筑系、土木建筑工程学院的近八年间,带领土木工程人继往开来,引导学术创新和教育发展。

1998年,为了解决因合并葛洲坝水电工程学院而导致的本科专业重复设置的问题,合理布局全校专业,学校对学科专业及院系机构进行调整,将水利学院和水力发电工程学院的土力学、结构力学、材料力学和弹性力学4个学科教研室(含实验室)及相关教师和实验教学人员调整到建筑工程学院,以院为实体运行。党委书记是李传义,朱以文担任首任院长。

1998年,建制调整后,学院按土木工程、给水排水工程、建筑学、工程力学4个专业招收本科生;按岩土工程、结构工程、工程力学、防灾减灾工程及防护工程4个专业招收硕士研究生;按岩土工程专业招收博士研究生。

为了培养面向21世纪的高素质专业人才,学院加大了教学改革力度,对土木工程专业教学计划进行了多次修改,使教学计划和教学内容体现科学性、先进性、实践性、交叉性。1999年在教学改革上又改革教学内容和课程体系,改革力学系列课程教学。针对理论力学、材料力学、结构力学、弹性力学的课程内容陈旧、重复现象,在确保必要基础理论的情况下,增加新的内容,加强计算机能力训练等。为改变实验室设备陈旧、部分设备严重老化、实验内容更新缓慢且多为验证性实验、学生缺乏自选及自行设计实验的能力的状况,学院进行了力学教学实习基地建设,新增实验内容,更新实验课教材;改革实验教学方法,配合学分制,实行开放式实验室管理,建立实验考核体系,支持和鼓励学生个人独立实验;积极开展CAI课件研制,逐步建立多媒体教室等。

同时,朱以文和学院领导班子力主改革生产实习方式。将过去的集中实习方式改成集中与分散相结合的方式,实习结束后,学生提交实习报告、考勤表和施工单位实习鉴定,再由指导教师组织生产实习答辩,不合格者重新实习。

另一方面,积极贯彻教育必须为社会主义建设服务的方针,并且使我国高等学校土木工程专业毕业生符合国家规定的申请参加注册师考试的教育标准,为与国际上发达国家相互承认同类专业的学历创造条件。经过全院教职员工的共同努力和精心准备,土木工程专业于1999年6月接受建设部高等教育土木工程专业第一次评估。评估结论是"有条件通过"。

土木与建筑学院成立后,教师们积极投入学科建设和科学研究,在完成繁重教学任务的同时,面向经济建设主战场,围绕水利电力工程和土木建筑工程的关键技术问题开展研究,与全国生产单位广泛联系,提供技术服务和理论支撑。在短短的两年内,学院10余项科研成果获省部级及以上奖励。

从学科专业人员走向行政岗位,同事眼里,朱以文作风严谨、办事认真,待人却很亲和,大家说他是不断学习,听得进意见和建议的行政领导。时任院党委书记李传义回忆,学院是集体领导,分工负责。当时朱以文教授作为院长,主持行政工作,分管教学、科研、人事等,他信任班子成员,放手让大家做事,而且勇于承担责任。

朱以文重新学习管理,学习国家教育政策,全面研究学院发展和学科建设,做原来从没做过的事。在体制改革中,朱以文积极倡导实施考评激励体系。在初始阶段,量化考核机制,让大家切实体会到,干与不干不一样,干多干少不一样,质量高低不一样。比如发表文章、获国家自然基金等,考核值都不同。他鼓励大家积极工作,勇于科研,提高学术水平,开拓纵向项目和撰写高水平学术论文。

朱以文的心没有一天退休,做了百万字读书笔记

改革开放之初,朱以文的很多同学出国了,不少同学下海了,他们几次三番动员他,表示以他的技术能挣大钱。淡泊名利的朱以文却甘于当个默默无闻的教书匠,甘于埋首在"有限元"做不完的研究里。

退休后的朱以文教授仍然是闻鸡起舞,夜半读书。最"可恨"的是,想到什么问题他还会半夜把老伴叫醒一起研究。在他的书架上,除了大量专业书籍,还密密麻麻堆着几十本手写的册子,这是他这些年来做的百万字的有关量子力学的读书笔记。

在2017年出现眼底病变前,老两口每年夏天去北戴河,冬天去海南,都一定要自驾出行,因为他们每次都要带上满满一车书! 他们走到哪儿,就将书房"流动"到哪儿,避暑也好,过冬也罢,只是换一个地方看书而已。

» 朱以文教授的读书笔记

难怪蔡元奇教授说:"朱教授是个单纯的人,没有功利之心。我们有什么困难找他,他一定尽全力帮,自己不吃不睡也要查清楚,给我们讲清楚,他总是把自己的资源和学生、同事共享。他做研究也不是以发论文、得奖为目的。"20世纪80年代末90年代初,他主持了几十个培训班,自己刻钢板,铅印几百万字研究成果和资料,编著教材,推广有限元计算方法。在新技术普及和推广中,他是真正有贡献的人。

朱以文教授在三尺讲台职教近三十年,立德树人,言传身教,如春风化雨,培养出大批杰出的土木工程人才。他用自己的实际行动诠释了"厚德载物,止于至善"的优秀品质。

(本文作者:毛茵)

坚守医疗一线的妇产科学家
记华中科技大学同济医学院顾美皎教授

顾美皎，女，1931年出生于上海，祖籍浙江宁波镇海。1949年考入上海同济医学院，1951年随同济医学院迁校至武汉，1955年医疗系本科毕业后留校。从事医疗、教学、培干及科研工作64年，尤其擅长诊治妇科肿瘤及妇科内分泌疾病。曾多次参加国内及国际学术交流，十余项科研成果通过鉴定，达国内领先水平或国际先进水平，获卫生部或省市级科技进步二等奖或三等奖。发表论文80余篇，编写专著20余本。主编和主译《临床妇产科学》（第1、2、3版）以及《现代妇产科学》《卵巢保留功能性手术》《卵巢疾病》《妇产科学英汉对照医学读物》等专著。担任副主编的著作有《英汉医学词典》（第2版）、《妇产科实习医师手册》。参加编写高等医学院校统编教材《妇产科学》（第3、4、5版）、《中国妇科肿瘤学》（第1、2、3版）、《中华妇产科学》（第1、2、3版）。

现任华中科技大学同济医学院附属同济医院妇产科教授、主任医师。曾任中华医学会妇科肿瘤学会顾问，中华医学会武汉分会妇产科学会主委、名誉主委，中国癌症研究基金学术委员会委员等职。《中国实用妇科与产科杂志》副主编、顾问。中华医学会妇科肿瘤分会杰出贡献奖获得者。2017年，获中华医学会武汉分会终身成就奖。

顾美皎，一个妇产医学界耳熟能详的名字。自18岁踏入上海同济医学院，已从医70年，她把一生献给了妇产科事业，挽救了无数罹患妇产科疾病女性的生命。她当之无愧地获得了中华医学会妇科肿瘤分会杰出贡献奖以及中华医学会武汉分会授予的终身成就奖。

她是华中科技大学同济医学院附属同济医院妇产科主任医师、教授，早过耄耋之年，却依然坚持每周坐诊、会诊4个半天以上。她端庄温婉，有大家风范，与她精致优雅的容貌相称的是家中随意摆放但错落有序的书籍。"腹有诗书气自华"，她的每个神情都流露出特有的神韵。

感恩父母让子女走上求学之路

顾美皎说，她首先感恩父母，让她求学求知，送她开启医路人生。

1931年，顾美皎出生在上海。父亲顾葆相是大家族中的长子，育有三男二女，顾美皎在家里是年龄最小的女儿。由于父母开明，孩子们从小受到良好的教育，男孩女孩都一视同仁。经商的父亲曾经让大哥顾忠劭高中毕业就去商行做练习生，但大哥做了一年就不做了，考取了浙江大学机械系，后来抗战时迁到贵州上学，再辗转杭州、天津工作，成为铁道部第三设计院高级工程师。二哥学了中医、西医，先后毕业于上海中医学院及中德学堂（同济医学院的前身），是位优秀的儿科医生，一直在上海行医。

顾美皎6岁时曾随父母回到宁波镇海清水浦，她至今还清楚地记得家门前有一条河，那就是甬江。那时出海的人特别多，家是三进房，有天井，天井中有一个铜水桶，是出海的人带回来的。这成了她童年最美好的记忆。

幼年时期，她有两个引导她不断前行的梦想，一是做一名优秀的医生，二是做一名勤勉的教师。

一直受父兄影响，耳濡目染，顾美皎立志走上从医之路。她在1949年考入了上海同济医学院，一来到学校便深受同学和师长的喜爱，在这里的学习非常顺心。愉悦地沉浸在医学知识海洋中的顾美皎，同时也在这里深受着品德、素养、耐心、宽容等各方面的教育。这些品质伴随了她一生，也丰富了她的人生，为她今后能成为散发着人性光芒的"医中玫瑰"，奠定了坚实的基础。

1951年，同济医学院迁校至武汉，更名中南同济医学院，正在读三年级的顾美皎突然接到家里来信，得知母亲身患宫颈癌住进医院。当天正好在上病理课，讲到宫颈恶性肿瘤。她暗下决心，要为深受妇科疾病困扰的女性减轻痛苦，帮助她们与病魔做斗争。从此她选择了妇产医学方向。

1955年，顾美皎顺利毕业。成绩优异的她，得到了留校工作的机会。6年的学习，使她从一个天真活泼的小姑娘蜕变成睿智稳重的医者。

专心当医生，治病救人是第一要务

顾美皎在妇产科医学界名声遐迩。她当年的硕士研究生、中国工程院院士马丁尊称他的导师为"金牌教授"，而顾美皎总是称自己是"顾医生"。

她时时把自己当作一名普通医生，"我很不能干，不会做家务，只会看病呀"。她莞尔一笑，还留着少女般的羞涩。她从不记得自己帮助过、救治过多少人，而别人给过她的些许关爱，她都铭记于心。"没有同济医院，没有老师的指导就没有我。"金问淇教授是她不能忘怀的老师之一，她很庆幸，进同济就遇到严师。

顾美皎到同济医院妇产科第一个星期，金问淇教授就要求她交一篇医学外文翻译文章。被誉为中国妇产科先驱的金问淇教授，严格的带教，严厉的神情，令顾美皎记忆犹新。她默默跟着金教授学习、观察，给金教授当助手，从不张扬。当年老师们就给顾美皎起了一个好听的名字"紫罗兰"，赞扬她清丽高雅而不奢华。

金问淇十分重视妇产科的多发病、常见病及严重危害妇女健康疾病的防治和研究工作，领导建立月经病、不孕症和宫颈癌等专科门诊，并建立妇产科内分泌实验室。他和被誉为同济"居里夫妇"的吴熙瑞、马庭元教授一起，开展月经病中西医结合治疗、针刺排卵治疗不孕症。国家提出加强肿瘤防治工作的号召后,金问淇积极从事子宫癌的普查工作,亲自指导并复查大量的宫颈刮片和病理组织切片,使病人得到及时诊断、治疗。金教授主持了3次阴道细胞学训练班,培养各地区、市、县100余名医务人员。同时,又组织武汉市各医院名医师通力协作,和蔡桂茹教授一起向子宫颈癌的复杂手术攻关,提高了子宫颈癌根治术的治愈率。顾美皎跟随金问淇、蔡桂茹、马庭元等教授勤奋工作、努力学习。

顾美皎家里的影集中,有一张发黄缺角的照片,合影的五人是武汉当年的青年风云人物:著名历史学家章开沅,建筑家、后任武汉市副市长的何浣芬,电影《青春之歌》女主角谢芳、电影《洪湖赤卫队》女主角王玉珍和顾美皎。这是他们1962年作为全国青联委员在北京学习时的合影。会后,陈毅副总理还与青联委员们一起聚会跳舞。这段经历,顾美皎几乎没向人提过。

顾美皎做实习医生时就开始单独诊断和做手术,生活中病人永远是第一位的。1956年9月,她自然分娩诞下第一个孩子。1957年,孩子还不到一岁,那时妇产科医师夜班经常下乡,她没有怨言,自我加压。1961年第一批升为主治医师和讲师,登上讲台。

走出象牙塔为农民服务,是对自己所学医学知识的应用。20世纪六七十年代,顾美皎8次下乡,持续4年之久。响应毛主席"把医疗卫生工作的重点放到农村去"的号召,她参与武汉医学院郧阳分院(今湖北医药学院)的创建教学,招收第一届工农兵大学生,后来这些学员中有的继续深造,当上了博士生导师。她与医学院的同事们一起,深入崇山峻岭的恩施地区的巴东除害灭病。在那里,她深深感受到自己是多么地被需要,救死扶伤的信念在她心中油然而生。

在郧西办学期间,一位48岁的农村妇女听说武汉的专家来了,悄悄找到顾美皎说出了十几年的难言之隐。顾美皎检查发现,患者阴道脱出一个很大的肿块,如同婴儿头颅一般大小,不仅有臭味还长了蛆。包块长这么大,却一直没有就医的机会,以致疾病不断恶化。顾美皎感到一阵阵心痛,诊断这是一个子宫黏膜下肌瘤,已发展为悬垂性合并感染。她当机立断,到当地医院借了手术器械,一边做手术,一边给学员们教学讲解。

无数个夜晚,顾美皎吞咽夜晚的寂静,专心致志地沉溺在学习中。每每提

» 顾美皎

及这段经历,她总是觉得这是她人生的宝贵财富,如一块璞石,历经风吹雨打,不愿化成一缕轻烟,而要修炼成晶莹的玉石。只有磨炼,才能与成功同行。她用心验证这一切。

在医学院附属同济医院工作期间,通宵忙碌是常态。有一次,从晚上6点到次日早晨8点,14个小时中她和同事们一起接生了18个孩子。按医院规定,从病房接产妇,到接生完送母子回病房,都要由医生亲自完成。有一位经产妇到医院生第3胎,经检查胎心率每分钟只有60次,胎儿脐带绕颈,情况十分危急。顾美皎不知哪来的劲,抱起体重比她重一倍的产妇,从待产室一路小跑抱到临产室,马上施行了单手产钳术,把脐带绕颈三周的婴儿救活了。

这种抢救数不胜数。"病人进了同济,再难的病,也要在同济救活",这就是顾美皎这一代同济人的信条。20世纪70年代时一次接生,婴儿虽然分娩出来了,但被一口痰卡住,吸痰机吸不出来,婴儿小脸憋得青紫,呼吸已微弱得近乎没有。顾美皎顾不上考虑,嘴对嘴直接把婴儿口中的痰吸了出来。40年后,这个当年的婴儿听母亲讲出这一段往事,方知是医生给自己捡回来一条命,立马跑到同济医院找到救命恩人,抓住顾教授的手,哽咽得说不出话来。

如今,顾美皎已临床近70年,施行手术半个世纪,帮助了数以千计的妇女儿童。她以为,做一名合格的医者,不能只有精湛的医术,还需要具备高度的责任感。她更加重视一些有疑难病情的患者,这也让她不断地思考学习。只要有疑难,她必定全力以赴,直至成功。

金碑银碑不如老百姓的口碑。顾美皎教授名气远扬,繁忙的时候一天要接诊50多名病人,上午的门诊常常要工作到下午2点。已是高龄的她,这个时候关心的不是自己的身体,而是患者的需要。宁愿加班加点,也要尽力解决患者的病痛。"耐心"和"沟通",是她在从医生涯中与患者建立和谐关系的经验和秘诀。她的同事说,顾教授耐心细致,可以一点点打消患者的焦虑,感染着身边的每一位工作人员。一次,一位年轻的患者找到顾美皎教授,想做leep刀宫颈锥切。leep刀是采用环型钨丝电极治疗宫颈疾病的新技术,但是顾教授认为这位年轻患者的适应证不够,而且这个治疗可能会影响她今后的生育。她说服了患者,只使用了栓剂保守治疗,患者痊愈了。

1975年,顾美皎向当时同济医院妇产科主任蔡桂茹教授建议成立妇科肿瘤病房,根据美国M.D.Anderson经验,在国内首先应用BEP方案化疗,手术只切除卵巢生殖细胞肿瘤,保留子宫,5年生存率达到95%以上。现在,这批患者已大多长大成人,有的已经生儿育女。

科研教学育人,"无私"是对她的最高评价

潜心妇科专业的顾美皎教授,自1975年以来主攻妇科肿瘤研究,已有10余项科研成果通过鉴定,达国内领先水平或国际先进水平,并获卫生部或省市级科技进步二等奖、三等奖。承担国家自然科学基金课题:卵巢癌细胞内ATP及钙离子水平与耐药相关性研究、化学发光酶免疫测定性激素依赖性肿瘤雌孕激素受体的对照研究,取得成功。

顾美皎医术高明、无私无怨。找她看病的人太多,有的从外省市慕名而来,即使起个大早去排队也挂不到号,需要住宾馆候诊。顾美皎教授心疼她的病人,尽量多看一些病患。有时候下班时间到了,顾美皎教授诊室里的病患仍然络绎不绝,而她也乐此不疲、无怨无悔。白天繁忙,她的科研工作只能放在晚上进行。一头扎进实验室的顾美皎,时常工作到深夜,才恍觉时间匆匆;有时候论

文写作通宵达旦,她也尽量不占用白天的医疗时间。

一位美国的妇产科同行,开玩笑地称顾美皎的生活过于简单,是"两点一线":许多书放在床上,人睡在书中间。早年,顾美皎一家三代五口人挤在14平方米的房间里,在艰苦的环境中,外柔内刚的顾美皎没有叫一声苦。

岁月流逝,红尘依旧,不改的是她对医学的执着追求。六十年来,顾美皎在武汉同济医学院附属同济医院这片充满文化底蕴的土地上,笔耕不辍,发表论文80余篇,编撰专著20余部,主编主译多部学术著作。

顾美皎教授不断对自己的教学方法进行改革和创新,结合临床案例为学生解疑除惑,并努力加深他们的印象。在培养学生的实践能力方面,她独具匠心。生动活泼的课堂气氛,总是使很多学生流连忘返。因此,她的每次讲课及讲座都会吸引大量学生前来认真听课,并做下笔记。顾美皎不但要求自己的学生具有扎实的基础理论和精益求精的实际操作能力,更要求每位学生恪守仁心医德,不管自己多累多饿,必须把病人妥善处理好才能休息。她培养了十几位优秀的硕士:拥有中、德、美三国医师执照的上海中德医院院长童晓文教授、现在美国进行医学科研的胡伟教授、妇科肿瘤专家邓小虹教授、在美国研究肿瘤新药的梁连铸教授……他们在她的言传身教下成长为栋梁,成为妇产领域的高端人才。中国工程院院士、华中科大同济医学院附属同济医院妇产科学系主任马丁和同济医院妇产科主任王世宣、副主任王常玉等也是她的得意门生。

在童晓文教授心中,和顾美皎、张应天两位老师有很强的亲近感,对他的成长过程有很大影响。在顾美皎眼里,童晓文聪明好学、单纯执着,尤其是他既继承了中国传统的文化道德,又耿直幽默,且科研思维活跃,创新能力强,顾美皎教授预期他是有前途的青年。因此顾美皎十分重视开启他的智慧:授之以鱼,仅解一日之饥;授之以渔,足食终生之鱼。

2000年,马丁任同济医院妇产科主任时,经常邀请顾美皎教授每周总查房。顾美皎对每一个疑难病例了解病情,向医生提问,听取分析,组织讨论,最后总结并提出自己的意见。医师们做了大量笔记,学到不少课本上学不到的东西。马丁说:"这种查房高质量高水平,让我们太有收益了!"

武汉市妇幼保健院的年轻医生刘久英一直保留着顾教授修改的那些论文

的手稿。论文全用铅笔修改,上面的字密密麻麻,有一篇改了 8 稿。她说,顾教授治学严谨,对他们医生、学生毫无保留,这个手稿非常珍贵。刘久英并不是顾美皎教授直接带的研究生,2010 年 3 月武汉市妇幼保健院聘请顾教授每周四上午查房、看门诊,有一些临床的特殊病例,顾教授看完病人就和医生们一起分析、讨论诊断和处理意见。就这样,刘久英得到了顾美皎教授的无私指导。

武汉市妇幼保健院年轻医生曾洁和同事们,可能一辈子都忘不了一个典型病例。2013 年,40 岁的陈姓患者体检发现一个 1 厘米 ×1 厘米的子宫肌瘤,3 年来定期复查没有任何变化,月经也规律,可 2016 年体检发现突然肿瘤直径长到 6 厘米。

顾教授查房时详细询问病史,亲自为患者做体检,考虑是一个子宫浆膜下肌瘤。按照医疗常规,子宫浆膜下肌瘤没有任何症状可以进行观察,但是顾教授考虑这个瘤体突然加速生长,不能排除恶性的可能。她当即交代医生,不能完全排除恶性可能。果然如同顾教授预料的一样,武汉市妇幼保健院病理科术中快速病检,结果是子宫间叶源性肿瘤,细胞可见分裂象;术后常规病理检查提示子宫平滑肌肉瘤。顾教授查房时,觉得这种情况是非常少见的,要求谨慎起见将这个标本切片会诊。一家三甲医院病理科病检平滑肌瘤,良性;一家三甲医院病理科提示,不能确定恶性潜能的平滑肌肿瘤。三家三甲医院的病理结果存在很大的差异,有提示恶性的,有病检良性的,有不能确定恶性或良性的。顾教授说:"我们一定要对患者负责,将这个病理切片送到复旦大学附属肿瘤医院吧,这所医院病理实验室在全国非常权威。"结果,复旦肿瘤医院提示是子宫恶性血管上皮样肿瘤。这是极为罕见的恶性肿瘤,医生们几乎闻所未闻。时年 85 岁高龄的顾美皎教授以严谨和科学的态度,连夜查阅英文文献,找到了仅有的 12 篇学术论文。按照国际专家意见,武汉市妇幼保健院对患者进行了第二次手术,扩大手术范围。患者预后良好。

整个医疗过程,年轻医生深深感受到了顾美皎教授的严谨。她注重患者的查体以及病情变化的特点,不一味追求微创手术,而是制订对患者最优的治疗方案。当检验结果出现分歧和疑问的时候,顾教授一定要反复求证追求真相。

让许多年轻医生深受感动的是,顾教授 80 多岁的高龄,仍坚持亲自对每一个病人查体,以扎实的基本功,靠查体多次避免了误诊,甚至比先进的检查设备还要"准"。从此,市妇幼院妇产科的医生们在临床病理结果不相吻合、发现问题时,都会按照"顾氏模式"进行严格复核。

马丁院士心疼年事已高的顾教授至今还在一线操劳,派了自己的3名研究生给她当助手。这些学子求之不得,跟着顾教授学到了更多的临床经验,也学习了她的大医之德和名医风范。

2017年,80多岁的薛姓老人来同济医院做体检,顾美皎教授手诊发现子宫旁靠盆壁有个核桃大的包块,当时彩超和CT都没有提示。顾教授让研究生们来检查体验。她告诉学生们,对妇科病人,医生一定要亲自做体检。

顾美皎教授曾经会诊综合病房一位50岁的病人,体检病理报告还没出,顾教授就诊断为宫颈癌,第三天病理报告出来,果然是。年轻医生们觉得太神奇了! 顾教授告诉他们,宫颈刷片虽是一项简单操作,但一定要按照世界卫生组织的要求,医生手感很重要,要掌握好力度。她在取材时发现宫颈上皮组织有脱落现象,就怀疑是宫颈癌。她随时随地分享自己的医学经验和诊疗心得,这既是对晚辈医生真心的提携,更是对他们未来的患者的真心关爱。

感恩张应天对她一生的呵护和鞭策

走过88年风风雨雨的顾美皎,心里从没有怨和恨,她以宽广的心接纳和包容一切,心怀感恩。她感恩父母给她生命,培养她读书,走上从医之路;感恩同济医学院和同济医院的领导、老师和同事对她的扶持;感恩著名外科学家裘法祖、夏穗生教授给了她许多帮助和机会;她更感恩遇见和她相依相守60多个春秋的丈夫张应天。顾美皎说,我很幸运,也很幸福!

顾美皎说,张应天是对她影响最大的人。张应天,首届中国医师奖得主,一生充满传奇,而他的命运和顾美皎紧紧相连。

1949年9月艳丽的秋阳中,漂亮的宁波姑娘来到上海同济医学院报到,刚进校门,就被偌大的校园吸引,既感到新鲜又有点茫然。正准备问询时,一个帅气的小伙子迎了上来,热情而自然地拿起她的行李,自我介绍道:"我叫张应天,高你一届,在德语预备班,我们班同学都在这里帮忙迎接新生。"张应天1948年入校，德语特别棒，从此他经常以辅导学习之名和顾美皎一起学习。

1951年2月，他们随上海同济医学院一起迁到武汉，1955年又一起在中南同济医学院留校。同年11月结婚，集体婚礼仪式在学院食堂举行，在朴素而热闹的婚礼上，师生们欢快地抢着吃喜糖。婚后，他们住在同济医学院14平方米的405宿舍里，读书、讨论医学是他们生活的重要主题。

知性高雅的顾美皎教授说，自己年轻时候有些"贪玩"，上大学时还曾逃过课和闺密吃饭看电影。认识张应天以后，她看到了一个有理想、有天赋又勤奋的阳光青年，是他改变了自己的人生。结婚后，顾美皎才真正沉浸医学事业。学医不仅要下苦功夫，还要把病人当亲人。张应天每天读书，遇到疑难问题，宁可不睡觉也要搞清楚。他经常给顾美皎敲警钟："你有三天没看书了！你要落后了！"

顾美皎了解自己，虽然她对病人有爱心，不怕吃苦，但是在学习上并没有像张应天那样达到忘我的境界。在顾美皎眼里，张应天"天生是拿手术刀的"。1958年，毕业后仅仅4年，张应天就开展了"经皮肝穿刺胆管造影"技术的研究，是国内最早运用这项新技术的医生之一。直到现在，这项技术仍被肝胆外科作为常用的诊疗手段。

要做出成绩，就必须花费更多的时间和精力，顾美皎意识到这一点后，便不再"贪玩"，一心追赶张应天。而张应天几乎包揽了所有家务，让顾美皎有更多的时间看书、钻研。

1965年初，张应天为一位患者做胃癌根治术，术后患者不幸因液体失衡死亡。张应天被定为"反革命阶级报复"入狱，家被抄了。不知真相的一些人开始躲着顾美皎。她带着两个孩子，工作连轴转，各种压力一齐袭来，从小被父母兄长捧在手心、婚后又被丈夫关爱备至的34岁的顾美皎，咬着牙擦干了眼泪。

1965年3月，她请假带着两岁半的女儿到苏州，将她交给张应天哥哥抚养；又把8岁的儿子送到上海，托付妈妈和三哥帮忙带着。回到武汉，她将全部精力投入到看病、手术和下乡医疗中。没有人知道，她美丽温婉的外表下，有一颗多么坚韧的心。心无旁骛一心治病救人，被她当作天职，也是她对张应天的承诺，更是她替张应天完成他不能完成的使命。

1979年张应天教授出狱，调至江汉大学附属医院工作。1984年8月张应天被平反昭雪,组织上问他有什么要求,他说:"我什么都不要,只有一个请求,帮我办一张武汉医学院(原中南同济医学院)的图书证,因为那里的书多,我要学习。不学习,我就无法当医生。"他把病人的生命健康看得比一切都重要。

顾美皎和张应天是如此默契,淡泊名利,在物质上毫无非分的要求,家里除了书就是花,没有一件奢侈品。有一次记者到家里采访,需要拍一张照片,发现顾美皎穿的外套肩上还打了一块补丁。顾教授很不好意思地说,没空去买,在家里就随便穿穿,舒服就行。他们把宝贵的时间精力都用于治病、科研和教书育人上。

顾美皎和张应天要求妇科和外科医生必须具备"四会":会做手术和科研,会阅读外文文献,会交流,会写文章。20世纪80年代开始,他们分别带领年轻医生和研究生完成了大量科研课题,他们有一种时不我待的紧迫感,下决心要把被耽误的时间赶回来。

张应天早年自创经皮肝穿刺胆管造影及引流术,被黄志强院士称誉为中国该领域第一人;平反后又通过动物实验,重启胃癌扩大根治术,并自创结肠直肠癌根治术、改良乳癌根治术及乳癌保乳手术等多种术式,规范手术效果不亚于日本。他敢于承担风险,收治了许多别的医院不敢接受的重症外科病人,被公认为武汉医界的"一把刀"。

他们像象牙塔里的两个不知春秋的人,一心埋头工作,努力追赶逝去的岁月。用"生活简单"来形容这对医学家夫妇,都显得十分奢侈。他们每周只做三次左右的饭菜,然后放在冰箱里每餐取用、加热。有一年春节除夕,因为两人都在各自的医院忙到很晚才回家,已经累得精疲力竭,他们只炒了一份蛋炒饭,举杯互贺新年。在"红包"塞满少数医生腰包的时候,他们不仅不收一分不义之财,还常常捐助贫困的病人。

2003年,经卫生部批准,我国首次设立"中国医师奖"。经全国推荐评审,张应天教授、钟南山院士、王辰院士等39人,获得首届中国医师奖。顾美皎深深地为他骄傲,他是全国劳动模范、武汉市劳动模范,从不知道年迈已至。80岁了,张应天还在医院培养青年医生、定期坐诊,每天晚上给医院ICU病房打电话,询问重症病人情况。遇有需要,他总是及时赶到医院指导抢救。

2017年11月张应天教授逝世,武汉各界上千人为这位外科学家送行,其中许多是他诊治过的病人。

2018年1月31日下午,87岁的顾美皎教授遵循张应天教授的遗愿,将家中50万元积蓄捐给他生前工作过的江汉大学附属医院(武汉市第六医院),设立"张应天医学奖励基金"。"他唯一的理想就是做个好医生、办一所好医院、培养更多人才,他曾经为医院人才的流失痛心焦虑。"顾美皎追忆张应天时哽咽着说,"培养有能力、有担当、有爱心的医生比买一台贵重的仪器更难,希望基金的设立能激励医院的医护人员励精图治。"

这就是两位医学家的情怀。他们用一生践行了希波克拉底誓言,践行着"敬佑生命、救死扶伤、甘于奉献、大爱无疆"的医者信仰。

顾美皎教授说,最近中央电视台播出的纪录片《手术200年》,有一段经典的表述:"医学实际上是人类善良情感的一种表达,它起源于人类最朴素的救助愿望。"这是每一位医者最好的从业注释,出于初心,贯彻始终。

(本文作者:毛茵)

为了中国体育事业的崛起
记武汉体育学院原院长杨鹏飞教授

杨鹏飞,1946年1月出生,浙江宁波余姚人。汉族,中共党员。武汉体育学院原院长,二级教授,博士生导师,享受国务院政府特殊津贴。

1953年至1965年在浙江余姚度过小学和中学时代,1965年9月考入上海体育学院体育系。1970年8月至1972年1月在武字156部队锻炼,后分配到武汉体育学院任教并担任管理工作直至退休。

1972年1月起在武汉体育学院担任教学工作。1981年晋升为讲师,1992年晋升为副教授,1997年晋升为教授。长期以来,在进行管理工作的同时积极参加本科教学,并进行硕士生、博士生培养工作。曾主持过10多项省部级研究课题,编著出版著作、教材7部,公开发表论文40多篇,曾获国家体委教学成果一等奖、国家体育总局科技进步三等奖、湖北省教学成果三等奖等。

曾兼任中国滑水协会副主席、中国体育科学学会运动训练分会常委、中国篮球运动发展研究会执行理事长、中国篮球协会科研委员会顾问、湖北省体育总会副主席、湖北省篮球协会主席、湖北省大学生体育协会副理事长、湖北省高校纪检检查工作研究会副理事长。

1946年1月,杨鹏飞在浙江宁波余姚出生。1965年7月在浙江省余姚中学高中毕业,同年考入上海体育学院体育系。大学时期他勤奋好学、刻苦训练,具有体育运动者不怕苦、不怕累的特质。夏练三伏、冬练三九,无论刮风下雨、大雪纷飞,他自觉坚持每天早晨出操,从而训练了顽强的意志、良好的体育专项素质和多个项目的运动技能。大学时期的他已经确立了"是党和人民培养了我,我要把有限的生命投入到无限的为人民服务中去"的志向和"非我之所有,虽一毫而莫取"的作风。

部队熏陶,严于律己

大学毕业后,杨鹏飞来到武汉军区156部队农场锻炼,虽然只有一年多时间,但令他受益匪浅,进一步促进了他世界观、人生观的形成,使他受益终身。他坚定了"听党话、跟党走,坚决贯彻执行党的路线、方针、政策"的自觉性,巩固了积极工作为人民服务、报效祖国的思想。

军营生活、部队铁的纪律锻炼培养了他。通过部队的再教育,他牢固地确立了自觉遵纪守法的思想。当时受部队派遣单独到地方担任篮球队教练工作时,他牢记任务,同时想到自己既是教练员,又是部队战士,处处以身作则,严格要求自己,体现出强烈的事业心、责任感和高度的纪律性、自觉性,出色地完成任务,受到运动员和地方领导的一致好评。因此有领导曾想把他留任地方工作。

在部队"一不怕苦、二不怕死"的作风熏陶下,他更自觉地发扬吃苦耐劳的精神。参加完"双抢"(抢收抢种)已是晚上八九点钟,经过一天的劳动,筋疲力尽,此时还要把一个个装满谷子的大麻袋扛上肩、上梯子,倒入谷库。班上多数战友都吃不消了,作为副班长的他,与几位体能较好的战友勇挑重担,咬着牙坚持把任务完成。有一次不小心大脚趾被犁碰了,患甲沟炎化脓,他仍坚持下水田犁地、耙地，后来因感染不得不拔去脚指甲。

勤奋学习，认真执教

1972年1月，他被分配到武汉体育学院球类教研室任教，从此开始他的教师职业生涯。

在教学工作中，他教书育人、为人师表，与学生打成一片，受到学生的喜爱，曾在1974年、1976年、1982年三次被评为学校先进工作者。

由于历史原因，他深感自己在大学时上课少，学的基础理论与专项理论知识不足，迫切需要提高自己的理论水平、教学能力和专项技能。他在认真教学的同时，刻苦学习，在干中学，向老师们取经，在书本资料中求知，利用休息时间加班加点地努力学习。他放弃了看电视的娱乐和其他业余爱好，不断充实自己，弥补不足。在不断努力下，他先后晋升为讲师、副教授、教授、二级教授。

1984年1月实行"干部四化"时，他被选拔到干部队伍，担任武汉体育学院体育系副主任，走上了"双肩挑"的岗位，成为学校管理工作的新兵。此后历经多次工作岗位变换、工作任务变化，他牢记以下两点，努力完成好各个岗位的任务：1. 学校管理工作对于他来说是一个新的领域，靠满腔热情、全力以赴、忘我工作远远不够，要做到工作有方向、胸中有全局，必须认真学习领会、坚决贯彻

» 杨鹏飞生活照

落实党的路线、方针、政策和国家体委和省委、省政府的各项精神。2. 坚持党的群众路线,善于听取学校广大师生员工的意见,集思广益,勤动脑、多思索,从群众中来,到群众中去。

始终坚持党性原则

1985年,杨鹏飞从武汉体育学院体育系调到学院党委组织部任副部长,主持组织部工作。在学校党委领导下,进行一系列改革,大大加强了学校的干部队伍建设。湖北省高校工作委员会曾在武汉体育学院召开了干部队伍管理工作改革现场会。组织、人事工作事关教职工的切身利益,政策性强,他在组织部、人事处工作期间坚持原则,按政策办事。一位时任校领导曾多次要求享受离休干部待遇,经过调查,不符合政策规定的条件;还有一位时任校领导的爱人要求享受离休干部待遇,也因不符合政策规定的条件,他坚持原则未予办理,同时做了大量思想工作。掌握政策,对有群众反映意见的同志在入党、延聘等问题上,严格按照党员标准和学校相关规定进行办理,不徇私情,不畏权威。1993年,杨鹏飞被评为国家体委系统优秀人事干部。

1995年,杨鹏飞任武汉体育学院纪律检查委员会书记。此时,学院的财务经济案件暴露,此案件涉及财会人员、科长、处长和有关校领导,涉案金额高,是时年国家体委系统和湖北省高校系统较大的经济案件。案件查处历时3年,学院纪委在国家体委党组、监察局、湖北省纪委、省高校工作委员会纪检组和学院党委的领导下,在地方检察院和湖北省许多高校的支持和直接参与下,经过艰苦细致的调查取证工作,最后以事实为依据,以法律、纪律为准绳,对相关会计人员和科、处干部进行了处理;并根据犯罪性质和干部管理权限,将相关人员材料移交检察部门或上报上级部门处理。

当好体育学院行政一把手

2003年,杨鹏飞担任武汉体育学院院长。

他勉励自己,作为一名长期受党教育、培养的干部,一定要严格要求自己,努力提高自己的理论素养,自觉贯彻执行党的路线、方针、政策,在政治上、思想上、行动上与党中央、省委保持高度一致。坚持社会主义办学方向,致力于推进学校发展,努力实践全心全意为人民服务的宗旨,积极为广大师生员工服务,为社会服务,主动、勤奋、有效地开展工作。几年来,在校党委领导下,在全校广大师生员工的共同努力下,为学校的建设与发展做出了自己应尽的努力。

1. 既要扩大办学规模,更要提高办学质量。

扩大规模。 当我国高等教育从精英教育向大众教育转化之时,国内许多高校抓住机遇普遍扩大招生。扩招成了当时学校适应市场需求,发展学校的重要途径,也是武汉体育学院发展的必经之路。2003年学校招生2153名,其数量之多,为建校50年以来之最。

建设校园。 规模扩大、学生增多,相应的教学、训练、科研、生活等条件必须同步跟上。学校加大了对基建的投入,加快了基建工程建设和大型维修的步伐,这既是当时扩招后保证必要的办学条件、保证教育质量的需要,也是国家教育部对学校本科教学工作水平检查评估的需要,又是喜迎学院建校50周年校庆的需要。2003年,学院投入基建、维修经费上亿元,采用"自己筹一点、上面要一点、贷款贷一点"的方式,短短几年极大改善了学院的教室、实验室、图书馆、教学训练场馆、学生公寓、学生餐厅、学生澡堂等条件。

增设新校区。 2004年,学院在武汉市近郊购置了土地,合同为一千亩,先付款六百多亩,创建了新校区——武汉体育学院科技学院,并于2006年正式开始招生。同时还征收了学院内原有的60多亩农民耕地,改变了"校中村"的状况,使学院形成一个三面环水、一面临街的完整校园。

坚持内涵发展,提高办学质量。 大学必须走既讲规模又讲质量的发展道路,没有规模就没有效益,没有质量就没有生命力。学院扩大招生和扩大规模之时,必须狠抓教育教学质量。武汉体育学院经过连续几年扩招以后,学生增多了,规模扩大了,但某些教学资源不足,管理相对滞后,教育教学质量亟待进一步提高。2006年,学校从规模发展转到内涵发展上来,坚持以学生为本,以教学为中心,狠抓教育教学质量,提高人才培养质量。为了适应新时期对各类体育专门人才的需求,学院重新修改、制订了13个本科专业的培养方案,并于当年9月份开始实施。同时,学院进一步加强课程建设、教学管理,严抓教学纪律,稳定教学

秩序,努力提高课堂教学质量。对学生开始实施主修制、辅修制和双学位制等。

借评估"东风",提高学校办学质量。教育部组织专家对全国高校的本科办学水平分批进行检查评估,2003年武汉体育学院作为国家体委系统第一所和湖北省第一批高校接受评估。评估能否通过,关系到学校能否继续办本科教育,这对于以本科教育为主的武汉体育学院来说,关系到学院的生存。为此,全校总动员,以迎接评估为契机,"以评促改、以评促建、以评促管",极大地激发了广大师生员工的积极性,提高了凝聚力,全院上下焕发出武体人力争上游的拼搏精神。有力地促进了学院各方面的改革、建设和管理,较好地完成了评估任务,达到了预期目标,顺利通过了本科办学水平评估。教育部的评估检查,极大地提高了学院的办学质量。

2. 积极开展申博扩硕工作,提高学校办学层次。

2005年新一轮博士学位授予点申请开始。学院审时度势,决定申报,并把申博工作列为年度的重点工作之一。在近一年的时间里,学院党政领导倾注了极大精力,亲赴一线,通过全院上下的共同努力,终于申报成功。

2006年1月25日,经国务院学位委员会第22次全体会议通过,武汉体育学院成为具有招生、培养、授予博士学位的单位,成为全国拥有博士授予权的三所体育院校之一;体育教育训练学学科成为学院的第一个博士点。在申博的同时,学校的扩硕工作也积极推进,许多学科成为新的硕士学位授予点,有些专业成为省部级品牌专业。学科和专业建设跃上新层次。

3. 不断增强学校核心竞争力,坚持发扬竞技体育特色。

人才是增强学院竞争力的关键。学校以高层次人才队伍建设为重点,着力加强师资队伍建设和校优秀师资梯队人才培养及管理工作。2005年出台了《武汉体育学院补充新教师暂行规定》《武汉体育学院高层次人才引进暂行规定》《武汉体育学院教职工参加学术交流活动、在职进修、攻读学位管理办法》等一系列文件,有力地促进了教师、优秀教练员录用与引进工作,培养了一批"楚天学者"特聘教授、湖北省突出贡献专家、新世纪高层次人才、中青年学术带头人,形成了中青年学术梯队。

完善制度,健全管理,大力加强科研工作。学校从"提高奖励"和"定量考核"两个方面,进一步调动广大教师和科研人员的科研积极性。2005年制定并下发了《关于提高科研工作量酬金与科研奖励的标准并调整科研工作量酬金发放办法的通知》和《武汉体育学院教师和科研人员科研工作定量考核管理办法》,使学校各类科研成果的数量和质量不断增加和提高。

竞技体育水平是体育院校教学、训练、科研水平相结合的集中体现。学院一贯重视竞技体育,并取得了显著成绩。坚持和发扬竞技体育特色,也是这届学院领导班子的重要使命。

积极备战2004年奥运会、世界锦标赛等和2005年全运会,强化竞技体育特色。作为学院院长,杨鹏飞带领全校师生集中力量,加大投入,全力以赴,积极备战。

2004年第28届雅典奥运会上,武汉体育学院有10名学生运动员参加了划船、体操、摔跤、拳击4个大项11个小项比赛,获得了金牌1枚、第四名2人、第六名1人、第七名4人的成绩。在2004年的世界锦标赛、世界杯比赛中获金牌8枚、银牌2枚、铜牌3枚。

2005年,恰逢中国每四年一届的全国运动会,在这届全运会上,武汉体育学院有160名学生运动员参加了预赛,123人获得了决赛资格,分别代表湖北、福建、广东等19个单位参赛,共获金牌12枚、银牌14枚、铜牌11枚,84个小项进入前八名。

2005年,武汉体育学院体育艺术系学生参加国际性比赛获金牌4枚:2004级学生程菲在澳大利亚举行的第38届世界锦标赛上获女子跳马冠军,她的体操动作被国际体坛正式命名为"程菲跳"。2006年,程菲获得第39届世界体操锦标赛女子跳马冠军,2007年实现"三连冠"。2002级学生何世剑在德国杜伊斯堡举行的第七届世界运动会健美操比赛和在泰国举行的第一届亚洲室内运动会上分别获得六人操和三人操金牌。李媚获得第一届亚洲室内运动会健美操金牌。为此,国家体育总局体操运动管理中心向武汉体育学院颁发了"健美操贡献奖"。

(本文作者:毛茵)

钟情高等教育三十年
记武汉科技大学校长倪红卫教授

倪红卫,男,1967年11月出生于浙江慈溪市周巷镇,在周巷镇完成小学、初中学业,1981年进入慈溪中学读高中。1983年考入东北工学院(现东北大学)钢铁冶金专业,1990年硕士毕业后分配至武汉钢铁学院(现武汉科技大学)工作,任助教、讲师。1994年至1998年在北京科技大学攻读全日制钢铁冶金博士学位。历任武汉科技大学冶金工程系副主任、主任,校科学技术处处长,省部共建的教育部钢铁冶金及资源利用重点实验室主任,校研究生处处长,副校长,校党委常委。

2016年6月任武汉科技大学校长、党委副书记,教授,博士生导师,湖北省政府专项津贴专家,湖北省政府咨询委员,入选"湖北省新世纪高层次人才工程"和"教育部新世纪优秀人才支持计划"。中国钢铁工业协会理事,中国金属学会理事,湖北省金属学会副理事长。

严谨治学,传道授业解惑

1983年,倪红卫从慈溪中学毕业,考入东北工学院(现东北大学)钢铁冶金专业,从此与钢铁结下了不解情缘。

1990年,倪红卫研究生毕业后,被分配到武汉钢铁学院冶金系工作,坚持承担一线教学工作。30年来,虽然工作岗位有较大的变化,但他兢兢业业,始终没有脱离三尺讲台。30年的教育生涯,30年的不懈追寻,他没有一天停止过对教育的探索,不断从经验与感悟走向理性与科学。他秉持"学为人师,行为世范"的理念,忠诚党的教育事业,身体力行,始终不渝,以高尚的师德修养、精湛的育人艺术和无私奉献的精神,塑造了一位优秀高校教师的形象。

倪红卫既带研究生做课题,又负责省部共建的教育部钢铁冶金及资源利用重点实验室的建设工作,还长期坚持为本科生和研究生讲授钢铁冶金学、炉外精炼、冶金前沿技术、现代冶金工程等课程。教学多年,他依然精心备好每一节课。他说:"教学之路本没有尽头,若有尽头,则尽头之处应还有新路。"虽然有的课程已开设多年,但每次讲课前他都会一遍又一遍地精心修改讲稿,更新多媒体课件。一个个鲜活案例,启发学生应用基本知识、基本技能解决实际问题,激发了学生的创新思维。学生们都反映,原本枯燥晦涩的课本理论经倪老师一讲,感觉豁然开朗,收获甚多。

他引导和鼓励学生积极进取、扎实学习,不懈追求,勇于创新。研究生在学业中遇到困难、进展不顺、情绪低落时,他循循善诱、耐心开导;有的学生感情出现波折、家庭出现变故,他找学生谈心,讲述自己或身边人的经历和处理方法,为学生打开心灵的窗户,激发学生振奋精神。倪红卫对学生的高标准、严要求也是出了名的,但他有自己独到的方式让学生欣然接受。即便是批评,也是从学生的角度出发,让学生能够发自内心地自省。严慈相济,严在当严处,走下讲台,他对学生却是爱在点滴间。

他累计指导硕士研究生、博士研究生百余名,指导的硕士生、博士生成绩优异,在国内外重要期刊发表了一批高水平论文。不少学生已成长为国内大型钢铁企业的骨干和高校科研院所的学术新秀。

对于倪红卫来说,教师是一种职业,更是一种人生理想,是一个需要以整个生命去拥抱的伟大事业。工作以来,倪红卫多次被评为优秀班主任、优秀毕业生指导教师、优秀中青年骨干教师、优秀共产党员、十佳青年教师、湖北省优秀硕士学位论文指导教师等。2001年被湖北省委组织部、省人事厅、团省委、省青联授予"湖北青年五四奖章"。2004年获湖北省政府专家津贴。

勇毅笃行,攀登科学高峰

倪红卫一直坚持教学与科研并重,两者相辅相成,毫不松懈。他秉持勤奋、求实的科研态度,密切跟踪领先技术发展,时刻关注学科前沿动态,甘心坚守实验室,时常奔走于工厂企业,致力于冶金学科理论与技术的创新研究,取得了大量成果。

倪红卫长期从事钢铁冶金、钢铁材料制备领域的研究。

自1998年以来,主要从事抗菌不锈钢材料、洁净钢生产技术、冶金资源利用领域的研究工作,进行了表面改性处理制备抗菌不锈钢新方法的研究,制备出具有良好抗菌性能的不锈钢产品,达到了国际先进水平;提出了二步法制备碳化铁的新工艺;设计了一种结构参数优化的喷枪,获得实用新型专利;完成了综合利用氧化铝生产过程中废渣研究工作,对环境保护和优化现有氧化铝生产配料、节能降耗起到很好的作用。

他在国内外首次提出了利用氧化铝生产中产生的废渣,生产炼钢用精炼剂产品工艺,并设计了相应生产线。经中国有色技术工业协会组织的技术鉴定,达到国际先进水平,具有良好的推广应用前景,该成果获得2004年有色金属工业科技进步二等奖。

在倪红卫的发明创新中,不锈钢新材料研究和不锈钢材料功能化研究凝结了他较多的心血和智慧。抗菌不锈钢是一种新型的不锈钢功能材料,既有普通不锈钢光洁不锈的优点,又有良好的抗菌性能,有广泛的应用前景。他针对现有抗菌不锈钢的主要冶炼方法——热处理法生产工序复杂、成本比普通不锈钢高20%—30%等问题,创新性地提出了表面改性处理制备抗菌不锈钢的方法;研究了采用CVD法、离子注入法、双层辉光法等不同表面改性技术时,进行不锈钢钢表面渗铜、渗银时各工艺参数对渗层特性的影响;研究了渗铜、渗银过程中抗菌金属离子在不锈钢表面的供给、吸附及在不锈钢基体内的扩散行为;研究了渗层特性与不锈钢抗菌性能、耐蚀性能的关系,探讨在保证不锈钢的耐蚀性和机械性能的前提下得到良好抗菌性能时理想渗层及达到理想渗层所要求的最佳工艺条件,发表了数十篇相关研究论文,申请授权多项发明专利,制备出了具有良好抗菌性能的不锈钢产品。这一新型不锈钢产品,对大肠杆菌、金黄色葡萄球菌等细菌的杀菌率可达99%以上,经武汉市科技局组织专家鉴定,达到了国际先进水平。

倪红卫先后主持国家自然科学基金项目、国家技术创新项目等省部级以上科研项目和企业横向课题40余项;在国内外学术期刊发表学术论文100余篇,其中被三大索引收录论文60余篇;授权发明专利14项;获湖北省教学成果一等奖、湖北省科技进步二等奖、湖北省技术发明三等奖、中国有色金属工业科技

» 倪红卫工作照

进步二等奖等省部级以上奖励 10 余项。

倪红卫当选第八届、第九届中国金属学会理事,中国钢铁工业协会理事,被聘为第六届《钢铁》杂志编委,第八届、第九届《炼钢》杂志编委,*Inorganic Chemistry*、*Journal of Materials Science: Materials in Electronics* 等国际刊物的审稿人。

多岗历练,提升综合能力

2001 年底,倪红卫从冶金工程系调至学校科技处任处长。他认为"一枝独秀不是春,百花齐放春满园"。

在校党委、校行政的全力支持下,他积极推进学校科技创新体系建设,倡导"团结、高效、勤政、服务"的工作理念,组织和承担了一系列高难度、跨学科、大容量的科研任务,推动学校科技工作在"十五"期间迈上了新台阶:学校承担国家级项目数大幅增加,科研经费递增了 5 倍;取得科技奖励 132 项,其中省部级科技奖 52 项;被三大检索收录的论文增加了 20 倍;学校专利申请量和授权量大幅上升,分别位列全国高校的第 91 位和 59 位;获批 1 个省部共建的国家重点实验室培育基地,1 个省部共建的教育部重点实验室,1 个省部共建的教育部工程技术研究中心,5 个省级重点实验室,2 个省级重点人文社科基地,新建了 10 多个校级重点科研基地。武科大被湖北省委、省政府评为科技服务湖北经济建设先进单位,被教育部评为"十五"期间高校科研管理先进单位。

2007 年 1 月,倪红卫调任学校研究生处处长。他坚持"加强建设、规范管理、注重创新、提高质量"的方针,抓住机遇,勇于开拓,学校的学位管理与研究生教育及学科建设工作取得了显著成绩。他以身作则,言传身教,努力营造管理育人、服务育人的良好氛围,主持制定符合实际的各类政策文件,确定简明、清晰的办事流程,规范管理,提高研究生教育的管理水平和服务质量;他积极推进研究生教育的校、院两级管理,以及研究生教育的信息化管理,提高了研究生处以及学院教学管理人员的工作效率。在学校党委、行政的领导下,他积极实施学校学科建设规划,做好学科建设的各项工作。

2007 年学校冶金工程、机械工程被批准设立博士后科研流动站,实现了武汉科技大学博士后科研流动站"零的突破"。武汉科技大学材料学科被评为国家重点(培育)学科,武汉科技大学成为湖北省属高校中唯一拥有国家重点(培育)学科的学校。2007年、2008年武汉科技大学连续两年被中国冶金教育学会评为"冶金高校学科建设先进单位"。

由于教学科研业绩突出、管理能力出众,2009年3月,倪红卫被组织选拔任命为武汉科技大学副校长、党委常委。2014年9月至2015年6月,倪红卫被湖北省委组织部选拔到北京科技大学挂职工作。

多年来,经过不同岗位的历练,倪红卫的工作思路、眼界视野和管理能力得到不断提升,为今后的干事创业、成就大业奠定了坚实的基础。

改革创新,砥砺奋进新时代

2016年6月,倪红卫就任武汉科技大学校长、党委副书记。

倪红卫在发表就职感言时表示,作为武汉科技大学第四任校长,将全心全力履行职责,不负重托,不辱使命,和全校师生员工一起,为武汉科技大学的发展不懈奋斗,早日实现"把学校建设成为国内外有影响力的高水平大学,进入国内高校百强行列"的武科大梦。

在武汉科技大学"教育思想大讨论"专题研讨会上,倪红卫总结概括了他"学生为本、教师为先、学术为魂、勇创一流"的办学治校理念,并明确提出武汉科技大学致力于"培养一流创新型人才,建成一流学科和学科方向,造就一流教学科研人才,产出一流学术成果,提供一流社会服务"的建设发展目标。

"教育思想大讨论"活动结束后,一场生动的"以立德树人为根本,以加强党的领导为引领,以深化改革为动力,以提升质量为核心,以强化治理体系和治理能力为保障"的"双一流"建设改革发展实践在武汉科技大学拉开帷幕。

2017年以来,武汉科技大学坚持依法治校,不断健全现代大学制度体系;坚持以人为本,全面深化人才培养模式改革;坚持重心下移,持续推进校、院两级管理改革;坚持激发活力,着力深化人事分配制度改革;坚持内涵发展,切实强化一流学科顶层设计;坚持需求导向,不断创新科研管理体制机制;坚持效益优先,改革完善资源管理配置机制。通过改革创新,"十三五"以来,武汉科技大学各项事业保持着高质量的持续健康发展。

学校人才培养质量稳步提升。2018年获湖北省教学成果奖22项,本科生就业率稳定在94%以上,研究生就业率保持在97%以上。在中国高等教育学会发布的"2014—2018年中国高校创新人才培养暨学科竞赛评估结果"中,武汉科技大学排名位居湖北省属高校前列。

学校师资队伍水平得到提高。学校引进和培养了"国家千人计划""杰出青年学者""湖北省百人计划""楚天学者"等一批高层次人才。"海洋工程用钢及应用性能学科创新引智基地"入选教育部、国家外国专家局"高等学校学科创新引智计划"。学校的国家级和省部级高层次人才总数,位居湖北省属高校第一。

学科内涵建设持续加强。2016年7月,材料科学学科进入ESI全球排名前1%;2018年1月,工程学学科进入ESI全球排名前1%。学校有3个学科入选湖北省国内一流学科建设学科。

在全国第四轮学科评估中,武汉科技大学的学科评估整体水平位居湖北省属高校第一。学校创新驱动能力显著提升,获批建设"高温材料与炉衬技术国家地方联合工程研究中心"和国家生态环境部"国家环境保护矿冶资源利用与污染控制重点实验室",与宝武集团共建"炭材料联合工程研究中心",与柳钢联合建设"钢铁研究中心",与地方共建一批科学技术研究院;学校主持和承担了国家重点研发计划、国家自然科学基金、国家社会科学基金、中央军委装备发展部等国家级项目226项,与宝武集团、中国一冶、中冶南方等20余家大型企业和武汉、随州等地建立了全面合作关系;办学基本条件日益改善,建成了交通、管理和艺术学院大楼、钢铁冶金实验实训中心大楼、青山校区公租房、黄家湖校区学生公寓等项目,校园面貌焕然一新。

2017年,武汉科技大学入选"全国深化创新创业教育改革示范高校",被湖北省人民政府认定为首批"省级双创示范基地"。2018年,学校进入湖北省"国内一流大学建设高校"行列,综合办学实力位列"US News 2019世界大学排行榜"世界大学第1190位,中国内地高校第114位。

回顾自己30年来的成长经历,倪红卫说:"家乡的山水、家乡的文化孕育了我;家乡父辈勤劳、质朴、善良、诚信的品行教育了我;知行合一、敢为人先的宁波精神鼓舞着我,使我终身受益。"

正是在这种精神鼓舞下,倪红卫始终秉承着宁波人特有的精神特质,始终牢记自己作为人民教师的神圣使命,用心培育和灌溉着每一位学生;始终满怀坚忍不拔的信念毅力,努力去攀登和跨越一座座科研高峰;始终按照"做讲政治的教育家和懂教育的政治家"的要求,尽心竭力推动学校的每一步改革发展。

倪红卫说:"当前,我国高等教育改革发展已进入新时代,承担着新的使命和新的任务。作为高等教育工作者,我们肩负的责任更重,不能有丝毫懈怠。在推进武汉科技大学建设国内一流大学的新征程上,在助力我国高等教育事业发展的快车道上,我将坚持不懈,竭尽全力。"

(本文作者:蔡路)

黄鹤楼设计纪事
中南建筑设计院原副总设计师向欣然如是说

　　向欣然,1940年6月出生,浙江宁波镇海人。1963年毕业于清华大学建筑系。国家一级注册建筑师,教授级高级建筑师。1984年至2000年任中南建筑设计院副总建筑师,兼任中国建筑师学会理论与创作委员会委员。第七届全国人大代表,享受国务院特殊津贴。

　　从1978年开始参加黄鹤楼重建的设计工作,到2000年黄鹤楼公园的最后一个景点建设完成,总共为黄鹤楼工程设计了22年。这22年里,向欣然做了三件大事:一是完成了既有古楼遗风又有时代新意的黄鹤楼形象。二是确立了楼内的展示功能,把新黄鹤楼打造成一个专题性的历史文化博物馆。三是规划设计了黄鹤楼公园,重建了古代黄鹤楼周边的许多历史人文景点。

　　向欣然主要建筑设计作品有黄鹤楼重建工程、湖北省博物馆工程,均获新中国成立60周年中国建筑学会建筑创作大奖。其他历史文化建筑重建项目有:武昌起义门、襄阳昭明台、九江浔阳楼等,均为当地旅游热门景点。

事出偶然参与协助设计

黄鹤楼是我国著名的风景名胜建筑。相传其始建于三国,距今已有1800多年历史,历代多有重建。千百年来,它的名字与江山胜迹并存,与神话诗章交融,被誉为中华民族古老文化的一个象征,也是大武汉地区一张富有传奇色彩的名片。历史上最后一座黄鹤楼建于清同治七年(1868年),毁于清光绪十年(1884年),现今的黄鹤楼是在新的历史条件下于1985年重建落成的。我参加并主持了这座新黄鹤楼的重建设计工作,实在是百年难遇的幸事,也是压力巨大的重负。

我当初参加重建黄鹤楼的设计工作,完全出于偶然的原因。

20世纪50年代,借修建武汉长江大桥的契机,省市政府提出黄鹤楼"易址重建"的设想,后因历史原因而中止。1978年,省市有关部门再次启动黄鹤楼重建工作,并向全市建筑工作者广泛征求新楼的建筑方案。我受家庭出身影响,在"文革"期间吃尽了苦头。当时,"文革"的硝烟尚未散尽,我刚从中南建筑设计院学习班出来,尚未分配工作,心情十分低落,自然不会主动去应征设计。不料,我院一位年长的高工热情应征,做了一个新楼方案,却苦于无人帮他画透视图,于是找到我求助。建筑透视图俗称效果图,当年尚无电脑绘图技术,画透视图被视作"建筑师的看家本领",我应邀画了一张大型彩色全景式的效果图,较好地表达了他的设计意图。

当时,全市共征集到20多个新黄鹤楼建筑方案,集中在汉口展出。我院那位高工的方案受到市政府主管领导的青睐,入围呼声很高。我院领导见此"大好形势",决定加强力量,成立以那位高工为首的4人攻关小组,对方案进行完善,我也就顺理成章地成了小组成员之一。我的任务是继续帮高工画效果图,同时在高工原方案的基础上衍生出一个"补充方案",作为备选以扩大方案中选的概率。

独立设计出四望如一的黄鹤楼

确定黄鹤楼的方案设计经历了一个漫长的过程。通过不断地讨论、修改、征求国内著名专家意见,然后再调整、修改后向省市主管部门汇报,听取领导的意见,如此往复多次,消耗了许多时间。有趣的是,在这个过程中,我的"补充方案"竟然反客为主,被多方面意见推举为"推荐方案",准备向国家建设主管部门提请报批。

我得知这一消息,喜忧参半。喜,自不待说;忧的是方案很不成熟,风格混杂且不说,最主要的是它不能自证黄鹤楼的身份,就是说人们无法从它的形象中看出它是千古名楼的继承者。

说来也巧,正在我彷徨不安的时候,省领导突然又下了一个指令,要求在一个月之内拿出一个新方案,并具体要求新方案要有深厚的民族风格,造型要"四望如一",放在山上四面都要好看。

这个时候,攻关小组已经名存实亡,只有我一个人还坚守在岗位上。接到指令后,我深深感到按照自己的真正意愿设计黄鹤楼的时候到了。

按照正常的逻辑,清代最后一座黄鹤楼同治楼有照片存世,那么重建的黄鹤楼沿袭同治楼的式样是最合适的。20世纪50年代做的重建方案,就是复原同治楼。谁知在"文革"后期,有人曝料,称同治楼是清朝政府为了庆祝镇压太平天国的胜利而筹建的。这其实是个"莫须有"的罪名,但在那个年代政治决定一切,于是黄鹤楼的重建需要另做方案,这也就是1978年再次启动重建工作的由来。

当时有关部门提出新黄鹤楼设计的指导思想是:"把古代黄鹤楼建筑上的优点都吸收过来,结合现代建筑艺术和建筑材料,创建一个具有社会主义时代特点的新黄鹤楼。"但征集到的20多个方案,大多强调所谓"创新",而忽视了对历史传统的继承。事后有人笑言,这些方案除了不像黄鹤楼,像什么的都有。

现在,我有了按照自己意愿来设计黄鹤楼的机会,我该怎样把新黄鹤楼设计得"像黄鹤楼"呢？

我认为，首先是要选择历史上最合适的古黄鹤楼样式作为方案的设计原型。其次，在再创作的过程中，尽量保持古楼原型的艺术特征，也就是说，应该让人们在新楼中见到古楼的影子，才会产生认同感。

基于这一思想，我认为以武汉地区妇孺皆知的清代黄鹤楼作为设计原型是最合适不过了。所谓清楼，并不仅限同治楼。有充分的资料表明，有276年历史的清朝年间所建的黄鹤楼，都采用了类似同治楼的"三层塔式楼阁"形式。所以，以之作为设计原型，既可唤起老百姓的亲近感，又避开了同治楼的"政治雷区"。以清楼为原型的另一大好处是，它能适应再创作的需要。由于新楼址离长江岸约1千米，必须加高加大建筑的体量，才能与长江产生视线互动。清楼原本就是"直楼"型的塔式楼阁，再加高也不会从根本上改变楼体的轮廓特征，这是新楼造型得以成功的先决条件。

"以清代黄鹤楼为原型进行再创作"的建筑方案产生以后，经过一番周折，终于在1980年2月26日最后一次方案审查会上，由时任湖北省省长韩宁夫拍板，确定该方案为"黄鹤楼重建工程的实施方案"。至此，历时1年7个月的方案设计阶段终于画上了句号。

黄鹤楼重建方案的确定，只是重建工作的开始，后面等待我的是建筑施工图设计、建筑室内设计、园林与景观设计的考验以及繁重的现场施工配合工作。特别需要指出，黄鹤楼是国内第一个采用钢筋混凝土现代结构技术重建的大型仿古建筑，我们没有经验可以借鉴。可以想见我当时承受的压力有多大！

我清楚地知道，自己并不是设计黄鹤楼的最佳人选。我当时只有40岁，显得"太嫩"，且名不见经传，资历和阅历都不够，缺少工程实践经验，没有高级职称，更未担任技术领导职务。尤其是我的专业背景为普通的建筑学，而非古代建筑研究，这些都是我的劣势，因此很容易受到别人的质疑。

口出狂言，只因底气十足

1981年，我第一次参加武汉市重点工程协调会，主管城建的市领导就当众问我："你能把黄鹤楼搞好吗？"我被逼到了墙角，无奈地吼出了一声："搞不好黄鹤楼,我去跳长江!"此语一出,四座皆惊。几年后黄鹤楼重建落成,有媒体曾在新闻报道中重提这一"趣事",一度传为佳话。

不过,我口出狂言也是有底气的。我当年就读的是清华大学建筑系,本科学制为6年,所受的教育与训练,使我对自己的基本功和艺术修养抱有信心。著名建筑学家梁思成先生长年主持建筑系,其树立的学风和传统,使我在继承中国传统建筑文化的问题上,具有一种使命感。近两年的黄鹤楼方案设计过程,也是我重新学习和研究中国古代建筑的过程。我相信,有了这些基础,只要自身努力去克服困难,是一定可以把黄鹤楼重建的事做好的。

为了应对仿古建筑施工图设计的需要,我"恶补"了中国建筑史和古建筑施工技术方面的知识,并外出求师,向一些名家请教。我虚心请教了两院院士、清华大学教授吴良镛先生,中国第一代执业建筑师、学贯中西的东南大学教授童寯先生,著名建筑史学家、华南理工大学教授龙庆忠先生等,得到他们很具体的指导,可谓是"带着问题学""急用先学""活学活用"。实际上我的后续设计就是一个边学习边设计的过程。

在实际操作上,从1982年下半年到1983年底,我先后完成了主楼建筑施工图约150张(折合成2号图计算),绝大部分是我个人手工绘制完成的。其中不少图纸是在土建施工开始后配合现场施工陆续补充出的图。由于工作量超乎寻常,几乎日夜加班,我1.8米高的个子,体重竟直落到60公斤。

黄鹤楼建筑主体的施工图基本完成后,就要进行室内设计,但楼内空间的使用功能却没有定下来。

国家城乡建设环境保护部在审查方案设计时,对黄鹤楼定性为"风景游览建筑",但对楼内的具体使用功能未做规定。鉴于当时国家正处在"文革"后的经济恢复期,一位司局长在会议上说:"现在国家经济那么困难,盖楼的钱30年也赚不回来,所以楼内要搞一些有经济收益的项目。"一位专家在会上建议:"黄鹤楼总要派上一些用场。最好在五楼设置贵宾餐厅,收外汇,收高价。"会上,还有人对饮食方式和品种进行议论。

我们没有采纳这些建议。

对于新黄鹤楼内究竟派什么用场,我认为应该从重建黄鹤楼的根本目的出发去考量。20世纪50年代首次倡议重建黄鹤楼时,武汉市人民政府就提出"保存历史文化遗产"的目的,用今天的话说,就是为了传承优秀的黄鹤楼文化。所以,我认为应该把楼内空间开辟为展示黄鹤楼历史文化的展厅。为了确定可供展示的文化内容,我搜集了包括自己儿时记忆在内的众多神话传说、历史故事和诗词歌赋,并委托专业人士查阅相关文献资料予以验证和充实,最后梳理出三个重点文化主题,即神话、诗歌和建筑。

所谓"神话文化",就是阐释黄鹤楼楼名的由来,以及历代诗人引以为典的美丽传说的源头出处。所谓"诗歌文化"就是宣扬以唐代诗人为代表的中国古代诗人骚客们在黄鹤楼诗词创作上的辉煌成就,并以经典之作传示后世。所谓"建筑文化",除了展示黄鹤楼建筑千百年跌宕起伏的历史,更是展示古代黄鹤楼的建筑艺术成就。

以上这些主题内容,将通过楼内各层大厅以壁画的形式加以表现,同时配置相应的展品陈列,这样就把新黄鹤楼打造成了展示黄鹤楼历史文化的博物馆。我的室内设计思想得到了省市主管部门的审查同意,最后约请中央美术学院的艺术家们创作完成了相应的壁画。中央美术学院的老师们也称,他们和我的合作是成功和愉快的。

经过四年的紧张施工,人们终于盼到了"黄鹤归来"的一天。1985年6月10日,这是我永生难忘的一天。这一天是黄鹤楼重建落成典礼举行的日子,也是我45周岁生日的第二天。为了显得隆重,我特地穿了西装来参加典礼,尽管西装十分廉价。电视台的记者称我是"黄鹤楼的总设计师",问我此时此刻的心情如何。其实我当时的心情就是想大哭一场,借以释放这几年积累起来的压力!

黄鹤楼的建成,也成为我人生的一个拐点。1987年我当选为第七届全国人大代表,从一个"有的话别人能说,你不能说;别人说错了是认识问题,你说错了就是立场问题"的黑五类子女,变成了国家的主人。为了感恩,我决心终生为黄鹤楼服务。

我从1978年开始参加黄鹤楼重建的设计工作,到2000年黄鹤楼公园最后一个景点建设完成,总共为黄鹤楼工程设计了22年。这22年里,我做了三件大事,一是完成了新黄鹤楼形象的塑造,这就是今天大家看到的既有古楼遗风,又有时代新意的黄鹤楼形象。二是确立了楼内的展示功能,把新黄鹤楼打造成一个专题性的历史文化博物馆。三是规划设计了黄鹤楼公园,重建了古代黄鹤楼周边的许多历史人文景点。

今天,我虽然已垂垂老矣,但我仍坚持参加黄鹤楼的一些活动,为宣传黄鹤楼的历史文化,为完善黄鹤楼自身的文化建设贡献力量。我还经常到蛇山上"故地重游",看着当年的荒芜山头如今变成了楼阁相望、游人如织的旅游胜地,内心无比欣慰,我感到能参加重建黄鹤楼,把消逝的历史变得可以触摸和亲近,是我一生最幸福的事情。

(本文作者:向欣然)

围棋规则如是说

围棋理论家陈祖源如是说

陈祖源,1944年10月出生,祖籍浙江宁波,大学文化,民盟盟员,民盟中央委员。高级工程师,围棋理论家,第十一届武汉市人大常委会委员。

抗战时期随父母迁居重庆,抗战胜利后,随家人回到上海,后来回老家宁波,在宁波镇海读中学。在浙江大学读书时开始接触围棋。1967年7月毕业于浙江大学;1968年至1981年任武汉光学仪器厂技术员、工程师、副厂长;1981年至1989年任武汉仪表集团公司技术科副科长、技术处处长、副总工程师;1990年至1997年任武汉仪器仪表研究院院长;1997年至今在民盟武汉市委员会工作。

研究围棋规则始于1988年的"应氏杯"。著有《围棋规则新论》《围棋规则演变史》《循环劫》,主持编写了第一部国际围棋规则《2008世界智力运动会围棋规则》,成为国际上享有盛名的围棋规则专家。

无师自通，结下"围棋缘"

我祖籍是宁波镇海，抗战时期随父母迁居重庆，当时重庆物资很紧缺，宁波人做生意有天赋，我的父母就把上海这边的物资运往重庆，挣钱养家。抗战胜利后，我们一家人回到上海，后来回老家宁波，我是在宁波镇海读的中学。

说到围棋，我在老家时并不会，刚进浙江大学读书时也不会。因为那个年代的人很重视学习，围棋在学校里并没有很流行。但是一到"文革"就非常流行了，那个年代围棋在浙大流行的程度，我想可能全国都很少有。

那个时候有好几个宿舍的人在下棋，我们宿舍有个同学拿来一副围棋，也开始下棋。看多了别人下棋，我就无师自通了。

记得当时我跟隔壁宿舍的一个人下棋，他水平比我高，我向他请教：你角上有子，我第一步棋放在什么地方好？他说应该小目挂。下到打劫了，他说你不能马上提回来，我说凭什么我不能提呢？于是就争起来了，他说那你就提吧，反正连打劫都不会，他也不在乎。这说明我对围棋的规则，一开始就处于一个追究的状态。我为什么不能提？这就是人的一种思维方式，有些人一听到规定不行就很自觉地遵守了，而我就要问为什么。这件事情我一直记得。

大学毕业以后，我被分配到了武汉。我们这一届被分配到武汉的学生有四个男生，下围棋的就有三个；下一届有两个，那两个都会下围棋。这个比例还是相当高的。但是，在武汉当地就找不到人了，当时没人下围棋。

1976年以后，围棋的热度重新起来了，那个时候一些单位组织比赛，我们公司也组织比赛。在公司，我觉得自己水平还可以，当然后来再出去看看那天地就更大了。后来碰到一个棋友，他的水平非常高，我们就经常在一起交流。

做了一回"陈祖德"

我研究围棋规则始于 1988 年的"应氏杯",这是台湾应昌期举办的第一个世界围棋比赛。"应氏杯"要举行的时候,《围棋天地》程晓流写了一篇文章,介绍应氏杯和应氏规则。程晓流是第一个介绍应氏杯和应昌期的人。

我看了那篇文章就被循环劫吸引了,可以说,我对围棋规则的兴趣完全是由循环劫引起的。当时程晓流画了几个图,三劫循环、四劫循环,我第一次发现还有这样的东西。他在当时的文章里已经说到三劫循环可以打劫,一块棋上四个劫就是双活,还有禁止全局同形。我看到后很感兴趣,觉得有点奥妙在里头,怎么去破解它,我记在心里,但当时并没有去研究它。

大概是 1991 年,我突然觉得我破解了。我的书上也写到了,就是禁止全局同形应该怎么实现。禁止全局同形,就是谁同形了禁止谁,这个大家都知道。但是大家认为无法实现,因为棋在循环中看起来双方每一步都在同形,很难分清是谁先同形。理论很好,实际很难操作,没有实行,碰到了就算和棋。

于是我就想到,这其实是循环过程中你能摆出几个形状出来,我能摆出几个形状来,能摆出形状多的那一方就不会同形。比方你是三个,我是四个,当你第三个形状下完,第四个就必然要回到原来的三个中去了,同形了;但我有四个形状,我就不会,只要多你一个,你就同形被禁。

那么形状数怎么办?用数学来证明,可以用排列组合计算出,用不着去摆。我得出一个结论,如果形状数相等,就会轮流同形,那就是打劫。如果我永远比你多,那就是你打劫是无理,就是应昌期说的"搅"。但我是用数学方法证明的,我觉得非常高兴用数学证明了一个循环劫的事情。

这样我就写了一篇文章,寄给《围棋天地》。但《围棋天地》把文章退回来了,一方面可能是觉得这个东西不大有人感兴趣,另一方面可能用数学证明,公式来公式去的,他们也看不懂。后来我就想着把这稿子给应昌期看看,我这个东西跟应昌期是不一致的。

我当时也不知道如何给应昌期。但应昌期也是宁波人,在我们这个宁波人的圈子里,总是可以传递过去的。然而这中间有一个小插曲。

应昌期把这篇文章给了台湾《围棋》杂志,并登出来了,但是署名写的是陈祖德[1]。我给陈祖德写了一封信,说明文章是我写的。

我这篇文章提出的规则,跟应昌期的应氏规则并不一致。应昌期的东西和我的东西是有差异的,实际上我是跟他进行争论,我连续写了几篇文章,争论非常激烈。棋界很多人都知道,我跟应昌期在争论。这让我产生了进一步研究规则的兴趣。

1992年,第二届"应氏杯"是个契机。到20世纪90年代,我碰到中国棋院的人,就不用自我介绍了,因为有这个小插曲,我跟棋院之间发生关系就都很自然了。

这样我对规则的接触就多了一点,应昌期每个月都给我寄他的《围棋》杂志,连续寄了很多年,应该是一直寄到停刊为止。应昌期在的时候,差不多每一期都有一些关于规则的文章,有不少是应昌期翻译的文章,有日本池田等人写的。我感到围棋规则的最根本问题是中日规则之间的差异,这是大局,循环劫只是一个技术性的局部。于是我就想是不是可以理一理中国和日本的围棋规则,也包括一些计算、收后的目数差异等等。那个年代,能把中日围棋规则差异说清楚的人很少。因此,我写了《围棋规则新论》,有一种想法,让我们下棋的人,能对中日围棋规则、目数计算的差异有一个常识性的了解,便于实际使用。然后就是对日本规则问题的解剖,这个当时还没有人系统做过。当然最后就是循环劫。

围棋规则研究著述

1999年,我写了《围棋规则新论》,2000年出版。我写的时候,觉得没有人写过这个东西。但是能不能出版我也不知道,而且我连门路都没有。我写完以后,到北京中国棋院,把稿子交给朱宝训,因为那时我每年都去北京开会。朱宝

---

[1] 陈祖德:中国著名棋手,中国棋院原院长。

» 1998年10月,宁波经济建设促进协会第三次代表大会。自左至右:陈祖源,王仲毅(北京联谊会副会长,原国家计委局长),庄晓天(上海宁波经济建设促进协会会长,上海市原副市长),林殷才(原化工部副部长)

训非常高兴,因为关于中日规则没有人能说得这么清楚,他大概去找了体育出版社之类的,但是也没有人接受,这种东西太冷门了。

有一次《围棋报》王振华跟我说:"我可以给你介绍,但是这本书确实是蛮冷僻的,书是要有销路的,你这个书我看也没多少销路,但可以给杜维新打个电话。"他就当着我的面给杜维新打电话,那边就哼哈地应着"我们没有计划啊"之类的。王振华反复解释这本书好,杜维新就说那你先把稿子寄过来。电话打完,王振华对我说:"我已经这么说了,下面的事情就是你的了。"我就把稿子寄过去了,杜维新看了稿子,他是认真看的,看完以后给我打了个电话说:"这本书我们出了,不存在任何销售的问题,就是我们出了,我们给你稿费。"他还解释了一下,聂卫平的书也是这个稿费标准。这就很不错了:人家无条件出书还给了和聂卫平同等待遇的稿费。

这本书的出版应该是转折性的,实事求是地说,你有一本书,大家就注意到了你。这本书的内容又恰好是很多人有疑问的,想求得解答的。所以书出版以后,在棋界受到了一定的重视。记得当时有一个记者,写了一篇文章,介绍这些年出的有关围棋的好书,其中说到《围棋规则新论》,说这是一本非常特别的书,值得大家注意,也就是说,这本书有一定影响。

我还写了一篇关于聂卫平的文章。那是1987年,中间间隔时间很长了。那是擂台赛最紧张的时候,我给聂卫平写信,帮他出主意,有点班门弄斧的味道吧!聂卫平赢了以后把我的文章推荐到《围棋天地》上发表,这在他后来出的书中也专门提到过。那篇文章其实影响也挺大的,我在网上看到近些年还有人引用那篇文章的内容。我和聂卫平都是民盟中央委员,后来会在一起开会。

陈祖德、王汝南、华以刚他们都看了这本书。规则上的事情大家都关心,但就算是叫他们高手说,有的也不一定能说出来,也会说错。而且中日规则之争一直是一个说不清楚的事情。华以刚就曾经说:"你这本书我就放在床头,每天睡觉之前翻一翻,觉得挺有意思,总能找到一些新奇的东西。"

接下来,中国棋院要修订围棋规则了。2002年版是华以刚主持的,陈祖德也非常关注,初稿是由朱宝训起草的,之后就把稿子发给我,要我提意见,我就写了很多修改和意见发过去,基本上都被他采纳了。举一个一字之改的例子。规则开始,"双方一人一手,把棋子放在空的交叉点上,棋子放定以后,不得移动"。这一条是沿用原来1988年版规则的。我把这个"得"字圈掉,最后一句改为"不再移动"。这个改动,朱宝训和华以刚他们都非常欣赏。

为什么要把"不得移动"改为"不再移动"? 我们描述的是围棋下棋的规范:围棋是棋子不动的棋,象棋是棋子动的棋。棋子下到棋盘上以后"不再移动",这是围棋的特性,是有别于其他棋的。而"不得移动"那是说人不能犯规,是规范人的行为。规范棋和规范人,是不同的范畴,不能混淆。因此描述棋的时候应该"不再移动"。规则出来以后,朱宝训写了一篇讲述这次规则修订的指导思想,专门指出这一修改,"是体现了规则文本科学性和严谨性的一字之改",并且特别注明这是我改的。

中间还发生了一件事。规则公布以后,由成都蜀蓉棋艺出版社出单行本,印发给各个围棋协会、裁判员,这是要人手一册的。书印好了,送到中国棋院,然后那个编辑说他看规则的时候发现错了一个字,把它改回来了。他还专门翻了一下1988年版的规则是"不得移动",这里变成"不再移动",肯定是搞错了,就依据1988年版的规则校订回来了。这下华以刚就发火了:你有什么权力!自作聪明!后来的一段时间里,华以刚开会时经常拿这件事说,说这个编辑不懂装懂。那一批书呢,不好都作废了,只能采用贴条子的办法补救。

我记得2002年规则公布不久,我正好有事情去北京,就去了中国棋院。华以刚带我到陈祖德那里说我来了。陈祖德就说,我们对面有个酒店,你安排他住下来,我们有什么事情好好聊一聊。意思就是这个规则能够搞得比较好,我帮了大忙。就是那个时候开始,棋院已经把我视为规则专家了。然后开始有按新规则的国家级裁判员培训和考试,每两年一次,他们都叫我去讲围棋规则理论。国家级裁判现在都是各地围棋比赛的裁判长,我走到哪里都能碰到自称为我学生的人。其实学生中还包括中国棋院的一些干部、职业棋手,如华学明等人,他们都是经常要当裁判长的人,也要学啊,没证书怎么当裁判长呢?

《围棋规则演变史》是我的第二本书,影响更大些。中日规则的差异,日本规则有毛病,其实日本人自己也清楚。尽管有逻辑道理可讲,但日本规则作为一个传统,有悠久历史,他们仍要坚持,这个道理很难争。而且日本规则操作比较简单,即使是中国人在下棋的时候其实也是用日本规则来判断形势的。因此这并不是讲道理就能解决的。那一时期应昌期基金会开了几次国际围棋规则讨论会,即便是日本人、韩国人被质问得难以圆说,也只能不欢而散。但是日本的围棋是从中国传过去的,规则当然也是从中国传过去的,那怎么会有差异呢?因此我觉得要解决问题就需要弄清楚规则的历史,即日本规则到底是怎么来的。

这个难度很大,因为古人没有专门写围棋规则的,古代围棋资料散于各处,你怎么找,从何着手?从后来的情况来看,更严重的问题是其实看不到真正的古谱,能看到的所谓古谱都是现代人校订后出版的。校订很有必要,很多古代的东西不校订人们就看不懂,但是有些人校订的时候会自作聪明地修改,那常会出问题。

我认为《围棋规则演变史》有一定程度的开创意义,就是把古代的这些资料找出来,有《忘忧清乐集》,有《敦煌棋经》,有《棋经十三篇》,从细微处对比辨析,找到了围棋规则演变的历史轨迹。《围棋规则新论》是用逻辑分析,我讲述得比较透彻,梳理得比较清晰,有一定基础的人自己下点功夫,也是可以搞清楚的;中国和日本规则的差异,即使有些时候会模糊,花点心思还是能想得通的;但是《围棋规则演变史》确实有很多东西是我发掘出来的,这是大家公认的。我觉得这本书对围棋规则研究有着重要意义。如果把这本书读完,日本人就不必争了,因为围棋本来就是从中国传过去的。我把中国唐朝时的围棋规则还原出来了,日本规则就是中国唐朝规则。

但日本规则有问题,不是说唐朝规则也有问题。因为唐朝规则上有一个细微的地方,常常被忽略。这就是前面说到的自作聪明的修订。中国最古老的棋谱是宋代的《忘忧清乐集》,我们看到的《忘忧清乐集》是被校订后出版的。古谱里一局棋表述的是"各一百二十二着",而校订以后成为"共244着"了。

"各""共"之差,具体是什么意思呢?校订者蛮好心的,因为现在都是一局棋"共"多少着,看起来不过是做了一个加法,但这是一回事吗?"各"下的"共"一定是偶数,必须双方着手数相等。如果对懂围棋规则的人说一句,日本规则加上一条,必须双方着数相等会怎么样?对方立刻就会明白,日本规则的问题就迎刃而解了,和中国规则也等价了。"各""共"之差,一字天堑。而日本的围棋正是在一千多年的流传中犯了那位校订者一样的疏忽,把从唐朝传来的围棋规则传误了。

前几年,英国围棋史研究者约翰看到了《围棋天地》上我的文章,他就在欧洲的围棋网站上介绍我的研究成果。我觉得这也是很不容易的事,一个外国人看这些内容还去做介绍。我就跟他说,那篇文章不够完整,我把《围棋规则演变史》的核心简要地写成英文,发给了他。他把那篇文章的英文修订了一下,使语法、用词等更符合英文规范,然后发布在英国、美国几大围棋网站上,这个影响就扩大了。他还在上面写,在围棋规则上,陈祖源是当今世界的头号专家。这是在 2011 年。他们邀请我参加 2012 年美国围棋大会,我被安排第一个发言。这里有一个因素,西方有一些围棋研究者,也有研究围棋规则的,他们想完善日本规则,因为西方围棋是从日本传过去的,用的就是日本规则。他们找到的方法就是着数相等。这就是不谋而合,只不过他们是用数学的逻辑推出来的,而我是找到了历史的原貌。2008 年世界智力运动会时,一个德国的围棋规则研究者专门和我讨论了这件事。

2008年要举行第一届世界智力运动会,安排在奥运会之后,本意是想成为一个惯例,办成智力奥运会。一切按奥运模式,就要有一个统一的围棋规则。

华以刚作为中国棋院院长,是智运会围棋项目的技术负责人。围棋这一块由他负责,他跟我说,智运会相当于一把尚方宝剑,趁这个机会,我们要弄个统一规则。这个意见提出来以后,日本、韩国全部同意。经中国棋院多次讨论,确定将我起草的规则作为提交规则(当时还有别的稿子)。我的这个规则考虑到日韩的关系,就用贴六目半,把收后这一点给它补上去。但是在子空皆地规则下贴六目半,是日本规则表象下的中国规则本质。先把我起草的规则发给各方,接受反馈意见,做了修改。然后国际围棋联盟专门召开会议,日本棋院、韩国棋院还有美国围棋协会、国际围棋联盟的重野由纪一起讨论。我主讲,一条一条讨论,最后大家都同意。因为我已经把它收后照着日本规则修正了,那么也就是一定程度上照顾了日本规则。其实也就是"着数相等"条件下的日本规则。

这个规则在征求意见阶段就反响强烈,欧洲有好多人研究。我记得那一段时间,我的邮箱里头都是从日本、美国及欧洲各国发来的关于规则的邮件。特别是有个德国人,在智运会期间天天跟我讨论。这个规则总体上反响是好的,当时国际围棋联盟有个规则条款,是这么写的:中国规则、日本规则、美国规则、应氏规则,四个规则都是国际围棋联盟成员可以使用的规则。这个话等于是在回避矛盾。那个会以后,智运会规则也加上去了,成为可以选用的规则,属于国际围棋联盟的法定规则之一。

后来我还写了《循环劫》这本书。研究循环劫是我一直以来想做的事情,虽然循环劫并不是规则中很重要的一项,规则的分歧不在循环劫,但是技术性内容肯定是循环劫最强。写《循环劫》这本书一直是我的情结,当初我就是因为它才与围棋结缘的,从围棋的魅力,从数学内涵等等来说,都是循环劫最有特征。所以我想最后我还是要把这个东西搞完。从某种意义上说,那也是当初与应昌期争论的一个完美的总结,也可以说继承了应昌期的规则研究的遗业,可惜的是应昌期见不到了。《循环劫》这本书在技术上的研究性比较强,与上面提到的

» 2016年,陈祖源在第四届杭州棋文化国际峰会上获得论文一等奖

两本书都是有差异的。

后来我又开始研究古谱,因为古谱校订以后变了样,当初我是到国家图书馆去查《忘忧清乐集》宋代原本。为了写《循环劫》,寻找中国古谱中的循环劫,于是就对古谱产生了一定的兴趣。网上也有很多围棋古谱的信息,但因为古谱一般人不可能见到原本,于是信息只能抄来抄去。我认真研究后,发现网上的大量信息是有误的。有些是一错再错,最后错的就变成了定论。我开始发的几篇文章,其实都是在纠正对某一些古谱的、不正确的看法,其实是一种考辩。这样的考辩,现在已经做得很多了。最近一段时间,我在写晚清的东西,找的资料其实很多人都用过,我比较过以后,发现有很多错误,如《寄青霞馆弈选》里面有一个《棋手小传》,以及黄俊《弈人传》,里面都有很多错误,那个年代资讯没有现在发达。最近我准备把古谱全部清一遍,都要看到原本。这个还没有人做过,难度和工作量都很大,这就是一个工程,因为我不知道到底有多少古谱,分散在什么地方,甚至还有在国外的。现在已经做得差不多了,只剩下少数了。但这少数恰恰是最难找的,比如有一本孤本,由日本私人收藏,怎么办?那也得想办法。

说不尽的围棋规则

我在《围棋的本质》中专门有一节写了规则。这一章的名字叫《本质》，因此我写的时候是按照学术的态度、学问的态度去写的，而不是很多围棋教材里面"教你下围棋"的那种方式。写的目标不一样，写出来的类型也就不一样。

我当初写的《围棋规则新论》，就特别适合用作教材，说得很清楚，但不是那种纯学术研究。能不能把《围棋规则新论》里面，中国规则、日本规则或者其他规则做一些简明扼要的梳理？围棋生成的过程，从一种简单的游戏，从吃子棋到活子棋，从一个眼就可以活到两个眼，体现了围棋的一种发展规律，这个思路挺好的，它把整个知识生成的过程描述出来了。

学生们不一定对围棋非常懂，那么从某种意义上说，这也是教大学生下围棋的方法。不是告诉你围棋是怎么下的，而是要你自己去思考围棋该怎么下。因为对象是大学生，就是一步一步引导，启发性教育。围棋这个东西人人都能无师自通，这个过程非常自然，一想就能想出来。其实我当初学围棋就是这样的，没有人教，就摸索着下。

中国棋院和《围棋天地》杂志经常会收到一些人寄来的文章，说是发现了围棋规则的真理。这些东西最后都转给了我，开始我还很认真回复，后来发现有一些还真是让人啼笑皆非。围棋规则有一种特别的魔力，让人入迷。网上一讨论规则，立刻就有许许多多人参与，规则是围棋论坛永远热议的话题。

曾经有一段时间，TOM棋圣道场那个论坛很热闹，争得热火朝天。有一批围棋规则的爱好者固执地坚持自己的想法。但他们不像我这么系统地去研究，无法形成体系。也有个别比较清醒的，思维很准确，研究得比较深，我也遇到过，在网上发表他自己的围棋规则，一年修改几版，十几年不辍，凡有围棋网站都去发，而且还强调版权所有。

一些人嘲笑他，他也不恼，其实他还算是入魔尚未走火。还有更过头的，把规则寄到中国棋院，要申请专利，还要到韩国、日本去申请专利。上海有一个人不时给我打电话，一打就一个多小时，不肯放、不肯停，说他已经解决了世界规则。然后坚定不移地认为不信他的就是错的，他就是上帝，就是真理。我问他本人情况,得知他生活十分困难,几乎是家徒四壁了,就像那些号称可以解决哥德巴赫猜想的人一样。这实在是有点走火入魔了。有一种所谓民科现象,就是说有一些课题,是世界难题,但表面上看起来很简单,让一些人觉得我也可以一试,于是陷进去了。围棋规则符合这个特点,围棋规则是没有解决的难题,但会下围棋的人都会觉得围棋规则很简单,我为什么不能一试?于是也有民科现象。

走火入魔者最明显的特点就是极端固执,把自己那点东西无限放大。我与他们的区别是我在做学问,出发点是学问,而不是功利。

智运会规则相对来说是一个比较可行的大家能够接受的规则,后来却没有流行起来。因为世界智力运动会只办了2008年北京一届,伦敦没有接,里约没有了。但这个规则毕竟在那里,事实上即使从现在的角度看,智运会规则也是统一的最好选择。欧洲那边我是想着推行,跟由小川谈了几次,但是欧洲围棋协会是松散组织,曾经有一些欧洲的规则研究者努力过,成效不大。但是听由小川讲,现在欧洲正式比赛里面是采用美国规则,美国规则就是"着数相等",贴7目半,和中国规则本质一样。英国、美国、法国都跟中国规则一样,它们也是7目半。但还有一些国家在各行其是,如德国,欧洲围棋协会不想管,也是怕麻烦。所以规则问题其实不仅仅是技术问题。

人机大战最终使用的是中国规则,因为中国规则非常清晰,设计成计算机程序也很简单。日本规则有逻辑毛病,输入进去以后,打补丁打不完,还有些自相矛盾的东西。并不是说计算机不能实现日本规则,把补丁打完了还是能实现。但是搞计算机程序设计的人,肯定不愿意做这种事情,本来很清晰的东西,去搞成那个样子。

回过头来说,规则的最高境界应该是简单、自然的。我在《围棋规则演变史》里面总结了几条原则。首先就是如果要制定国际规则,如果大家要坐下来讨论制定规则,就先要确定制定规则的几项原则。法应有法,先要解决立法,如果这个不解决,到后来就会争得一塌糊涂。我说要先解决几个原则,比方说,最简洁的原则、公理化的原则、奥卡姆剃刀的原则,就是一切附加的东西都不要,这都是哲学原则,不是我创造的原则。这些东西定下来以后我们再讨论规则。

不能打补丁,不能出了问题以后再修改结果,然后再搞一个东西去弥补它,这样不行。

如果大家要一起讨论统一规则,就先要有立法,要有原则可依。另外一个,真正的问题是国际围棋联盟,它要下多大的决心。最低限度的,至少要确定,统一规则如果做出来,国际围棋联盟举办的或者挂国际围棋联盟名义举办的比赛,要用统一规则。每年一届的世界业余锦标赛要用这个规则。今年的结束了,下一年也要用这个规则,这才有法定意义。以后如果有什么智力运动会、亚运会只要是这类比赛都要用这个规则。至于各国自己的比赛,可以先不管。国际围棋联盟还是需要做些事情的,这有一个过程,但我相信围棋规则总会有统一的一天。

(本文作者:陈祖源　原载《口述围棋史:我的围棋往事》,杭州出版社 2017 年版)

《长江日报》落实知识分子政策系列报道二三事

高级记者唐惠虎博士如是说

唐惠虎,男,祖籍宁波市镇海县小港(现属北仑),1950年10月生于武汉。先后就读于复旦大学、华中师大,研究生学历,法学博士,高级记者。新闻生涯始于《长江日报》,1984年后历任《武汉晚报》副总编辑、武汉市外宣办主任、市广播电视局党组书记、市文化局局长。2007年7月调任市政府副秘书长,相继协助市长、常务副市长工作。曾任第十一届中共武汉市委委员、湖北省新闻工作者协会副会长、武汉市社会科学界联合会副会长。

唐惠虎学术研究方向为政治学、新闻学和地方近代史。1992年与导师共同主持完成国家社会科学基金项目《社会主义与现时代》;独著《舆论监督论》,获武汉市哲学社会科学优秀成果一等奖。2003年始从事武汉近代史研究,编著《武汉近代大事记(1840—1954)》《中俄万里茶道与汉口》(中俄英文版),主编《武汉近代新闻史》上下卷、《武汉近代工业史》上下卷、《万里茶道申遗》(中俄英文版)等;发表《汉口法国租界及其建筑》(中法英文)等数十篇学术论文。

2013年12月5日,法国总统颁发MAEP13500-48D号政令,授予其法国国家功绩军官勋章,以表彰其"为法国在武汉的经济和文化发展做出的杰出贡献"。

2013—2018年选任第三届武汉宁波经济促进会会长,2017年任宁波经济促进会第六届理事会常务理事。

2019年9月,中国新闻史学会授予其首届"地方新闻史学研究终身成就奖"。

1978年3月,全国科学大会在北京召开。会议明确科学技术是生产力的马克思主义论断,提出尊重知识、尊重人才的根本方针。但是,"左"的思想仍然禁锢着不少领导干部,使一大批在"文革"中遭受冲击的知识分子仍然戴着"臭老九"的帽子,一些有突出贡献的知识分子仍然受到冷遇甚至受到迫害。

在武汉市委、市政府的领导下,市委机关报《长江日报》成为武汉落实知识分子政策的舆论主力,实质性推动了全市落实知识分子政策工作。我时任《长江日报》科教部科学记者,有幸见证了这一段历史。

一

1979年11月下旬,我去汉口铁路中心医院采访。当时报社记者不多,纪律很严,到吃午饭的时候,我依惯例到医院总务科买饭票。卖饭菜票的是一位戴金丝眼镜的中年妇女。在食堂窗口卖饭的也大都戴着眼镜,因饭菜热气太大,他们要不时地用身上的围裙擦擦眼镜。我开玩笑地问陪同采访的院办同志:"怎么他们都像知识分子?"他大大咧咧地说:"都是'臭老九',这个是妇产科主任,那个是内科主任,外科主任在洗衣房劳动……"我感到问题的严重性。午饭后便坚持不要陪同采访,我深入"臭老九"们当中,在食堂操作间,在洗衣房,在他们的家里。谈着谈着,这些大多已届天命之年的人,有的潸然泪下,有的号啕大哭。

外科主治医师黄韶的遭遇是令人震惊的。54岁的黄韶,"文革"前是医院的"一把刀",曾荣立一等功,参加过毛主席接见。因为新中国成立前毕业于国防医学院,在"文革"中先以特嫌关押,后又以反革命罪被逮捕。平反后,医院个别领导觉得不好下台阶,便组织人员查阅了医院在"文革"前所有的医疗事故和医疗差错的原始记载,但未找出一例与黄韶有关。随后,他们又组织人员用6

天时间,翻查了黄韶在"文革"前治疗过的几百名外科病人病历,从中找出最远相隔15年10个月,最近相距5年零8个月的8个病案,并根据需要对部分病历作了"修改",自行定为"重大医疗事故"。这样,黄韶在平反释放三十几天后,又以"利用职权""残害我阶级兄弟"的罪名,被戴上"坏分子"帽子,撤销干部职务,工资由147元降为32.5元,发配至洗衣房劳动。性格倔强的黄韶离岗上访,遭受多次毒打。黄韶冤案受到武汉铁路局直至铁道部的关注,多次派员督办。直至我采访的当年(1979年)7月23日,医院才为沉冤十年的黄韶平反。一个千余人的医院,像黄韶这样的冤、假、错案竟有几十个。但是,平反后医院拒不召开平反昭雪大会,以致我在采访时不少职工仍然称黄韶是"五类分子",黄韶等一批知识分子仍在当勤杂工。

我是怀着义愤写报道的,但是记者必须客观描述事实。时任《长江日报》社科教部主任的童式一,毕业于中央大学中文系,1946年在上海加入中共,遂受组织委派回武汉创办华中经济通讯社,新中国成立前夕中共武汉市委就设在他家里。童式一看完我的稿件,提笔删去了几个带感情色彩的词语,却在文中的"宣布了医院平反冤假错案和落实政策的七十人名单"之后,加上一个括弧,写上"如此之多,令人吃惊!"按照报社当时的要求,在事实面前,报社与被批评者的权利是平等的,我的这篇1800余字的报道,必须经过汉口铁路中心医院党委、武汉铁路局党委同意才能刊发。我找到医院主要负责人,他指责我串通反革命分子颠覆无产阶级专政。他铁青着脸看完稿,在每页稿纸上都打上大大的叉。当时没有复印机,我非常担心他会把7页稿纸都撕了,便说:"这篇报道事实我负责,你可以签同意,也可以签不同意。"他指着我大骂起来,院办的人围了上来,人群中有人喊"书记,要签就签'胡说八道'!"他拿起笔在首页上方写上了"胡说八道",并连续画了4个感叹号。仿佛意犹未尽,又写上"放狗屁"三个字,屁字不会写,写成了"放狗尸"。他是木工出身,文化程度不高。我拿上稿纸,挤出人群,骑自行车直奔沿江大道江汉关码头,乘船过江。我要在下午下班之前赶到武汉铁路局,请路局党委书记审阅签字。

因局党委开会,我在路局一直等到晚上8时许。局党委书记看完稿后,并不急于签字,他问得很详细,采访了多少人,某个事实的出处何在,黄韶三次错判的案卷看了没有。末了,他在稿件首页下方签上一段话:"政策方面路局负责,事实方面记者负责。"我说:"书记,您最好能签上同意两个字。"他说,"黄韶这个错案医院有责任",便签上"如事实准确,同意发表"。我拿到稿件,就在路局书记办公室给童式一主任打电话,确认了当天下午编前会上定的见报安排。

第二天,1979年12月3日,《长江日报》一版报眼竖排刊出了《"黄韶错案"的平反为什么这样难?》的报道。批评报道的这种版面安排在当时是十分罕见的。后来我才得知,长江日报社时任党委书记兼社长孙德华、副社长杨振兴都审阅了稿件,并决定以突出版面发表。

这则报道引起较大社会反响,报社一下收到上千封读者来信,这在当时是少见的。来信的读者主要是知识分子,其中不少要求落实政策。这则报道也引起医院主要领导的不满,医院个别人到地处江汉路红旗大楼的报社"上访",在报社门口堵截谩骂我。一伙人甚至冲到我家,威胁我的父母亲。童式一主任十分气愤,担心我和家人的安全,经请示副社长兼总编室主任杨振兴,决定以报社总编室名义致函武汉铁路局,并抄报铁道部党组。铁道部很快派来工作组。不久,铁道部召开的全路落实知识分子政策大会上通报了"黄韶错案",汉口铁路中心医院的领导班子得到调整。医院的许多医生来到报社,感谢市委机关报伸张了正义。

过了几天,孙德华同志来到科教部办公室,肯定了这篇"采访札记",并传达市委领导意见,要求继续做好落实知识分子政策的新闻报道。

二

"黄韶错案"的报道见报几天后,我接到武汉同济医学院著名外科学家裘法祖教授的电话,他用浓重的杭州话对我说:"小唐,我和过晋源、武忠弼教授想见你一下。"第二天下午,我如约到裘法祖教授的办公室,过晋源教授、武忠弼教授已等候在那里。我开玩笑地说:"一下见到留德三大医学家,真是荣幸!"裘教授亲自倒了一杯茶,脸色渐渐严肃起来,对我说:"你多次要求采访我们三个人,就不写了。我们建议你写一下谢毓晋教授。他现在处境很不好,今年国庆节我们见面,他流下了眼泪。'文革'那样批斗他,他都没有掉眼泪。他的事比'黄韶错案'影响还要大。"医学界的几位泰斗级学者说到激动处,眼里都含着泪水。武忠弼教授是病理学家,过晋源教授是消化病学家,他们和裘法祖、谢毓晋教授都是留学德国的医学博士,都是国内外著名学者,新中国成立后相继从上海同济大学医学院奉调武汉,几十年情同手足。

当天下午,我向部领导童式一、周林汇报了此事。报社领导听完汇报后,也同意我近期全力以赴报道谢毓晋教授。

谢毓晋是国际著名的微生物免疫学家,曾任上海同济大学医学院院长,是全国政协委员、世界卫生组织专家咨询委员会委员。1952年,奉调当时号称东亚最大的武汉生物制品研究所任总技师。他的不少科研成果达到国际先进水平。"冻干乙醚狂犬病疫苗",就是他和助手林放涛、彭嵩等人在世界上首次研制成功的,它使千万个被狂犬咬伤的病人免于发病死亡。

不出所料,一到武汉生物所,我与同去的中国人民大学新闻系实习生刘学红就吃了闭门羹,所领导说要研究研究再答复能不能接受采访。所办公室的同志则说,谢毓晋是个不出成果的科学家,不听党的话,尾巴不晓得翘几高!职业敏感告诉我们,对社会共识的蔑视,个中一定有深层次的原因,采访必须坚持。一连几天,我们每天上午8点准时到所党委办公室报到。那时,武汉地区只有两张大报,一是湖北省委机关报《湖北日报》,一是武汉市委机关报《长江日报》(1953年前曾是中共中央中南局机关报,毛泽东题写报头),记者不多,社会认同度高。有了这个身份,所领导不太好拒绝,又心不甘,很勉强地答应了采访。

随着所里的同志,我们穿过两座生产实验大楼。透过宽大的玻璃窗望去,室内的精密仪器、玻璃器皿在阳光下熠熠闪光。我们有些为谢毓晋惋惜,这么好的科研条件,为什么不出科研成果?脚还在不停地走着,最后停在一座简易平房前,在阴暗潮湿的室内,谢毓晋正在用手不停地摇动试管。原来,这位享誉国际微生物免疫学界的学者,使用的是全所最差的"无菌"试验室,顶棚漏水,墙上长霉。国家卫生部曾给他主持的"六型治疗血清"(一种用猪血提制的人血浆代用品)项目,专门设计和建造的两栋实验楼,"文革"中被其他部门占用。"文革"结束后,这项阶段性成果已达国际先进水平的项目,急需恢复深度研究。

个别所领导不同意谢毓晋和他的助手们搬回实验大楼,不同意为他恢复业务秘书,不同意为他们配备必要的设备,却要求替换支持谢毓晋工作的研究室党支部书记刘殿凤。甚至,当武汉肉联厂不能正常供应猪血清后,个别所领导还让谢毓晋和助手们自己携带上百件大容器,3次到长沙肉联厂采血。64岁的谢毓晋教授患有心脏病,白天脚蹬深筒胶靴在猪棚里气喘吁吁地抓猪、绑猪、采血,晚上只能住在猪倌招待所。大量宝贵的科研时间就这样白白流走了。

这些,谢毓晋忍了,为的是让科研项目早日鉴定投产。令谢毓晋伤心的,是对他学术上的贬低和对他人格的侮辱。谢毓晋主持研究的"抗淋巴细胞球蛋白",在武汉、上海、北京等地医院,应用于器官移植、大面积烧伤植皮、再生障碍性贫血等临床治疗,获得成功。这却遭到所主要领导的鄙视。我们进所采访初期,这位所领导严厉批评谢毓晋搞这个项目是不务正业,"这不是免疫学范围,这是治疗免疫性疾病的药,与我们所有什么关系?"

采访期间,省科委组织专家阶段性评审"抗淋巴细胞球蛋白",认为达到国际先进水平,准备与生物所签订中试生产合同。个别所领导听说省里将投入七八十万元经费(这在当时是很大的款项),大喜过望。我们再次采访这位所领导,他十分严肃地说:"这是大家搞的,有他没他都可以,有群众就行。谢毓晋只不过是看看科研总结罢了。未必看完总结签上名,就成了他的成果!这就好像你们记者写科研成果报道一样,你们写了消息,成果就是你们发明的,那记者不都成了专家?"说到这里,他不禁大笑起来。若不是亲眼所见、亲耳所闻,我们真不敢相信这些截然不同的话出自同一位厅局级领导之口。

几天过去了,我和刘学红写出的一二稿,部主任童式一都没有签发,他觉得稿件没有我在部务会上汇报的那样震撼人心。于是,我再返生物所,在谢毓晋的家里谈到晚上9点多,然后赶上武昌中华路码头的最后一班轮渡。这一晚我激情涌动,彻夜写稿。第二天休息了片刻又提笔写稿。我夫人照例是第一位读者,她看着看着眼泪潸潸流下,说:"再不落实知识分子政策,国家没有希望!"我感到成功了。刘学红看完擦着眼泪说,结尾处能不能再写一两句提神的话,她建议用一段点题的诗,那首贴在谢毓晋"无菌"实验室墙上的诗。我们沉思一会,在结尾处加了一段文字。

采访结束时,我们回忆起生物所科研人员抄录的德国民谣:

一切都会过去,一切都会逝往

过了寒冬腊月,又是明媚春光。

科学的春天来了。这春天刚刚送走严冬,还带着料峭的寒意。生物所的人们在盼:春风啊,你何时暖?春光啊,你何时常驻不离?

童式一主任亲自拿着稿件找值班副社长王保畬,建议一版头条发表并配发评论。社领导孙德华、杨振兴、杨坤潮都亲自签发了稿件,"同意见报,按程序送审"。

我和刘学红再次返回生物所。那位主持工作的所领导自然不肯签字,僵持了一会,写上"不同意"三字后愤愤地说,"我要向省里汇报!"我顿时感到事情远非想象的那么简单。我与当天值班的王保畬副社长通了电话,他说"那你马上找省科委主任签意见"。当晚,我们赶到省科委分管主任家,他看完稿件流下了眼泪说:"这是真实的!谢毓晋同志的事我多次做过所领导的工作,他们就是不听,太不像话。党报登一下好,可以促进落实知识分子政策。"他签上了"同意发表,事实请报社把关"。我马上向还在报社等结果的童式一主任报告,他说马上确认版面,不过要你自己配评论。令我们感动的是,省科委这位抗战时期参加革命的老八路,让他的司机开车把我们送到武昌中华路码头,使我们赶上最后一班渡轮。在渡轮轰鸣声中,我打好了评论的腹稿。

第二天,即 1979 年 12 月 27 日,《长江日报》一版刊发我和刘学红署名的长篇通讯《春天啊,春天!——记武汉生物制品研究所谢毓晋教授受到的冷遇》,全文 7000 余字,这在《长江日报》是不多见的。同时将我写的评论改成了编者按:"这篇通讯向读者披露了一个令人不能容忍的事实……我们有些同志多年来形成的鄙薄知识、歧视知识分子的种种错误观点,至今未能改变。致使有些单位现有的、为数不多的老专家和科学技术人才,远未能发挥他们的作用……真心实意地落实党的知识分子政策,充分发挥知识分子的作用,已经成为摆在各级党组织面前的一项严重而紧迫的任务。"报道配发了谢毓晋教授的科研照片。摄影记者郭雷震听说谢毓晋的事后,两次到生物所实验室抓拍,这是位 1939 年参加八路军的著名记者。

这篇报道在社会上引起的反响超出我们的想象，一连几天，报社收发室的同志都收到许多用邮政专用袋装寄给我们的信。报社内的反应也远远超出我和部领导的想象。当天下午，报社三楼走道贴出三条大字报，这是用印报纸的新闻纸写的，每条都有 2 米多长。署名的是我尊敬的一位新闻前辈，大字报主要批评我两点：一是 1979 年全市取得了历史上最好的建设业绩，为什么不写光明的报道；二是报道背景不真实，全国科学大会开了，党已在落实知识分子政策，而且具体事实不真实，生物所党办的同志已到报社反映报道失实。童式一主任没有理睬这些，主持召开部务会要求继续抓好落实知识分子政策的报道。随即，他念了几封读者来信，其中有裘法祖等著名学者肯定报道的来信，也有的信称我为"唐青天"。第二天，那位新闻前辈又贴出三条大字报，在继续批评我的同时，批评童式一不负责任地拔苗助长。经历过报社 1957 年反右、1959 年反右倾和"文化大革命"的一些老报人，纷纷担心我的政治生命。有的告诫我，你可能会因此离开报社。

不出老报人所料，省委机关某领导到市委宣传部要求严肃处理此事。他说："《长江日报》是市委机关报，不是刚刚取缔的汉口水塔民主墙，不允许败坏党的声誉。"时任市委常委、宣传部部长李春鑑说，中央要求落实知识分子政策，武汉市委认为《长江日报》这些报道总体上是好的，事实的问题可以让报社配合调查。事后，我从列席市委常委会的孙德华社长处得知，省委副书记兼市委第一书记、市长李任之，第二书记刘惠农等领导，都要求《长江日报》继续抓好落实知识分子政策的报道。1926 年参加革命的刘惠农，曾任武汉市市长十余年，深知谢毓晋教授的贡献。当然，这一切都是后来知道的。

情急之下，我给省委第一书记陈丕显写了一封信，附上《春天啊，春天！》的报道，请求省委和国家卫生部组成调查组，调查此事。我在信中说，如报道属实，希望改善谢毓晋教授的科研环境；如报道失实，我愿意接受组织处理。在一次采访活动中，我把信直接递给了陈丕显同志。很快，省委和卫生部组成的调查组进所，调整和充实了所领导班子。陈丕显同志还亲切会见了谢毓晋教授，高度评价和支持他的科研工作。

1980 年 3 月，谢毓晋被增补为省政协副主席。同年，卫生部委托湖北省科

» 1980年,随韩宁夫省长考察湖北神农架

» 1981年采访长江葛洲坝水利枢纽工程

委鉴定通过了谢毓晋主持的"六型治疗血清""抗淋巴细胞球蛋白"两项科研成果,认为主要指标均达到或超过国际同类产品的先进水平。

2006年9月26日,武汉生物制品研究所举行"毓晋实验大楼"落成和谢毓晋铜像揭幕仪式,中央政治局委员、湖北省委书记俞正声和92岁高龄的裴法祖院士等医学家出席。

2007年12月18日武汉80万吨乙烯工程奠基,我恰好与谢毓晋教授长子谢家斌在主席台邻座,他是苏州市委原副书记、苏州工业园管委会原主任,以武汉石化厂老厂长身份来汉出席。他说起28年前的那篇报道,仍然十分激动。

三

在落实知识分子政策的日子里,每天都有全国各地不少知识分子写信给长江日报社科教部。当时,科教部人才济济,童式一主任是老革命、老报人,曾创办重庆《大学新闻》周刊、武汉华中经济通讯社;海洋、夏碧霞、谢昭良、曾伟光、彭金安等记者都是采写高手。在众多来信中,有封信引起我的关注。来信人是武汉材料保护研究所党办干部李介华,他反映著名材料保护专家曾良宇在所里遭受的种种打压。

机械工业部武汉材料保护研究所,是一个在国内外有影响的材料保护研究所,为我国的航天航空、机械制造、轻工工业等做出了重大贡献。所里不少人称曾良宇是"科研狂",一旦承担科研项目,可以不分昼夜,甚至吃住在实验室,一待就是十天半月。他渴望国家强大,渴望自己领导的研究室能为国家的复兴尽力。但是,他违反了一些"所规",每周两个半天的政治学习经常迟到早退,甚至待在实验室三请五请不出门。他主持的许多项目用于航天、国防事业,获得国家级、省部级奖,得到业内高度评价。但是他深深地得罪了所主要领导,他被扣罚工资,被取消不少应有待遇,甚至连重要科研项目的旅差费都不能报销。这对于月薪不足100元的专家来说,简直是断炊断饮。机械部、湖北省科委推荐曾良宇出席全国科学大会,所领导不同意;受到批评后,又不准所里举行任何形式的欢送会。我采访了所主要领导,这是位十分敬业的领导干部,言谈中非常担忧党的知识分子政策可能给国家带来的危害。我同他交换看法,他手一挥说:"你是解放后生的,你不懂政权来之不易。"

经过几天的采访和煎熬,我写出了通讯《毁誉之间》,5000余字。部主任审阅,值班副社长审阅,最后稿件到了孙德华社长手里,稿件此时已排出了清样。由于武汉材保所领导班子是机械部、武汉市委双重管理,清样报给了市委书记,市委书记批给时任市委副秘书长彭沈元。

时隔两天,彭沈元约我从市委大门口骑自行车到地处航空路的材保所,途中突遇倾盆大雨,两人全身湿透。彭沈元与所主要领导很熟,一进办公室他便脱下汗衫,拧干后挂在电扇上。我心中不由地暗暗叫苦。稿件我已按程序送所领导看过。彭沈元静静地倾听,有时提几个问题,末了不做任何表态地带着我离开。几天后,彭沈元又打电话约我从市委大门口骑自行车到航空路饭店(今长江大酒店)。去后我才知道,机械部已派人到武汉材保所进行了调查,今天商量处理意见。机械部的一位司长转达了部领导的意见,报道基本属实,但涉及一些敏感研究项目,不宜见报;加强材保所领导班子建设,所主要领导调任其他职务。

在骑车回市委的路上,我的心情很复杂,因为这篇报道花费了我许多心血。彭沈元说:"它已经发挥了内参的作用,问题得到了好的解决。市委正式意见,报社领导会通知你的。"第二天下午,部主任童式一向我转达了市委意见。尽管我倾注感情的通讯《毁誉之间》未能发表,我还是感到市委和报社落实知识分子政策工作的力度。

事后我得知,这位后来出任武汉市委副书记的彭沈元,是新中国成立前武汉大学中共地下党支部书记,是一名知识分子出身的干部。

四

随着市委、市政府对落实知识分子政策工作的有力推进,许多单位的领导转换了观念。市委宣传部和报社编委会适时要求《长江日报》落实知识分子政策的报道,从以批评为主转向以歌颂优秀知识分子的报道为主,以扭转人们近十年来形成的偏见。

恰巧,我在采访中国科学院武汉分院时,遇到了一件很有典型意义的事。

袁建新是中科院武汉岩土力学研究所研究员,他耗时数年研究的"平面固结计算程序",呈递上后便锁在一位所领导的文件柜里。3个月过去,无数次催问,所领导不耐烦了,把厚厚的一沓计算程序扔给袁建新,"我看不懂,你该怎么处理怎么处理"。他的心一下子凉了下来。袁建新毕业于台湾大学,在美国获得硕士学位,曾是美国波音公司工程师,是周恩来总理当年关心引进的海外人才。他非常勤奋地工作,发表了一篇又一篇高水平的学术论文。他年仅40余岁,满口的牙齿便脱落得一颗不剩。他想,所领导这么做,也许是国内没有每秒运算几百万次的大型计算机。

袁建新利用率队到意大利工作3个月的机会,向都灵工学院著名岩体力学家巴拉教授提出,使用都灵计算机中心运算他设计的"平面固结计算程序"。都灵计算机中心时为国际两大计算机中心之一,使用费用极为昂贵,巴拉教授犹豫了一阵,出于友好合作同意了。谁知,袁建新设计的计算程序及数据刚输入十几分钟就停机了。巴拉教授的助手詹依博士耸耸肩说:"哈哈,肯定错了!"

但是，宽大的输出纸上的结果是正确的。难道这位中国人的程序设计，比时任国际地质力学数值方法委员会主席德赛教授的设计程序还先进吗？中国没有超大型电子计算机，没有世界超一流的特大型水利枢纽或特大型建筑工程，巴拉教授要求上机重新计算。一次、两次、三次，一天、两天、三天，一周、两周、三周，电子计算机把袁建新设计程序与国际权威的德赛程序、威尔逊程序、贾波亚程序进行反复比较。计算机没有种族偏见，无数次运行的结果证明，袁建新设计的程序优于最权威的德赛程序，计算时间只有其 1/5，内存减少 1/4。

都灵工学院震惊了。在学院支付每小时相当于 2000 多元人民币的高额计算机运算费用后，要求中国、意大利共享"袁建新程序"的权益。袁建新马上拨通了研究所的电话，征求意见。等袁建新回到武汉，"里通外国""出卖国家机密"的传言已经四溢，有人已经形成书面材料上报，要求追究袁建新的法律责任。

我把这一切告诉了中科院武汉分院党委书记成解，这是位科学家们信赖的老革命，我说我要写出来，让读者知道武汉有多么优秀的科学家，他们在怎样忍辱负重。成解同意了，建议我只报道袁建新的事迹，不涉及其他。他说："什么'里通外国''出卖国家机密'，党报支持袁建新一下，谣言会不攻自破。"他亲自打电话给分院行政处，安排我在分院招待所写作。我向童式一主任汇报此事，他十分赞同成解同志的意见。

当天晚上，我用 4 个多小时的时间，写完了 4000 余字的通讯《我爱你，母亲》。第二天，报社副社长杨坤潮审阅了此稿，这是位十分正直的老报人，曾是新中国成立前武汉最大报纸之一的大刚报社中共地下党支部书记。感动之余，他让美术编辑吴柱熙配一个题图。广州美术学院毕业的吴柱熙看完后，又增加了一幅插图。1980 年 3 月 10 日，《长江日报》刊出了这篇报道。上百万的武汉读者第一次知道了袁建新的学术贡献和艰辛磨难。读者写来许多信函，表达了对科学家的敬意。追究袁建新"里通外国"法律责任的紧急报告自行失效。再后来，袁建新出任中科院武汉岩土力学所所长。

从此以后，我用大量的笔墨书写了享誉国内外的一批武汉科学家，李国平、王天眷、陈宗基、查全性、池际尚、伍献文、裘法祖、武忠弼、夏穗生，以及后起之秀刘建康、陈宜瑜、许厚泽、吴在德等等。

同时,我也用饱含激情的笔,写了一批遭受磨难的优秀知识分子。其中,影响较大的是刊载在《长江日报》一版的通讯《数学家的情操》。这篇通讯刻画的是著名数学家郭友中教授,他因莫须有的罪名坐牢,释放后又流离失所多年。他从中国科学院学者沦为在长江大桥汉阳桥头拉板车维生的车夫,常常吃无食、居无所,超出常人想象的磨难,没有浇灭他的报国之心。他与导师、武汉大学副校长李国平学部委员(院士)合著的解答国际数学难题的论著《自守函数与闵可夫斯基函数》,大部分是晚上在长江航运公司武汉港候船室里完成的。一时,郭友中的传奇经历成为武汉街头巷尾的话题。

1987年,郭友中从中科院武汉数学物理研究所常务副所长调任武汉市科委主任,2年后当选武汉市副市长,成为武汉高新技术研究和产业快速发展的设计者、组织者。

1980年,湖北新闻学会、湖北新闻记者协会在中断14年后恢复,经过选举,我与长江日报社孙德华、杨坤潮、贺捷等入选省新协第二届理事会理事,随后我被评选为"文革"后首批武汉市劳动模范。

这段历史,对我的人生产成重要影响。1984年8月我任《武汉晚报》副总编辑,仍坚持报纸批评与监督。1987年我写的通讯《一则报道的背后》获全国好新闻(中国新闻奖前身)二等奖。若干年后,我的博士论文题目就是《舆论监督论》,此著被中国社科院、中央编译局、北京大学、复旦大学、武汉大学、山东大学等知名学者评称"开拓性研究",获武汉市社会科学优秀成果一等奖、湖北省新闻论著一等奖;发表《西欧民主社会主义新闻舆论的实践及影响》《社会主义舆论监督的基本原则与社会调控》等新闻学论文十余篇,有的在《新闻战线》、复旦《新闻大学》首条发表。

(本文作者:唐惠虎　原载《武汉文史资料》2009年第1期,略有修订)

醉心大数据与互联网时代的系统工程科学家
记华中科技大学长江学者、特聘教授王红卫

王红卫，男，1966年出生于浙江宁波。现为华中科技大学管理学院、人工智能与自动化学院博士生导师。2001年，华中科技大学系统工程学科首次被遴选为国家重点学科。同年，王红卫任系统工程研究所所长。2018年获国家创新研究群体科学基金，2012获聘教育部长江学者特聘教授，2011年获国家杰出青年科学基金，2012年入选教育部创新团队发展计划，2004年入选国家"新世纪百千万人才工程"第一层次人选。兼任国务院学位委员会控制科学与工程学科评议组成员、中国系统工程学会副理事长、湖北省系统工程学会理事长。

王红卫是 Frontier of Engineering Management 执行副主编、中国大百科全书第三版系统科学学科副主编、《系统工程理论与实践》副主编、《系统工程学报》和《系统管理学报》等杂志编委。长期从事系统工程学科的科学研究，在工程管理、物流与供应链管理和公共安全与应急管理等领域取得了学术成果，主持或参加了20余项国家级基金科研项目，指导了26位博士生，发表了150余篇学术论文，其中SCI收录60余篇。获教育部高等学校科学技术进步一等奖2项和湖北省自然科学二等奖1项。

以勤指路,攀登学业巅峰

1966年10月,王红卫出生在浙江宁波的一个普通农民家庭,从小他就展现出了出众的学习天赋。在父母的大力支持及自身的刻苦努力下,王红卫于1984年9月考入华中理工大学(现华中科技大学)船舶与海洋工程系,学习船舶及船厂电气自动化。

当他满怀期待地准备展开崭新的大学生活时,厄运却悄然而至。新学期开学不久,王红卫便在踢足球的时候受了伤,在医院治疗三个月。出院后已是第二年的元旦,根据学校的规定需要休学一年,但他坚持回到原班级继续学习。大半个学期没有上课的王红卫通过自学参加了高等数学的期末考试,却考出了船舶与海洋工程系全系第一的好成绩98分。到了第二个学期末,他的总成绩一跃成为全班第一。因为专业成绩优秀,王红卫获得了辅修双学位的资格,于是他又辅修了管理学院的工业企业管理专业。

1988年3月,王红卫提前半年完成了本科学业,并且以专业第一的成绩获得免试进入华中理工大学系统工程研究所攻读硕士学位的资格。根据当时的保送研究生政策,先进入自动控制系担任一年半的系统工程专业助教。1989年9月,王红卫进入华中理工大学系统工程研究所读硕士,其后,他从1990年9月起直攻博士学位。王红卫仅用三年就获得了系统工程博士学位,1993年11月从系统工程研究所博士毕业。

留校任教,推动学科发展

博士毕业后,在南下与留校的抉择中,王红卫果断选择了留校。

1994年1月,王红卫进入华中理工大学动力工程博士后流动站。在博士后工作的两年期间,他在各大学术刊物上发表了16篇论文,并参加了其导师费奇教授主持的高技术项目、国家自然科学基金项目、三峡工程项目等近20个课题。

1995年12月,刚从博士后出站的王红卫被华中理工大学自动控制系聘为系统工程研究所副教授。由于出色的科研能力,在1997年被破格提拔为教授,1998年,年仅32岁的王红卫成为华中理工大学最年轻的博士生导师。2001年至2006年,王红卫担任华中科技大学系统工程研究所所长,2003年至2013年,担任控制科学与工程系主任。

华中科技大学系统工程研究所始建于1978年,是国务院学位委员会批准的全国首批硕士学位和博士学位授予学科点,并设有博士后流动站。王红卫进入研究所工作的时候,系统工程研究所是湖北省重点学科,成为国家级重点学科是所有系统工程研究所老一辈人的期盼。

1996年,年仅30岁的王红卫被推上副所长的岗位。为了推动系统工程的学科建设,他和单位的其他领导一起为系统工程研究所的发展出谋划策,一方面积极引进人才、组建科研团队,另一方面组织动员全所教职员工争取各大项目、申报各级科技奖。2001年,华中科技大学系统工程学科首次被遴选为国家

» 王红卫

重点学科,同年王红卫升任系统工程研究所所长。

2003年,王红卫晋职华中科技大学控制科学与工程系系主任。他担任系主任期间,主动进行教学改革、积极促进对外交流、努力打造科研团队,为控制科学与工程系的进一步发展奠定了良好的基础。

教学改革的重中之重,是系统工程学科本科专业的设置。系统工程学科是华中科技大学控制科学与工程国家一级重点学科中的优势学科,但一直只有硕士、博士学位授予点,没有本科专业,这极大地阻碍了该学科的长远发展。王红卫多次主动找主管的校领导交流沟通,并积极组织材料申报系统工程学科本科专业。2003年,控制科学与工程系终于获准与管理学院一起筹办物流管理专业,在物流系统工程方向单独招生。

2004年,在王红卫的组织下,物流管理(物流系统工程方向)本科专业的培养方案成功出台并正式开始招生。如今,华中科技大学人工智能与自动化学院(原控制科学与工程系)的物流系统工程专业,已成为国家级特色专业,每年为国家输送大量优秀的物流专业人才。

事实证明,王红卫在控制科学与工程系的一系列改革卓有成效。2006年,在教育部一级学科评估中,华中科技大学控制科学与工程学科全国排名第五。2007年,系统工程学科、模式识别与智能系统学科被批准为国家二级重点学科,控制科学与工程学科被教育部认定为国家一级重点学科,成为华中科技大学的

» 王红卫

7个国家一级重点学科之一。

建立国民经济动员仿真演练动员中心

华中科技大学拥有国内唯一的国民经济动员仿真演练动员中心，而中心的成立是王红卫及其领导的科研小组极力促成的。

早在2000年，费奇教授、陈学广教授与王红卫就在三峡工程散装水泥／粉煤灰实时调运指挥系统已经取得的科研成果的基础上，提出了敏捷后勤的概念。

2001年，在国家和湖北省国民经济动员办公室的指导下，王红卫领导的科研小组将敏捷后勤的思想与国民经济动员相结合，开发出国民经济动员决策支持系统，并在此基础上研制出网上动员仿真演练原理性原型系统。

2003年，华中科技大学获准成立国家国民经济动员仿真演练研究中心，该中心是国内唯一的国民经济动员仿真演练动员中心，也是时年广州军区内唯一的国家级动员中心。

2006年，国民经济动员仿真演练动员中心成功举行了我国首次国民经济动员仿真演练"鄂经动仿2006"，开创了我国的国民经济动员领域进行仿真演练的新局面。此后，中心又承担了多次国民经济动员仿真演练活动。

2006年至2008年，研究中心开发出战区级、省级和地市级三级决策支持系统并分别在广州战区，战区所属湖北、湖南、广东、广西、海南5个省区以及武汉、南宁等20多个城市全面推广应用。

2009年，中心研发的国民经济动员专业保障信息系统在全国推广应用，取得了良好的社会和经济效益。研究中心的相关理论成果被列入国民经济动员基础理论培训的课程体系，累计培训来自军队和地方从事国民经济动员的干部1200余人。广州军区欧金谷、吕丁文、王冶民三位副司令员先后到研究中心视察，高度肯定了所有教职员工的工作。

2011年，王红卫作为研究中心主任获得了广州军区的"国防之星"称号，并由时任中共中央军事委员会委员、国务委员兼国防部部长梁光烈上将亲自颁奖。研究中心先后获得教育部科技进步一等奖（"国民经济动员管理决策与仿真演练关键技术与应用"，No.2010-185），科技鉴定成果2项，软件著作权5项。

» 王红卫工作照

不忘初心，专注科学研究

作为一名科技工作人员，王红卫长期从事系统工程学科的科学研究，在工程管理、物流与供应链管理、公共安全与应急管理等领域都取得了突出的学术成就。

2004 年，王红卫入选国家"新世纪百千万人才工程"第一层次人选；2011 年获得国家杰出青年科学基金；2012 年成为管理科学与工程学科教育部长江学者特聘教授，并获批教育部创新团队负责人。

自 2013 年不再担任行政职务以后，王红卫有了更多时间与精力进行学术研究。王红卫及其团队根据过去在国民经济动员管理、应急管理方面的研究成果，撰写了《国民经济动员管理决策与仿真演练方法、技术及其应用》《基于层次任务网络规划的应急决策理论与方法》两本专著并分别于 2013 年、2014 年出版。

2014 至 2018 年，王红卫所在团队承担国家自然科学基金重大项目课题——重大基础设施工程现场综合协调与控制研究（批准号 71390524），其间撰写并出版《"互联网+"工程建造平台模式》《重大工程现场资源供应的协调与优化》两本专著。

2017 年，面对在大数据与互联网时代下系统工程研究呈现出的新特点，王红卫同丁烈云院士一起推动管理学院、自动化学院和土木学院等单位共建管理系统工程研究中心,旨在运用系统工程方法,进行大数据和互联网环境下的应急管理、工程管理和物流与供应链管理领域的研究。

2018年10月,由王红卫、丁烈云院士牵头申报的"管理系统工程"创新研究群体获批立项,成为华中科技大学甚至是武汉地区在国家自然科学基金委管理科学部获批的首个创新群体。

2017年开始担任中国工程院院刊《工程管理前沿》英文期刊执行副主编,努力打造具有国际影响力的学术期刊,在短时间内期刊发生了翻天覆地的变化,被国际著名科睿唯安公司ESCI数据库收录,有望成为国内工程管理和管理科学与工程领域的第一个被SCI收录的英文期刊。

(本文作者:左科峰)

国家纳米药物研究的领军人物
记华中科技大学特聘教授杨祥良

杨祥良，华中科技大学特聘教授（领军岗）、博士生导师，国家纳米药物工程技术研究中心主任，生命科学与技术学院常务副院长（2007—2018），国家重点研发计划"纳米科技"重点专项总体专家组成员。

工作主要围绕纳米药物制剂、纳米医用材料、纳米诊断检测技术等方面展开。为"纳米研究"国家重大科学研究计划"肝癌治疗的新型纳米药物研究"项目首席科学家。兼任中国药学会纳米药物专业委员会副主任委员、中国生物医学工程学会纳米医学与工程分会副主任委员、中国抗癌协会纳米肿瘤学专业委员会副主任委员等。在 *Nature Biomedical Engineering, Nature Communications, Nano Letters, ACS Nano, Advanced Functional Materials* 等杂志发表SCI论文300余篇，累计他引8790余次，*H-index* 50，2014—2018年连续入选Elsevier发布的中国高被引学者榜单（药理学、毒理学和药剂学研究领域）。出版纳米药物相关专著3部，获得新药证书3项，药品注册批件15项，授权相关发明专利50余件，获湖北省科技进步一等奖1项（排名1）。

1967年9月21日,杨祥良出生于浙江宁波鄞县(今鄞州区),在宁波完成了小学、中学学业。1984年,从鄞县中学(今鄞州中学)毕业,以优异的成绩考入华中工学院(现华中科技大学),因高考化学满分选择了年轻的应用化学专业。不承想,岁月如梭,来到武汉学习、工作、生活已35年。

大学期间,杨祥良的学业成绩全班第一,系主任朱慧楠教授察觉到杨祥良对学习的兴趣和天赋,于是安排杨祥良每个学期跟随老师做科研,并要求定期向她汇报学习心得。于是,杨祥良先后在物理化学教研室、分析化学教研室和无机化学教研室等各学习了一个学期。正是这种别具一格的培养方式,拓宽了杨祥良的专业视野和学习维度,使他知识面更广,在专业课的学习上打下了一个非常坚实的基础。同时培养了他的创新思维能力,使他对很多学科都抱有一种极为单纯的兴趣和求知欲。

大四那年,杨祥良获得了班里唯一的保送研究生资格,也因此认识了他生命中举足轻重的一位老师——徐辉碧教授。那时徐教授从美国加州大学访学归来,在全国率先建立了生物无机化学科研方向,这可以说是当时最早的交叉学科,课题组主要研究微量元素硒在生命和疾病发生发展中的作用。也就是那个时候,杨祥良开始真正接触生命科学和药物学领域。

跨学科与纳米药物的不解之缘

杨祥良与纳米医药的结缘,要从30多年前说起。在读本科和硕士期间,杨祥良就对生命科学和药物学这两个领域十分感兴趣,查阅了很多关于这方面的研究文献和书籍。

根据学校相关规定,在读了两年硕士研究生之后,成绩优秀的杨祥良转成了博士生。那时候化学系还没有博士点,而生物工程系的生物医学工程是全国第一批授予的博士学位点,徐辉碧教授恰好是博士生导师之一,于是杨祥良的专业从硕士阶段的无机化学专业变成了博士阶段的生物医学工程专业。当时,这已经相当于交叉学科了,即化学与生物学、药学的交叉。

杨祥良参与了徐老师主持的多个横向课题的研究,"天天明滴眼液"等相关成果早已转化进入市场。印象最深的是1993年,杨祥良代表团队参与一个广东新会保健品企业的创建,共同开发湖北恩施的富硒箬叶多糖。记得当时用转让专利技术的经费购买了实验室第一台高效液相色谱仪。

读博的经历,使杨祥良对技术成果转化十分感兴趣。1995年博士毕业后,杨祥良接受从美国普利斯顿大学博士毕业的师兄发出的创业合作邀请,参与创办两家企业,从事手性药物中间体的研制和产业化的工作。

1998年,一次偶然的机会,杨祥良从大学班主任的爱人、华中科技大学材料学院谢长生教授那里第一次知道纳米的概念。了解到纳米科技的神奇,加上对中药的一些粗浅认识,杨祥良在徐辉碧教授的领导下开始从事纳米雄黄的研究,从而奠定了他现在的研究方向。

雄黄是一味传统中药,临床上已用于治疗白血病,因为雄黄不溶于水,所以它的服用剂量特别大。当时杨祥良的想法很简单,如果把这个固体粉末做得很

» 杨祥良工作照

细,甚至达到纳米级别,那么它和肠道的接触面积显然会增大,吸收就会变好,服用剂量便可以减少。是药三分毒,能够在保证疗效的同时减少服用剂量,对病人可能更好。

那时,国家正提倡中药现代化,十分重视用现代技术来研制现代中药,以解决传统中药存在的一些问题。当时,华中理工大学与同济医科大学、武汉城市建筑学院合校,成立华中科技大学。不久,学校科研处就把化学系、材料系、药学系、基础医学院等相关老师聚集在一起,进行头脑风暴,希望跨学科做点研究。于是,纳米技术用于现代中药的研制被提上了议程。徐辉碧教授、杨祥良等率先在国内提出了纳米中药的概念,并组织力量着手研究。杨祥良的第一个纳米专利就是关于纳米雄黄的。当时选择这一新的学科方向是极富远见的。华中科技大学真正体现了理工医学科交叉的优势。

2002年,杨祥良主持国家"十五"科技攻关计划"纳米药物新剂型的研究及产业化"项目,国拨经费达到800万元。2006年,杨祥良作为课题组长负责"纳米安全性"973项目"人造纳米材料的生物安全性研究及解决方案探索"课题。2011年,杨祥良又作为首席科学家,主持"纳米研究"国家重大科学研究计划"肝癌治疗的新型纳米药物研究"项目。同时,他带领团队承担了2个关于肝癌介入栓塞治疗的863课题,2项"重大新药创制"国家科技重大专项课题,20余项纳米医药相关的国家自然科学基金项目以及一批省市级项目。

目前杨祥良兼任国家重点研发计划"纳米科技"重点专项总体专家组成员、中国药学会纳米药物专业委员会副主任委员、中国生物医学工程学会纳米医学与工程分会副主任委员、中国抗癌协会纳米肿瘤学专业委员会副主任委员等。

助力产学研成果转化

对于创新性研究和成果转化,学校给予充分的肯定和极大的支持。2000年,周济校长专门要求学校产业集团投入风险资金,组建武汉华中科大纳米药业有限公司,以学科型的公司推动这一创新学科方向的发展。

2004年,杨祥良团队研制成功代血浆中分子量羟乙基淀粉系列产品,其中一项研究成果以460万元转让给北京双鹤药业公司,创下了当年湖北省医药类科技成果转让费之最。2005年,在学校产业集团支持下,在大学科技园创建的武汉华科大生命科技有限公司,现已成为国内最大的代血浆羟乙基淀粉的原料生产基地,并出口10余个国家和地区。

为了研发代血浆产品,团队付出了很多的心血。那时候,主要研发人员、公司领导,一年到头休息的时间不超过10天。研究人员几乎把国际上所有的专利方法都试了一遍,但很多都行不通,经过无数次的失败,他们终于开发了自己独特的方法。团队也因此拿到了3个药品注册批件,同时项目成果获得2009年湖北省科技进步一等奖。现在回过头来看,羟乙基淀粉也是一种纳米药物,其血浆扩容时间与糖球的纳米尺寸直接相关。

2008年,杨祥良向科技部成功申报国家纳米药物工程技术研究中心。从2000年的一个想法到2008年的申请获批,8年的时间实属不易,他们真的很幸运,纳米研究做得好的团队国内也有,但机遇很重要,杨祥良抓住了机会。

2011年,国家纳米药物工程技术研究中心第一批入驻武汉生物技术研究院,研究院在人才项目、场地设施、生物医药生态、市场合作机遇等方面提供了很多支持和帮助,极大地推动了国家工程中心在食品安全纳米检测技术、肝癌介入栓塞纳米医用材料、创新纳米药物制剂、纳米化妆品中间体、羟乙基淀粉纳米药物等领域的成果转化和产业化进程。

武汉生物技术研究院的建设,对整个武汉光谷生物城乃至湖北生物产业发展起到了非常重要的引擎和支撑作用,第一次把武汉地区分散的研究力量整合在一起,并形成一个良好的创新创业生态。现在,武汉光谷生物城的国际化、专业化已享誉海内外,其中基础竞争力和可持续发展竞争力居全国前三位。杨祥良为自己是光谷生物城的建设者和见证人感到自豪。

一路走来,甘苦心知。杨祥良团队一路风雨同舟,无论是基础研究,还是技术开发和应用转化,每一个人都能获得成长、成功的快乐。

搭建纳米科研唯一的国家级平台

国家纳米药物工程技术研究中心,是科技部于2009年依托华中科技大学组建的,是我国目前唯一专门从事纳米医药科学研究、技术转化、产品开发、产业发展的国家级平台。作为华中科技大学的六个国家工程中心之一,它在推动学科发展,特别是生物医学工程、生物学、化学、药学等相关学科发展、服务地方经济发展和产业转型等方面发挥了重要作用。

纳米药物工程中心的建设,始于2000年学校的一次科学研究"头脑风暴",到2009年科技部批准成立,仅用了短短十年时间。这充分体现了华中科技大学理工医综合交叉的学科优势,践行了学校"产学研"三足鼎立、体制机制创新的发展理念,即使在华中科技大学的发展史上也可以说是绝无仅有的。

2000年5月,华中科技大学科研处接到教育部科技司通知,参加中药现代化学术研讨会。当时杨祥良在导师徐辉碧教授的领导下,与从事纳米材料研究的谢长生教授合作开展纳米雄黄的研究。他们发现,中药雄黄经纳米粉碎后得到的纳米雄黄,对肿瘤细胞的杀伤作用明显增强,而且具有纳米尺寸依赖性。于是大家建议运用纳米技术研究现代中药。杨祥良和徐辉碧教授等据此首次提出纳米中药的概念,并第一次发表于2000年第11期《华中理工大学学报》(2002年更名《华中科技大学学报》)上。

当杨祥良和徐辉碧教授到北京向科技部社发司汇报纳米中药的想法时,得到有关领导的充分肯定,但他们认为这仅仅是一个构想,缺乏具体实验证明,建议先踏踏实实做一些前期研究,再申报国家级项目立项。回到学校后,在时任华中科技大学校长兼任湖北省科技厅厅长周济院士的大力支持下,学校党委常委会专门听取了杨祥良代表课题组做的纳米中药研究计划报告。为了抓住机遇,周济校长指示由学校校办企业、刚刚成功上市的华工科技,联合学校产业集团旗下专门从事风险投资和项目孵化的华工创投公司,以风险投资的方法组建了一个学科型公司——武汉华中科大纳米药业有限公司。现金投入350万元,纳米中药无形资产以纳米雄黄发明专利形式作价150万元,其中的75万元归纳米中药首创者杨祥良、徐辉碧、谢长生等持有。

正是有了纳米药业公司这一平台,科研团队将纳米中药进一步拓展为纳米医药,前期研究的基础设备、研究经费得到了保障,而且依托公司从社会上招聘的十余名生物医药研究开发人员,加上学校教师和研究生队伍,一支多学科交叉、产学研结合的纳米医药研究团队迅速组建了起来。合校初期,学校高度重视理工医交叉,每年拿出上千万元科研经费鼓励原同济医科大学的科研团队与原华中理工大学的科研团队开展合作课题研究。为此,杨祥良积极参与学校组织的学科交叉"鹊桥会",宣讲推广纳米医药技术,还专门组织了一次全校范围的纳米医药研讨会,与徐辉碧教授、谢长生教授等一道推动了纳米医药在华中科技大学的蓬勃发展。不久,学校的化学学院、物理学院、材料学院、药学院、基础医学院、学校附属同济医院、协和医院,涌现出一个个从事纳米医药创新研究的团队。

2002年,杨祥良在科技部社发司的支持下,抓住国家在纳米技术"十五科技攻关计划"中首次设立纳米中药研究方向的机遇,联合清华大学、沈阳药科大学、国家药典委等几家院校和单位,申报了纳米药物项目。该项目的国拨经费达800万元,在当时是一个非常重大的项目。

2003年,在湖北省科技厅社发处大力支持下,纳米医药领域全国首个省级科研平台——湖北省纳米医药工程技术研究中心在华中科技大学成立。也正是这一年,杨祥良从化学学院调入生命学院,组建了药物研究所。杨祥良领导的生物医药科研团队也逐渐成为湖北省生物医药领域中一支重要的力量。先后牵头组织湖北省、武汉市生物医药产业、生物产业"十一五""十二五"规划制定,承担了一批湖北省、武汉市的重大、重点项目。

这一时期,新药研发取得了重大进展。2004年,代血浆中分子量羟乙基淀粉HES130/0.4原料药及制剂的研究成果以460万元的价格转让给北京双鹤药业,成为当年度湖北省新药转让明星项目。而另一个代血浆项目HES200/0.5原料药引进风险投资,组建了武汉华科大生命科技有限公司,成为国内该类原料药的最大生产企业,并出口十几个国家和地区。该项成果于2009年获得湖北省科技进步一等奖。

2006年,在学校和省科技厅的大力支持下,杨祥良向科技部社发司提交了筹建国家纳米药物工程技术研究中心的可行性报告,"要把可能的事情做到必然,要把必然的事情做成铁定"是他的工作标准。

2009年2月9日,科技部正式发文,依托华中科技大学组建国家纳米药物工程技术研究中心。这也成为我国迄今为止在纳米医药这一新兴领域唯一的国家级平台。

不同于科技部的武汉国家重点实验室,每年有1000万元的国拨运行经费,纳米药物工程中心除建设初期国家500万建设经费外,没有其他任何经费来源。学校领导也放话:"如何将工程中心建设好,看你们的了!"华中科技大学当时共有六个国家级工程中心(包括一个工程实验室)平台,大多数都有很强的产业依托,但学校对工程中心在人员编制、场地设备、运行经费等方面,尚无明确意见。

杨祥良清醒地认识到,工程中心建设面临许多挑战。首先是场地问题。申报时,依托全校力量整合了七八个学院包括附属同济医院、协和医院的资源,有专家在现场考察时提出,"你们把我们领到这里、领到那里,没有一个固定的物理空间作为工程中心的主体"。其次,看到的设备都是用于科研的,没有工程中心应该具有的工程化设施和中试放大设备,更不用说生产线了。再次,看到的成果多为论文,而工程中心应有的专利、产品、社会服务远远不够。有学者笑称,按现在的状况,应该申报国家重点实验室而非工程中心。

针对场地问题,杨祥良抓住光谷生物城建设契机,在武汉生物技术研究院和学校陈建国副校长(时任华中科技大学生物医药研究院院长、科发院院长)的大力支持下,在武汉生物技术研究院B4栋规划了约3000平方米的科研用房,并按照工程中心三个方向即纳米药物制剂、纳米医用材料和纳米诊断试剂的GMP生产要求进行装修。2011年底,团队部分成员正式入驻。

针对研发和中试设备问题,杨祥良抓住国家发改委建设武汉生物产业基地生物制药公共服务平台项目、武汉市科技局对国家级科研平台项目配套支持、国家重大新药创制重大科技专项"武汉综合大平台"建设等契机,先后购置了近1500万元的研发设备,建设了高水平多功能纳米制剂中试线、纳米医用材料中试线、纳米化妆品中间体中试线、食品安全纳米检测中试线等。随即,他们还与广州一家专门生产高压均质机企业合作,联合建设纳米制剂中试示范基地。

此外,工程中心还建立了纳米医药创新技术与产品的实物展示和视频展示的高水平成果发布和展示平台。目前,工程中心已成为武汉生物技术研究院一张靓丽的名片。全国人大常委会副委员长桑国卫院士曾两次莅临工程中心视察,对工程中心的科研成果之一、用于肝癌介入治疗的温敏纳米凝胶给予高度评价。

2012年6月,科技部组织专家对工程中心筹建情况进行现场验收,对工程中心四年来在场地建设、工程化能力建设、产品技术研发、社会服务和人才培养等方面给予了高度评价。那年9月,杨祥良在北京出差时遭遇车祸,出租车司机身亡,杨祥良当场昏迷,在ICU抢救了三天,头上、手上共缝了六七十针。10月,杨祥良忍着伤痛,头缠绷带到北京参加工程中心验收答辩,这种拼命三郎般的敬业精神和高度责任心,让评审专家深为感动。工程中心也以优异成绩通过建设期考核。

杨祥良意识到,纳米医药与传统领域不同,是纳米科技与生物医药交叉融合产生的前沿领域,纳米药物工程中心的使命是引领这一新兴产业的发展,因此产业转化和催生显著有别于传统领域。传统生物医药产业界仍对纳米医药技术存在疑虑和观望心态,加上生物医药产品研发周期长、投入巨大、政策风险高等因素,纳米医药技术转移和产业转化面临巨大挑战。

为此,杨祥良一方面积极参与发起成立相关领域的专业委员会学术组织,并担任中国药学会纳米药物专业委员会副主任委员、中国抗癌协会纳米肿瘤学专业委员会副主任委员、中国生物医学工程学会纳米技术与医学专业委员会副主任委员、世界中医药学会联合会先进给药技术分会副会长、中国毒理学会纳米毒理学专业委员会常务委员、中国生物材料学会纳米生物材料专业委员会常务委员等,积极推动纳米医药在各个领域的发展。另一方面,杨祥良领导工程中心参与发起国家和地方的多个行业协会,如全国纳米生物医药产业技术创新战略联盟、中国纳米科技产业技术创新战略联盟、湖北省生物药物产业技术创新战略联盟和湖北省化学药物产业技术创新战略联盟等。

此时,工程中心人才队伍建设成为当务之急。在学校的支持下,杨祥良创新人才引进的思路。他积极响应国家鼓励科研成果转化号召,引进各类投资基金,鼓励和引导科研骨干,发起成立公司,促进科研成果的转化,服务于国民经济主战场,践行华中科技大学原校长丁烈云院士讲的"把科研成果要么写进教科书放在书架上,要么变成商品放在货架上"。从工程中心发展的角度讲,这样

做至少有以下作用:

一是固定大学教授的研发兴趣。大学老师的科学研究为了发表论文和申请国家各类课题,免不了赶时髦、追热点,但是技术研究和产品研制却需要定性,能持之以恒,甚至相当一段时间没有论文,也不能发表论文。如果在公司设立、股权设计时,让核心骨干也以现金投入,则可起到稳定他们的研究兴趣、增强研发定力的作用。

二是扩大开发队伍。以华中科技大学生命科学与技术学院的人才引进条件,引进人员一般都是发表高水平论文的高手。这样就很难从公司引进高水平的研发人才,而且高校的考核体系也决定了他们引进后一定忙于发表论文和申请各类经费。这也是高校,特别是像华中科技大学这类985高校建设国家工程中心面临的体制挑战。现在通过公司平台,可以从社会上招聘有生物医药研发、中试生产实践经验的应用人才,而且他们的考核、晋升、待遇均与实际工作业绩挂钩,而与论文等常规学术指标脱钩,这样更有利于技术研发和产品开发,更好地将大学教师的创新成果按国家新药研发需求完成转化落地。

三是更有利于调动社会资金。传统的大学科研成果实施方式是与投资方成立公司,一般技术无形资产占股比例不超过35%,而本质上无形资产归学校所有,由大学产业集团持有,再按比例奖励给技术发明人。但这样做有几个问题:如对生物医药公司而言,初创期资金需求并不是很大,大量投资或被闲置,或被投资方挪用。如无形资产归学校所有,个人股权存在不确定性,而且还存在政策风险,国有资产流失的帽子一直悬在创建者的头上。如对纳米医药这样的全新领域,从初期的技术或产品构想到最终技术形式或产品定型存在很大变数,需要技术人员根据技术研发情况不断做出调整,这需要高度发挥技术发明者的主观能动性和责任心。

因此,杨祥良大胆创新。围绕一位技术骨干,发起成立实收资本200万元至500万元现金的创业公司,让技术骨干成为相对大股东。公司成立后,通过专业评估,以合理价格从学校将专利技术以挂牌方式转让过来。技术发明者继续指导公司研发人员按照国家新药报批要求,进一步推进这一专利技术的转化和产业化。一般经过三至五年的孵化,这些技术或种子已熟化、成形,可能需要更多的资金进入新药申报、临床研究或中试生产阶段,这时可以通过引进风险投资或者私募资金,进入技术转化或产品开发的第二个发展阶段。

目前,这些公司已进入不同发展阶段。2019年两个公司有望完成A轮融资。相信在不久的将来,工程中心在纳米医药大健康领域会培养一批企业成长起来,推动和引领我国纳米医药产业的发展。

在行政领导岗位上打造优秀团队

2007年5月,在校生命科学与技术学院院长一职空缺的情况下,杨祥良从生物技术系主任被破格提拔为学院常务副院长,全面主持学院工作。在接下来的十二年时间里,杨祥良与学院耿建萍书记,海外招聘的院长、美国克利夫兰医学中心人类遗传学家、"国家千人计划"王擎教授,美国伊利诺伊大学香槟分校生物力学著名学者、"国家千人计划"汪宁教授等班子成员密切合作,带领学院艰苦奋斗、团结奋进,推动生命科学与技术学院学科建设和人才培养,并取得令人瞩目的成就。在国家第四次学科评估中,华中科大生命科学与技术学院在全校的14个A类学科中占据2席。其中,生物医学工程学科为A+,与东南大学并列全国第一。生物学为A-,与浙江大学、复旦大学、中山大学、厦门大学等并列全国第九,被誉为华中科技大学学科建设的典范。

杨祥良分管学院研究生培养,当时生命学院在读硕士、博士研究生800多名,留学生100多名,涉及研究生招生和就业,教学培养任务复杂繁重。为了强化研究生招生、教学和培养,在杨祥良推动下,学院专门成立了研究生科。

2007年,杨祥良刚接手研究生培养工作时,学院研究生课程有近140门,存在研究生与本科生课程重复、因人设课、课堂教学纪律松散等现象。经过几年的调研和思考,2011年,杨祥良组织各学位点负责教授,统一认识,大刀阔斧地进行研究生课程体系改革。根据生物医学工程学科与生物科学学科人才培养的不同特点,设立学院平台课程,明确每个学位点的核心课程不超过3门。这个方案经校研究生院批准后,通过深入细致工作,得到学院老师充分理解和大力支持,经过短短2个月的高强度缜密工作,将140余门课程精简为70多门,明确每门课程的责任教师和教学大纲。同时从学院层面解决教师的教学工作量核算和聘期考核教学工作的评价问题。

新设立的学院平台课,如"生命科学与技术进展"和"生物医学工程研究进展"会请学院各学位点优秀教授授课,介绍各自学科领域的前沿进展。目的是让研究生了解其他科研团队的研究思路和研究方法,促进研究生之间的科研合作。而"生命科学与技术前沿进展"和"生物医学工程前沿进展",则会邀请海内外学者来学院开设讲座,拓展研究生学术视野。平台课程也有创新,如"生命科学与技术研究方法"会邀请生命科学相关大型仪器公司的高水平应用工程师,介绍生命科学最新研究方法。该课程责任教师苏莉又创造性地将生命科学伦理、实验室安全等知识引入。

为了更好地培养研究生的生物产业发展大局观,特别设立"生物产业概论"这门全院平台课程,杨祥良亲自担任该课程责任教授,邀请来自生物医药、生物环保、生物能源、生物医学工程等不同领域,全国及海外上市公司或行业龙头企业的研发总裁、高管授课,如华大基因、深圳迈瑞、上海生工、人福医药、安琪酵母等。目前,这门课程已成为学院最受研究生欢迎的"明星课"之一,还意外地推动了企业与学院教授的产学研合作交流和学生就业。

这些改革措施得到了学校的高度评价,杨祥良在第二年全校研究生培养交流会上就改革措施做典型发言。此后,他又抓住校研究生院建设高水平研究生课程的机遇,推动学院研究生高水平、国际化课程建设项目的申报,生命学院也因此成为全校获得该类项目支持最多的院系。

在开展研究生课程体系改革和高水平国际化课程建设的同时,杨祥良意识到高水平研究生培养是一个系统工程,需要进行从选才到过程培养,再到毕业论文的全链条设计和管理,哪个环节缺失都不行。于是,他以严把研究生毕业关为切入点,以确保毕业论文质量为抓手,2008年在全校率先开展博士学位论文盲审工作,以保障生命学院研究生毕业质量。几年下来,生命学院的博士学位论文水平和质量明显提高,学生认真撰写、指导老师认真修改的风气基本形成。这也对当时在全国仍属年轻的生命科学与技术学院扩大国内影响力起到了一定的作用,并为几年后全校推行的博士学位论文盲审制度发挥了先行先试的示范作用。

除了研究生毕业论文质量,杨祥良还意识到研究生生源质量的重要性。自己以身作则,鼓励优秀教师到重点高校进行学术交流和招生宣讲,同时在全校较早开展优秀大学生学术夏令营,吸引全国重点大学相关专业优秀毕业生,参观学院科研平台和实验室,了解教授的科研方向和进展,让他们通过与学长的沟通互动,体会学校和学院的良好育人环境,增强报考学院研究生的信心和动力。这几年,随着学院学术声誉和社会影响力的提升,学院的研究生生源质量持续攀升。

此外,为营造优良的学术氛围,杨祥良推动设立了两个完全由研究生自主组织、分别面向硕士研究生和博士研究生的学术研讨会。特别是博士生的全英语学术研讨会,充分模拟国际会议流程,从主题确定、大会报告邀请、论文组稿、文集编撰到会议议程、会议主持、论文评奖等全过程都由博士研究生学生会组织实施。这对提高研究生的学术交流能力、组织能力,增强研究生的学术信心发挥了不可或缺的作用,也得到了研究生和导师们的高度评价。

杨祥良还分管学院的财务工作。在学院党委书记张涛同志的支持下,在统一学院领导班子认识的基础上,杨祥良凭借对公司会计制度有一定了解,第一步进行"摸家底",第二步设置预算单位,第三步设置经费科目,第四步"挤"预算。

杨祥良还协助汪宁院长分管学院学科建设。2017 年,华中科技大学的第一篇 CNS 论文诞生于该院。但因为学院年轻,国内外的学术影响力和社会声望与其实力并不相称,学校部分人对生命学院的发展心存疑虑。因此,国际化评估能更好地从国际视野和维度来诊断性地检视学院发展、学科布局和人才培养等方面的优劣势,对学院走向未来具有重要意义,也对扩大学院的影响力、提升国际学术地位具有重要作用。为此,学校、学院高度重视,成立专门班子,并由杨祥良具体负责。

2017 年 12 月 14 日,学校迎来了由美国两院院士、宾夕法尼亚大学生物(医学)工程系 DennisE.Discher 教授,法国埃夫里大学校长 PatrickA.Curmi 教授等国际知名学者组成的国际评估专家组。在接下来两天时间里,他们认真阅读评估材料,听取汪宁院长的主题报告,分别与青年教师和学生代表进行座谈,现场考察了学院实验教学中心、几个重点团队的实验室以及位于光谷生物城的国家纳米药物工程技术研究中心,召开闭门会议认真讨论评估报告,并以会议形式正式向学校领导和学院通报了国际评估结果。国际评估专家对华中科技大学生命学院的快速发展留下了极其深刻的印象,认为生命学院教师的科学研究水平总体上讲是优秀的,个别方向是非常杰出的。生命学院基于生物医学工程和生物学学科交叉融合发展的模式非常独特,也极富成效。生命学院本科人才培养体系和培养质量在全球范围内都是出类拔萃的(exceptional)。另外,他们建议学校要高度重视生命科学,其应与物理学、化学一样,是高水平大学发展的支柱学科。适度扩大学院教师队伍规模,更好地支持生物医学工程与生物学两个一级学科的可持续发展。要进一步加强研究生的培养,高水平科学研究离不开富有创造力的研究生队伍。此外,国际评估专家对这次评估活动的组织工作和学院师生与行政队伍展示的积极向上的精神风貌给予了高度评价。这次评估工作得到了学校领导的高度肯定,并在全校相关工作会议上作经验交流。

不久之后,在第四次全国学科评估中,又传来喜讯,华中科技大学生物医学工程学科为 A+,生物学学科为 A-,成为全校 14 个 A 类学科中唯一拥有 2 个 A 类学科的学院。学校因此也将其纳入国际双一流学科建设序列,为生命学院未来发展奠定了基础。

(本文作者:镜川子)

情系硅钢三十载

记"杰出工程师奖"获得者、宝武钢铁集团公司毛炯辉

毛炯辉,1960年10月出生,浙江宁波人,研究生学历,教授级高级工程师。

1978年9月考入东北工学院金属材料系,1984年12月硕士研究生毕业后分配到武汉钢铁(集团)公司从事冷轧硅钢片新产品、新工艺的开发及生产技术管理工作。1987年任工程师,1995年任高级工程师,2000年晋职教授级高级工程师。曾任国家硅钢工程技术研究中心技术研究部部长,兼任武汉钢铁(集团)公司技术创新委员会专家委员会专家、中国金属学会电工钢分会委员。

专长冷轧取向硅钢片的研究和生产技术开发,主持或参加多项科研和技术攻关项目,曾获得国家科技进步一等奖、中国专利奖金奖、中国冶金科学技术特等奖等重要奖项及多项冷轧电工钢方面的发明专利。

2005年获全国劳动模范荣誉称号,2007年当选为武汉市首届科技优秀工作者,2009年获武汉市科技重大贡献奖,2014年获中华国际科学交流基金会"杰出工程师奖"。

第九届、第十届民盟武汉市委员会委员,第十届湖北省政协委员。

毛炯辉的父母都是宁波人,父亲14岁就来到武汉当学徒,之后一直在武汉工作。父亲回老家和毛炯辉母亲结婚后,一直两地分居,分别在武汉、宁波工作。父亲一度想回宁波,但母亲带着毛炯辉来到了武汉。

1966年夏,6岁的毛炯辉随母亲迁入武汉市青山区。1967年上小学,1978年考入东北工学院金属材料系学习,直至1984年底硕士研究生毕业,被分配到位于武汉市青山区的武汉钢铁公司工作。

与硅钢结下不解之缘

取向硅钢属于钢铁类软磁性材料,主要用于制造各种电力变压器。随着国家发电装机容量的增加,对电力变压器的需求也不断增加,从而需要更多的取向硅钢产品。取向硅钢采用一系列复杂的技术装备和生产工艺来完美地控制最终产品的晶粒方位,实现优良的电磁性能。因此,它被誉为"钢铁产品中的艺术品"。制造过程中大量工艺环节和质量控制要求,使取向硅钢成为钢铁行业中技术难度最大、生产工艺最复杂、技术含量最高的产品之一。它的制造技术是衡量一个国家钢铁工业和装备制造业发展水平的重要标志。

取向硅钢从产品性能上可分为一般取向硅钢和高磁感取向硅钢,高磁感取向硅钢具有电磁性能好,损耗低的特点,是取向硅钢中的高端产品,制成的变压器不但能耗低、体积小,还有噪声低的优点。从制造工艺上,取向硅钢可分为高温铸坯加热工艺和低温铸坯加热工艺。其中高温工艺由于铸坯在热轧工序,铸坯加热温度要求达到1360℃—1400℃,因此生产能耗高、产能低、成材率也低。国外提供的生产专利均属于高温加热工艺,而低温铸坯加热工艺则是20世纪90年代以后发展起来的生产方法,具有能耗低的特点。

1978年,武汉钢铁公司通过购买国外专利技术和全套装备,成为我国第一家生产冷轧硅钢产品的企业。尽管引进了国外的专利技术,但产品无论在质量还是产量上,都远远满足不了国家的需求。因此,在此后的数十年里,武汉钢铁公司一直把提高国产冷轧硅钢制造技术水平和产品质量作为企业的历史使命。

1985年初,毛炯辉从东北工学院研究生毕业来到武汉钢铁公司,加盟了由该单位负责的国家七五重点攻关项目"高磁感低铁损取向硅钢Q7G的研制"。从此以后,他就与硅钢结下了不解之缘。三十年来他的岗位虽然有数次变动,但一直没离开过硅钢技术研究工作。

取向硅钢技术工作,对相关基础理论和实践性要求非常高。硕士研究生毕业的毛炯辉,凭着在高校期间学到的基础理论和培养出的动手能力,很快适应了硅钢研发工作。在参与"高磁感低铁损取向硅钢Q7G的研制"项目过程中,他与课题组成员一道成功地开发出性能合格的Q7G高磁感取向硅钢产品,还获得了两项国家发明专利授权。他勤奋好学的品质、勇于探索的精神、深入现场的习惯,使他在之后的硅钢技术和产品开发、生产技术攻关等工作中取得了突出的业绩。

2007年,毛炯辉和他的团队一道成功开发出低温一般取向硅钢,使武钢取

» 毛炯辉

向硅钢年产量由最初的 2.8 万吨提高到了 27 万吨,并大幅提升了产品的电磁性能水平。高磁感取向硅钢产量极低。这一年,国内取向硅钢的消费量已达 52 万吨,不足部分只能通过进口国外产品来满足,产品的对外依存度高达 48%,特别是高磁感取向硅钢几乎全部依靠国外进口。但由于市场上产品供不应求,价格甚至达到 4 万元一吨。特别要命的是,随着国家电力需求增加、节能降耗要求提高以及高电压、大容量、远距离电力传输网络的建设,市场对高端产品——高磁感取向硅钢的需求急剧增加。

在素有钢铁工艺品之称的取向硅钢"家族"中,高磁感取向硅钢,特别是高温铸坯加热工艺的高磁感取向硅钢(Hi-B)甚至被誉为"皇冠上的明珠"。其生产难度要远高于一般取向硅钢。这类产品应用于电力工业中可达到显著的节能减排效果,而世界上只有极少数企业掌握其核心技术。在"十五"期间,武钢为了满足未来市场对高端产品的需求,多次希望从国外引进低温加热工艺高磁感取向硅钢技术的愿望落空。国外对该类技术不仅不外卖,甚至是封锁。即使是销售给我国的产品也往往限量供应。为此,武汉钢铁(集团)公司提出:举全公司之力,一定要自主研发和大规模生产出高磁感取向硅钢产品。

在一般取向硅钢产品开发取得成功后,毛炯辉参与到提升武钢高磁感取向硅钢制造技术攻关项目中,并被任命为项目首席专家,负责开发铸坯低温加热型高磁感取向硅钢的研制工作。他与同事们一道经七年时间,开展了大量的实验室研究,完成了成分设计、关键实验装置开发、实验室研究、新产线的参数确定和大生产试制等各阶段工作。最终成功开发出铸坯加热温度在 1150℃以下的高磁感取向硅钢制造技术,实现了产品的大规模化生产。产品成功应用于超高压、大容量电力变压器的制造领域。该项技术实现了企业完全依靠自己的力量突破国外技术封锁和专利壁垒的目的,形成了自己的特色。企业也由此成为当今国际上少数几个同时具备高、低温高磁感取向硅钢规模化制造能力的企业,产品质量达到世界先进水平。经过三十多年的不懈努力,武汉钢铁(集团)公司已成为世界上冷轧硅钢生产能力最大的硅钢制造基地。

毛炯辉长期潜心于硅钢技术的研究,通过长期的理论学习与实践相结合,较全面地掌握了取向硅钢制造技术和原理,成为硅钢专家。他通过研究高磁感

» 毛炯辉工作照

取向硅钢成品晶粒尺寸、磁畴的关系,总结出大小晶粒按一定的混合分布,有利于获得磁感和铁损指标优良产品的观点,获得了"预时效法生产大小晶粒配置型取向硅钢"发明专利。在低温高磁感取向硅钢产品开发中,他提出外施手段(激光或机械等)和非外施手段磁畴细化产品的开发思路,在高端产品开发中取得成功,试制出了两类顶级牌号的产品。

取向硅钢之所以被称为钢铁行业中技术难度最大、生产工艺最复杂、技术含量最高的产品之一,是由于其制造过程中涉及非常全面的冶金工程、磁性材料原理,以及大量、复杂的工艺控制环节和质量要求。甚至在某个工序的一个参数、某项操作或某种原辅材料的改变,都有可能对产品的电磁性能、表面质量、产品的生产性等指标带来很大的影响。毛炯辉在参与现场质量攻关时,往往能够提出较为独特而简洁的方案,有效解决实际生产中的疑难问题。如在低温高磁感取向硅钢生产过程中,由于成分的原因,在后工序冷轧时极易出现断带,严重影响到生产的顺行和成材率的提高。一般通用的办法是对钢卷进行水浴加热来提高加工性,但这种方法除了需增添设备,还会对生产环境带来影响。为了解决这一问题,他对断带现象与工艺条件进行了仔细分析,找出问题的原因并提出工艺优化方案,使断带率大幅降低。

Hi-B 高磁感取向硅钢卷经过高温退火易产生较大的边裂,往往使钢带在拉

》 毛炯辉

伸平整退火时产生断带,不但影响机组的生产效率和产品的成材率,还给操作人员带来很大的负担。他提出了细化局部晶粒和控制晶粒位向的对策和措施,简单有效地解决了这一长期困扰生产的问题。

毛炯辉在三十年的职业生涯里一直没有离开过他所从事的硅钢事业,徜徉于这一技术复杂的制造领域,醉心于技术和产品研发工作。工作内容与个人兴趣一旦结合,技术研究的内容、解决质量疑难问题、消除引起性能波动的原因等工作便成了爱好。加上对技术问题锲而不舍、不言放弃的精神,使他在从事的工作上为企业做出了贡献。他参与的科技项目先后获得包括国家科学技术进步一等奖、中国专利金奖在内的多项重要科技奖励,二十多项企业科技攻关奖励以及多项专利发明,他也被企业评为专业技术带头人、技术专家。

(本文作者:袁小玲)

奋进前行打造多元化企业
记湖北永泰能源集团股份有限公司董事长郑奋勇

郑奋勇，1968年3月出生于宁波象山。中共党员，武汉大学工商管理硕士，高级工程师，高级经济师。湖北永泰能源集团股份有限公司董事长兼总经理。

1995年来武汉创业，经过24年稳扎稳打的发展，将以贸易为主的永泰机电设备有限责任公司，打造成集科研设计、制造、贸易为一体的永泰集团。

成立中国唯一的智能隧道联盟。智能隧道管控系统包括隧道智能照明、智能消防、智能通风、智能安全监控等，对当前国家高速公路、隧道智慧化建设具有一定影响力。

荣获第八届武汉市十大杰出创业家、第二届武汉市光彩之星、2011年度湖北省经济建设领军人物、首届湖北十大杰出创业家、改革之星——影响中国改革（行业）十大创新人物、2012年度影响力人物十大杰出诚信企业家等称号。

被评为2012湖北民营经济年度领军人物、中国改革十大创新企业家、2014浙商新领军者、十大风云甬商、2004—2014荆楚风云浙商、湖北省煤炭行业先进个人等。

现任世界中华宁波总商会创会会董、甬商发展研究会甬商理事会副会长。

2008年至今，连选连任武汉市宁波商会会长。

从东海之滨到九省通衢,他用奋进的脚步一步一步度量着商道;从创业到立业,他以大海之子的博大胸怀,不断演绎着商界的传奇。他就是郑奋勇,湖北永泰能源集团股份有限公司董事长、武汉市宁波商会会长,武汉市十大杰出创业家,首届"湖北十大杰出创业家"。

克勤克俭、脚踏实地、不事张扬、不尚空谈的品质,是"宁波帮"背后浙东文化的核心之一。正是这种精神,使郑奋勇创造了湖北永泰的奇迹。

举手投足间尽显儒商气度,话语不多但务实奋进,这就是郑奋勇给人的最初印象。"谦和、朴实、温让,几乎没有见过他面红耳赤地发过火",在郑奋勇身边工作过或与之接触的人,对他的印象比较一致。"就是在商场如战场的环境中,郑总也谦谦让人。"公司的员工这么说。

千里之行,始于武汉

郑奋勇与武汉有着不解的情缘,全国最美丽的大学之一武汉大学是他的母校。武汉大学的建造离不开一位宁波人——汉口汉协盛营造厂经理沈祝三,他为了建校负债百万,最后倾家荡产还清债务。与武汉心魂相通,似乎是一种天意。

出生于20世纪60年代末,浙江省象山县西周镇一个小村庄的郑奋勇,继承了象山老一辈人坚韧不拔、脚踏实地的优良传统。

1992年,他任浙江象山气动原件厂供应部部长。1995年,他任宁波宝鑫冶金电器设备制造公司华中地区总经理。

和许多象山人一样,郑奋勇不安于现状。在积累了一定经验后,1998年,30岁的郑奋勇放弃稳定的工作,只身来到武汉开拓市场。在这座市场发展空间潜力巨大的城市里,他开启了属于自己的企业家梦想之旅。

郑奋勇的创业梦缘起孩提时代。在物资匮乏的年代,年幼的他吃过不少苦。和多数身在异乡的象山创业者一样,他从小就梦想拥有一家自己的公司,靠自己的打拼改变生活。而"永泰"这个名称,在儿时便深深烙印在他的脑海里,寓意"永远像泰山一样稳当"。

怀着创业的梦想,经历各种艰难打拼,并积累一定的市场资源和经验后,2002 年,郑奋勇在武汉创办了他的第一家公司——永泰机电设备有限责任公司。他认准有着得天独厚区位优势的武汉是梦想启航的地方,是千里之行的起始之地。仅仅两年后,也就是在 2004 年,国务院总理在《政府工作报告》中提出"中部崛起"战略。六年之后,武汉作为中部地区中心城市,启动了一系列重大发展举措,重点推进武汉城市圈(8+1 城市圈)产业布局一体化、区域市场一体化,发挥武汉在湖北乃至整个中部经济发展中重中之重的作用。

郑奋勇凭借的绝不仅仅是"一个男人必须要有自己的事业"的豪情。在这豪情的背后,还有他对时势的研判,对自己资源、性格、人品的自信。

2000 年,"西部大开发"被提升到国家战略后,郑奋勇就预感到武汉的机会快要来了。在郑奋勇看来,像武汉这么大的城市,只要发展,就需要巨大的能源。"未来世界,得能源者得天下。"自从数年前与 LED 产业有过一次接触后,郑奋勇就没有放弃过对能源产业的关注。郑奋勇把机电设备产业作为起跳板,

» 郑奋勇工作照

事业扩展至矿石、矿山机械、电气工程等多个领域。

他成立了一家专门经营矿石及矿山机械的公司,接着又成立了宁波正鼎石油机械设备制造有限公司、武汉扬中金惠电气有限公司、湖北永泰电力科技有限公司、云南永泰矿业有限公司。

为了统一规划、打造品牌,郑奋勇将几家公司合并为湖北永泰能源集团股份有限公司,后发展为鄂东南设备制造和商贸营销的一支劲旅。

依托武汉作为中心城市和中国铁路四大枢纽之一的区位优势,永泰集团以擅用资源、服务建设为理念,以合作和创新意识培育核心专长,形成了集科研设计、制造、贸易为一体,拥有矿产资源、石油工业开采设备制造及煤炭资源、电力机电产品营销的产业集团。拥有资产总额达35亿元,年产值20亿元,全资、控股、参股企业15余家,其中下属子公司控股企业9家,参股企业16家。拥有矿产、煤炭资源,涉足石油工业开采设备制造、科技研发及电力工程施工,电缆、电力设备及电力工程材料,各类机电产品生产,商贸营销等多领域。2012年,永泰集团获中国经济最具影响力典范品牌等荣誉称号。

如今,永泰集团已成功实现从贸易到能源实业的多元化集团经营,成为湖北省经贸行业中规模宏大、技术力量雄厚、相关业务齐备的龙头企业。每年向国家上缴利税千万元。

做人立基,创新立业

虽刚满五十,但凡是见过他的人,无不对他的沉稳儒雅留下深刻的印象。十多年商场上的纵横驰骋,将这位象山海民的后代,雕琢得大气而伟岸。

熟悉郑奋勇的人对他的评价是,他将商人的经营智慧与学者的锐意革新融为一体。作为企业家,他博纳众采,善于决断:引进外部董事制度,实现决策权与执行权的分权制衡;积极推进公司股份制改革;坚持突出主业,落实经营责任;公开选聘人才,强化激励约束;强化企业管理,推进自主创新。他优秀的综合素养让人信服。

面对国际金融危机,他不断完善产业链和价值链,积极获取战略性资源,引进关键设备和高新技术,吸引高层次的管理和科技人才,增强企业快速反应能力。

他脚踏实地,稳健前行。在公司经营额从几百万元到几千万元,再从几亿元到十几亿元的发展过程中,公司却一直采用扁平化的管理,即财务、人力资源、采购等由总部统管,具体经营由子公司负责,确保企业平稳面对重大的市场变化。

2002年到2012年,正是中部地区建设风生水起的时候,郑奋勇的事业在湖北的发展可谓遍地开花。他善于接受新事物与新观念,发现新契机。在与武钢各部门打交道的过程中,郑奋勇发现经营矿石的前景。经过一段时间的调查,郑奋勇果断出手,成立了湖北潜龙置业发展有限公司,专门经营矿石及矿山机械。

随着所做产业越来越深化,他的目标越来越清晰:锁定能源、资源,紧盯市场需要,以科技创新占领制高地。

"未来世界,得能源者得天下,能源产业潜力巨大。"从2005年开始,郑奋勇就把企业发展目标定位在能源产业上。"煤炭、稀有金属、石油,都是我关注的焦点。物以稀为贵,别人有的我们不稀罕,别人没有的我们要及早占位,做到占领行业制高点。"郑奋勇说。

永泰下属的宁波正鼎石油机械设备制造有限公司通过数年开发研究,于2007年在辽河油田曙光稠油区块成功将油田多年攻克不下的井下全金属螺杆泵试验成功。后又通过胜利油田、河南油田、克拉玛依油田以及中海油渤海油田进行各种不同井况条件的试验。两次通过中石油大庆国家螺杆泵检测中心的各项指标检测。2008年,永泰集团拥有此项技术的5个国家发明专利、12项实用新型专利。

这对郑奋勇来说是个振奋人心的消息。普通螺杆泵只能抽稀油,抽不了稠油,但他的产品却突破了这一技术难题。多年的投入与等待是值得的。由于该产品属世界首创,一旦进入批量生产,市场预计可扩展到全球石油开采领域,这对于采油业必将起到积极推动作用。

郑奋勇介绍,这种新产品与传统功能的抽油机和电潜泵相比,具有更稳定和高效的举升能力,它在沉没度很小的情况下仍可以保持较高的泵效,在举升高黏度流体的能力上其优势也很明显。"这项技术全球领先。当时法国PCM

泵业公司是这个领域的权威,但我们用同样一种产品在辽河油田进行实验性开采,结果法国的产品使用22天就无法继续了,而我们的用了三年。在价格上,我们也具有绝对性的优势,他们的一套产品要200万元,我们才50万元一套。"

一件试制样品的成功,并不意味着能够量化生产。2008年,全金属耐高温螺杆泵研制成功之时,量化生产的有关技术问题尚未解决,这令郑奋勇着实焦急。"2010年,由于不能批量生产,我确实一度想过放弃。"郑奋勇坦言。从2005年项目开始以来,公司就一直处于投入期,没有销售,没有产出,30多名研发人员的各种开支,确实不是一个小数目。这样的想法最终被打消了。"我把整个集团公司利润的10%投入这个项目的开发中。从整体来说,风险是可控的。即便最终没有成功,对集团公司的影响也很小。"郑奋勇说,这种研发投入的"可控风险",是自己一直坚持下来的底气所在。

多年的投入终于得到了回报。2013年,是这一产品获得全面丰收的一年。2013年6月,批量生产的核心技术终于获得突破。5月和8月,该产品先后被纳入中海油、中石油等大型央企的采购目录。8月,获得有关部门"国家重点产业振兴和技术改造专项资金"500万元拨款。12月,该产品在郑奋勇的故乡——宁波象山开始批量生产。

八年的艰辛和资金付出,终成正果。此时的郑奋勇,踌躇满志。目前,郑奋勇凭着这一兼具运行成本低廉、环境适应性高和污染少等优点的石油螺杆泵产品,已与阿迈石油公司签了意向性协议。这项技术的成功研发为永泰集团从贸易到实业的转型以及多元化发展注入了信心。

有计划者,步步为营。正是看准了"全金属耐高温螺杆泵"的短时垄断价值,郑奋勇开始新一轮的发展战略布局。

湖北民营经济研究院院长黄智刚认为,企业家是推动社会进步的原动力和发动机,民营经济在激发经济活力、自主创新、吸纳就业等方面更是发挥着无可比拟的重要作用。

未来,郑奋勇在家乡成立的宁波正鼎石油机械设备制造有限公司,将从宁波迁址武汉东湖高新技术开发区。新厂址地理区位优越,配备更完善的研发设施,一切为其上市计划铺平道路。上市之后,它将投入新的能源领域。与此同

» 郑奋勇生活照

时,集团在湖北黄冈市兴建的亚洲最大的高钛渣基地已进入设备安装阶段。预计全部项目建成投产后,可实现年产值 38 亿元,年创税收超过 1 亿元。

在跨越式的健康发展中,永泰形成了自身的企业文化:以德治企,员工第一,科学管理,稳扎稳打。郑奋勇说:"做企业不是做业绩,而是做事业。"企业必须对员工负责,培养人才,让员工生活幸福;对客户负责,让客户认可满意;对社会负责,实现共创、共赢、共享。这是企业的责任所在,也是企业的事业目标。只有这样的企业才能拥有坚实的基础,才能走向更远的未来。

团结相帮,义同手足

随着市场经济的繁荣发展,异地商会在武汉如雨后春笋般崛起。2007 年 3 月 25 日,武汉市宁波商会成立。郑奋勇一马当先,"俯首甘为孺子牛",投入商会的各项工作中。

2008 年,武汉市宁波商会换届选举,郑奋勇全票当选为第二届武汉市宁波商会会长。

如何将商会办好,发挥商会的最大作用。郑奋勇一直在思索这个问题。其实,早在当选会长之时,武汉宁波经促会会长毛冬声就告诉过他:"既然选择了当会长这条路,就要明白,这是不会得到任何利益的。"

"当会长,我不需要任何利益,也不需要任何荣誉,我需要的仅仅是付出,是干实事而已!"郑奋勇掷地有声。

在武汉闯荡的宁波人为数众多,商会有会员企业200多家。平日工作自然很烦琐,需要耐心和细心。伴着市场经济的深入,郑奋勇清醒地认识到,商会的作用越来越大,增强商会的凝聚力和竞争力、健全商会制度、促进商会活动、加强商会的作用,还有许多工作需要做,自己要不断努力。

郑奋勇说,目前商会着力发挥四项重要作用:一、发挥桥梁作用,积极推进宁波、武汉两地经济发展。二、突出服务功能,力促银企合作,抱团发展。三、强化社会责任,心系公益,奉献大爱。四、加强文化建设,形成合力,不负"宁波帮"品牌。

大批温州企业的倒闭时刻警醒着他,民营企业必须自己控制风险,靠自己努力发展,而且光自己一家发展起来可不行,宁波人必须"拧成一股绳"。在全球金融危机之际,为了扶持在汉甬企走出困境,帮助它们发展壮大,郑奋勇带领商会成员加强相互交流,抱团取暖、共渡难关。

尽管事务繁忙,郑奋勇竭尽全力为宁波人解决经济纠纷,并提供法律咨询、房屋租赁、民事诉讼、工商鉴定等服务。成立武汉四明甬商投资有限公司,为在武汉打拼的宁波商人服务。成立武汉市宁波商会灯具分会,促进行业自律,维护会员合法权益。

理事张志和在开办餐厅时因油烟问题与附近居民发生纠纷,卫生许可证办不下来。商会闻讯后到卫生监察部门协商,主动上门与楼上住户协调并让餐厅积极配合整改,终于使他的"和玉阁"餐厅按时营业。

理事罗根华代理了安徽"荣事达"品牌,在资金和销售渠道上遇到困难,商会积极联系几家银行贷款,并在他开业时组织多家会员企业参加宣传活动,产品销售网迅速在全省铺开。

商会先后为湖北玉如意农业集团有限公司、武汉三友美通公司、宁波华星钢构武汉分公司、武汉宏峰电器商行等会员企业提供银行贷款的帮助和服务。

商会还多次邀请著名经济学家、武汉大学教授辜胜阻等做有关如何研判宏观形势和企业现状、如何打造现代商会等演讲,提升会员抱团图治、再创辉煌的认识与理解。武汉市宁波商会俨然成为团聚精神的象征。如今,他正计划筹建集商务酒店、住宅为一体的地标性建筑"宁波大厦",作为武汉市宁波商会的总部基地。

着力于夯实基础、加强商会组织建设。为加强商会领导班子建设,商会重点联系发展前景好、有影响力的企业,重点组织有良好组织能力、善于团结协作和热心公益事业的企业家,参与商会领导层,使商会更加生气勃勃。为了让宁波商会领导班子成员切实关心商会工作,增强责任感,郑奋勇坚持要求落实会长轮值制度,通过轮值处理商会各项事务,提高班子成员的商会工作能力,激发责任心,也为做好商会日常工作打下坚实基础。

开展多种形式活动,搭建商会服务平台。组织会员到武汉周边地区考察寻找创业发展机遇。为解决会员融资问题,组织会员参加民营企业融资洽谈会,为他们提供全方位"一站式"银企对接服务。

加强宁波、武汉两地的经济合作与交流。随着工作的深入,郑奋勇认识到,商会不仅仅是沟通会员的纽带,也是商帮与政府之间的桥梁。在汉创业十多年来,两地政府的鼓励与大力支持,促使郑奋勇积极参与组织和协作。商会积极配合武汉市政府、市工商联在宁波举行的招商恳谈会。两次协助宁波市政府在武汉成功举办"武汉 — 宁波周"活动,加强两地经济合作,推动两地经济发展,充分发挥桥梁纽带作用,助力两地产业实现对接,为两地拓展合作赢得新空间。

同时,郑奋勇强调商会要紧扣中心、提高党建思想水平。中共武汉市宁波商会党支部成立以来,年年被湖北省发改委和浙企联党委评为先进党组织,多名党员被评为优秀党员。

商会创办了《武汉宁波人》专刊、武汉市宁波商会会刊,随时向会员传递商会工作情况及活动信息。在产品销售、劳动合同、劳资纠纷、法律维权、子女入学、生病就医等方面给予会员支持与帮助,让商会更具凝聚力。

努力提升商会品牌形象,注重商会办公室建设。郑奋勇认为,商会办公室十分重要,上传下达,联络政商,负责事务,维护乡谊。他经常过问商会办公室的重要工作,注重支持和发挥办公室主任的积极性。2011年、2012年宁波商会被武汉市人民政府评为先进单位,2012年被市工商联评为先进商会。2014年,武汉市民政局根据民政部《社会组织评估管理办法》,在全市开展社会组织评估工作,从全市4000余家社会组织中评选出5A级商会4家,武汉市宁波商会榜上有名。2018年,商会被市工商联评为"四好商会"。

积极投身慈善、扶贫、助学、赈灾等公益事业,发扬宁波人"乐善好施、热心教育"的传统美德。商会响应国家号召,在贵州铜仁选出100名品学兼优的贫困中小学生作为帮扶对象,为他们每人每年提供2000元学费补助,一直供到他们学业终止。赴革命老区湖北大悟县,对成绩优异、家庭困难的大学生进行捐资助学活动等。

投身所在城市的公益活动。商会积极参加"美丽武汉、大爱江城"社会组织公益大赛和"国际助残日"爱心捐助活动,郑奋勇会长曾多次代表武汉市宁波商会捐款。在全国第五个"扶贫日",武汉市民政局邀请宁波商会等在慈善事业方面有突出贡献的14家社会组织,到江夏区八秀村参加为"爱心超市"进行捐赠的活动。商会在会员中开展"学雷锋"活动,到武汉市新洲区汪集第二福利院为孤寡老人购置急需用品等。

2013年4月20日上午8时,四川雅安发生7级地震,灾区群众生命财产遭受严重损失,党中央做出重要指示,要千方百计救援受灾群众。为了响应党中央的号召,武汉市宁波商会领导和会员积极行动,向灾区人民伸出热情的援助之手。郑奋勇会长与执行会长余建栋分别捐款2万元和1万元,商会领导和会员踊跃向灾区群众捐赠共计5万余元,通过中国光彩事业促进会及时将捐赠款项送达灾区群众手上,帮助他们渡过难关。为此,武汉市民政局向商会颁发了"抗震救灾 无私奉献"的锦旗,表彰宁波商会为党和政府分忧,为人民群众解难。

近年来,商会为抗震救灾、贫困助学、扶贫救困等慈善公益事业共捐款近40万元,充分提升了武汉市宁波商会的社会影响力。

仁者必须要"舍得",懂得感恩懂得回报

在郑奋勇看来,创业不在于年龄,需要的是激情和天不怕地不怕的勇气。要成为一个好老板,责任感最重要,对企业、员工、客户乃至社会都要负责,努力履行自己应尽的经济、政治、社会责任。做企业最大的幸福感,是做好企业。当你看到员工满意的笑容,感受到客户满意的态度,股东对你的信任越来越大,这就是好企业。

郑奋勇说:"我一直觉得,个人创造的财富不完全是个人的,赚钱只是为了体现自己的人生价值。原来我一分钱也没有,现在赚的钱够我活几辈子了。所以对于钱财,作为一个成功的企业家,要勇于承担社会责任,必须要舍得,懂得感恩,做个好人。"

家乡一直是郑奋勇在外拼搏的动力和源泉所在。那个位于西周大溪坑沿岸的小村,那个哺育自己成长的老家,尽管不繁华、不富裕,但仍让他魂牵梦萦。郑奋勇说,在外打拼很不容易,每当听到乡音,他都感到非常亲切。

提到象山,他总是感慨万千。他说,每次回乡,象山的发展都让他很吃惊:干净宽敞的道路、拔地而起的高楼……"要是一段时间不回去,我真怕连路都找不到了。"离开家乡越久,他的思乡之情就越浓。

每隔一段时间,郑奋勇都会携家带眷回趟老家,听听乡音乡语,看看村庄建设,走街串巷。虽然人在千里之外,但一旦听说老家建设发展需要支持,他二话不说,慷慨解囊。逢年过节,他更是一户户一家家,亲自到村里的老人、困难户家里送礼物、送红包,表示慰问。"奋勇是个义气人,也是个孝顺人,把村里的事当成自家的事。近年村里新农村建设要造桥、建会所……没资金,只要一说他就全力支持。全村的老人更是记得他的好,年年上门,帮困解难,热心慰问。"郑奋勇老家西周大坑村村支部书记郑文学如是说。

在为家乡新农村建设"输血"的同时,郑奋勇也不忘为家乡的经济发展"造血"。2005年,他放弃武汉市给予的优厚政策,响应浙江省政府在外浙商创业创新回归的号召,坚持走科技创新的道路,在家乡宁波象山创办宁波正鼎石油机械设备制造有限公司。主要从事石油勘探、采集的大型机械制造,同时成立企

业研发中心,和北京相关高校合作自主开发、设计和制造赶超国际水准的新型设备,成功研发出专门用于石油开采的"全金属耐高温螺杆泵"。

2012年,该产品和技术被国家发改委确认为新能源、高端装备制造、新材料战略性新兴产业专项。为我国制造更多类型的石油设备及辅助设备带来更多的机遇。

郑奋勇说,要从更广的视野和更高的层次共同描绘未来的蓝图。

(本文作者:毛茵)

朱留锋和他的武汉互联网生涯
记武汉灯塔财经科技有限公司董事长朱留锋

朱留锋,1978年生于浙江宁波鄞州。1997年到2001年就读于南京理工大学经管学院贸易经济专业。

2001年至2006年在腾讯公司工作,为腾讯Q币体系创立人,为腾讯带来2000亿元的销售收入。2006年到2015年,受委托创建腾讯华中分公司、腾讯大楚网、腾讯武汉公司,担任腾讯华中分公司总经理、腾讯大楚网总裁、腾讯武汉公司总经理。腾讯武汉每年创造税收超过1亿元。2012年,他提出在武汉建设腾讯无线互联网技术研发总部(腾讯武汉研发中心)的建议被采纳。2012年腾讯武汉研发中心开始建设,朱留锋担任项目负责人,现已建成投入使用。

2015年创建武汉灯塔财经信息有限公司,注册资本5000万元,公司估值超过5亿元。2019年计划扩资2亿,研发人工智能在资本运作中的应用。现完成"股票灯塔",用户数量逾500万,2017年营业额2000万元。

为有利于事业发展,他将户口由深圳转至武汉。2011年到2016年选任武汉市江汉区政协常委。2017年任武汉市政协委员、民盟湖北省委监督委员会委员、民盟武汉市委常委、民盟第十一届全国代表大会代表。

2018年6月30日,朱留锋选任第四届武汉宁波经促会会长。

2018年4月19日,胡润百富发布了中国最具投资价值新星企业百强榜,灯塔财经赫然在列。作为一家主打"大数据人工智能"的金融科技企业,灯塔财经主营业务是数据服务,通过研发人工智能股票投资工具,辅助股民做出投资决策。以其月活跃用户超百万的数据来看,入榜最具投资价值新星百强有足够实力。

　　创办这家新星企业的是宁波人朱留锋。他和这家企业一样,都很年轻、很有活力——灯塔财经创办于2015年,而朱留锋毕业于2001年。这是他的第一次创业。

　　为什么会到武汉呢?像大多数地道的宁波人一样,朱留锋话语铿锵,透着一股硬朗和激情:"在腾讯工作时,马化腾总裁派我到武汉,就是因为我的创新精神还是很强的。我想自己大概也继承了宁波帮的这种胆略吧。"

　　朱留锋毕业后能进入腾讯,也是凭着这股子胆略。

　　朱留锋是改革开放同龄人。改革开放,这个词从朱留锋出生起就一直伴随着他的人生。2018年4月,习近平主席在海南宣布扩大改革开放的范围和力度,尤其是在金融业和汽车业,表现了中国人改革开放的自信和决心。中国未来社会发展、经济生产升级都离不开金融业的进步。朱留锋现在参与的,正是改革开放往深水区摸索的组成部分。

服务腾讯,改变武汉"互联网洼地"现状

　　2006年,朱留锋受腾讯领导的委派从总部深圳来到武汉,当时是受托组建华中分公司,分管湖北、湖南、江西和广西四个省。到武汉前,他曾经在宁波(家乡)、南京(大学所在地)、深圳(工作地)分别生活过,因为工作的原因,也到过中国绝大部分的省会城市,深入感受了不同城市的发展过程和发展现状。而朱留锋最关心的还是互联网的发展,当时的状况是,中国的互联网行业发展大概落

后美国 10 年,落后日韩 5 年。那时候的中国互联网产业就像其他行业一样,在学习和借鉴的同时,走出了一些跟运营商深度结合,具备中国特色的新路。刚来武汉,腾讯这个分公司的主要职责是业务推广,而推广合作的对象往往是本地的非互联网企业,比如运营商、电脑市场的代理商、网吧老板等。腾讯希望能跟本地的互联网公司建立比较长久的合作关系,无奈那时候武汉互联网产业的发展基本为 0。从业者凤毛麟角,更没有行业协会。当时针对武汉人才有这样的说法——"孔雀东南西北飞"。朱留锋知道雷军、周鸿祎等人都是从武汉出去的,但是留在武汉的人才则是屈指可数。

2008 年腾讯和湖北日报传媒集团合资成立了"腾讯大楚网",于是朱留锋办公的精力就一部分在腾讯华中分公司,一部分在腾讯大楚网。这个模式实际上是把互联网门户网站的模式引入了武汉,就是区域型的门户网站。媒体内容生成一部分由《湖北日报》《长江日报》《武汉晚报》和湖北电视台等传统媒体提供,一部分由用户自己产生(UGC 模式)。经营方面,从全国视角聚焦到本地视角。他们重点挖掘房地产、运营商、商业等具备明显本地服务特色的行业展开。"长江隧道开通""经济适用房六连号事件""一个都不能少"等影响湖北的重大事件爆料和报道不仅引起广大受众的强烈反响,也得到当时湖北省、武汉市领导的表扬。大楚网的影响力不断扩大,销售收入也得到了提升,年收入过亿元。那时候武汉民间的互联网行业协会开始形成,有一些立志于改变武汉"互联网洼地"的互联网人积极主动,互通有无,携手并进。

但当时的互联网公司都面临着刚起步、力量单薄、互联网从业经验薄弱、从业方向不统一等问题。而每年大量的华科、武大等高校的优秀毕业生源源不断地去往北上广深等一线城市,并从事着新兴的互联网、科技行业。朱留锋也代表腾讯每年从武汉招聘超过 200 人的应届毕业生,武汉是腾讯招聘毕业生最多的城市。在朱留锋看来,这些应届生经过几年的锤炼,一旦武汉的互联网氛围形成,他们会带来最先进的技术和产品理念,武汉必然产生优质的互联网企业,并彻底改变武汉"互联网洼地"的现状。

2011 年,现在看来是移动互联网发展的元年。从那一年开始,移动互联网和 PC 互联网进入了一个转折期。2011 年初,朱留锋陪同他的老板之一陈一丹先生会见湖北省委书记李鸿忠,明确提出希望选择中部某个城市建设腾讯移动互联网研发和运营中心。做过深圳市委书记的李鸿忠书记希望腾讯选址落在武汉,并称:"我代表省委省政府会像支持你们在深圳发展一样支持你们在湖北的发展。"

受此鼓舞,腾讯正式确定把腾讯移动互联网研发和运营中心扎根在了武汉,朱留锋兼任研发中心的总经理,办公地点也变成光谷和楚天 181 两地跑。他积极推动在武汉的项目落地事宜,选址建设启用办公,说服业务落到武汉,说服同事选择武汉办公。QQ 浏览器、手机管家、Q 立方桌面等产品就是在武汉研发中心做出来的。贡献到武汉的税收,从 2011 年的 6000 万元,到 2017 年突破 2 亿元。而互联网方面,东湖高新技术开发区各项吸引互联网公司发展的政策纷纷推出,武汉互联网的四小龙 —— "斗鱼""卷皮""盛天网络""宁美国度",都在这个时期成立并逐渐冒出头来,本地的互联网从业者和互联网回流人才初见规模,武汉彻底改变"互联网洼地"的局面。腾讯除了设立独立法人的公司,还积极推动以投资和并购的方式支持武汉互联网产业的发展,投资的公司包括斗鱼等,并购的公司包括武汉研发中心的基础公司"世纪冲鸣"等。

从创立 Q 币到点亮"灯塔"

从创立 Q 币到点亮"灯塔",朱留锋一直激励自己:生于忧患,死于安乐。他提醒自己要永远保持前倾,做事要留提前量。他认为,创业必备三要素 —— 必要的资金量、能打硬仗的团队、有未来性的项目。

说起 Q 币,很多人都不陌生,甚至伴随着 70 后、80 后的青春年华。从最初购买 QQ 空间装饰、QQ 秀中的服饰和场景、QQ 邮箱中的贺卡等,到后来 QQ 各大游戏中的英雄级武器、技能皮肤和道具,不少网友或多或少都充值过 Q 币。

Q 币是如何诞生、火爆起来的呢?

其幕后的推手,不是马化腾,而是朱留锋。

朱留锋进入腾讯时,腾讯还是一家并不起眼的互联网公司,QQ 还不叫 QQ,当时叫 OICQ。

"2001 年,我大学毕业,就想去深圳找工作,感觉这座城市开放、丰富、有活力。"朱留锋想选择更有未来性的行业,"感觉互联网比较有意思。如果去腾讯,每天还可以用 OICQ 跟同学聊聊天,聊天就是工作,多好!"

然而,腾讯不招应届毕业生。朱留锋不肯放弃,他在网上找到了腾讯创始人之一曾李青的联系方式,打了电话过去。他的大胆,为自己赢得了面试的机会。

"面试前,我研究了一下腾讯的痛点在哪里。当时讲的都是三大门户网站,客户端形式不被看好,大家说即时通信没有变现途径了。"朱留锋就讲自己的想法,怎样才能赚钱。"我到现在还记得,面试的时候聊了整整一下午,一直聊到傍晚五点多。"

最终,23 岁的朱留锋顺利进入腾讯,工号是 71 号,成为腾讯第一个录取的应届毕业生。

深圳的华强北,60 多个人的腾讯公司,简陋的办公室,朱留锋从未想过,自己的命运就此改变。

"我天天想着怎么帮公司赚钱。"朱留锋憨憨一笑。他们将眼光放在了拓展增值业务上,"原来并没有互联网银行的概念,我们认为虚拟货币可以对接各种渠道产品。"

这种虚拟货币叫什么呢?有人说叫 QQ 银子,也有人说叫 QQ 元宝,"我说叫 Q 币吧,因为其他的名称不明显,需要一个宣传推广过程,直接叫 Q 币,大家一看名字就知道是干什么用的。"朱留锋进入市场部,开始整个 Q 币系统的建设。

Q 币的潜在用户是网民,朱留锋将上网的场景锁定在网吧、家里、工作或学习地,让网民在这三类场景中就可以充值 Q 币。当时对用户来讲,网上消费属于冲动型消费,5 分钟内不能买到对应服务,就没兴致了。所以针对这三类场景必须设计出一套 5 分钟内就能买到对应服务的销售路径。

2002 年 5 月,Q 币正式推出,被定义为 1 个 Q 币代表 1 元人民币。朱留锋跑到网吧,跟网吧老板谈 QQ 中的特权,网费往上提,多提上来的钱跟腾讯公司分。网吧老板一口拒绝:"凭什么我要跟你分钱!"朱留锋在深圳的街头跑了好几家网吧,没有一家网吧的老板愿意尝试。

回到公司,朱留锋一个人坐在电脑前苦思冥想。第二天,他又跑到网吧里,牢牢蹲守。他发现,网吧里除了正常收网费,还可以把方便面、可乐甚至烟卖给网民,方便面的销量还特别好。

一个念头在朱留锋脑中闪过,能不能把Q币像卖方便面一样卖出去?那就学习方便面的分销体系!用户可以拿着现金找网吧老板充值,用户的QQ账号上立马就会充上对应的金额,网吧老板则赚取进货价与销售价中间的差价。

朱留锋并不满足,他的目标是推向全国市场。"我一个个省份找经销商,白天拓展客户,晚上自己开发票,忙得昏天暗地。"朱留锋说,整个负责Q币市场的就只有他一个人,什么都得干。

朱留锋将全国划分为十个行销区域进行管理,采取代理商制发行Q币。一时间,Q币通过电话充值、网吧充值系统以及Q币卡网络遍布网民所在的家、网吧以及各种电脑城、邮局报刊亭等。另一头,许多网民在QQ秀商城购买虚拟服饰、珠宝首饰、场景来装扮自己在QQ、QQ聊天室、腾讯社区中的虚拟形象,花Q币如流水。

朱留锋因业绩出色,在2002年被提拔为腾讯公司市场部渠道总监。此后几年,他又担任电信部销售总监以及销售支持总监、腾讯武汉子公司总经理、腾讯华中分公司总经理、腾讯大楚网总裁等职务。直到2015年,这个与初创期的腾讯共同成长的小伙子想趁自己年轻,多做些有挑战性的事情,便提出了辞职,离开了曾经为之拼搏、与之成长的腾讯。

自主创业,在武汉组建"灯塔"

2015年,对朱留锋来说是很重要的一年,因为他正式离开服务了14年的腾讯公司,选择自主创业。选择创业地,不外乎两个因素,一个是团队,一个是市场。当时,朱留锋老家宁波市的市长正好因为"武汉—宁波周"在武汉,邀请他回老家宁波创业。他当时还有一个选择就是回深圳。这三个城市比较后,朱留锋毫不犹豫地选择了武汉。原因是:武汉的互联网人才已经有了不错的规模,整体成本比起一线城市又相对有优势,而且武汉政府爱才、惜才、留才的决心已下,对于新兴产业发展的匹配政策已经形成。

朱留锋在组建灯塔时,第一批员工就是他在腾讯时培养和引入的同事,这部分员工志同道合,能力可以比肩一线城市的员工。另外武汉也是金融科技产业具有沉淀和爆发力的城市,证券行业中有优质行情服务商通达信,有资讯服务商博览财经、中财网等。朱留锋于2016年成为武汉市政协委员,这两年写了两个提案,均是关于促进金融科技产业发展的。再来看看武汉的互联网行业,除了本土培养,积极引入一线的互联网公司成立华中总部,阿里、百度、小米、小红书等纷纷进入武汉。武汉率先提出百万大学生留汉,成立招才局设立招才大使等举措,让人才留汉、回流等速度明显加快。

朱留锋留在了武汉,准备创业。

"腾讯自带流量,在这样一个平台上,插根扁担都能开花。那我创业,能做什么?"朱留锋笑着说,"我想得很简单,就往钱多的项目做。"

2015年,变换跑道的朱留锋联合腾讯老同事在武汉金融港创立了一家金融科技公司——灯塔财经信息有限公司,专注于为股民提供股票投资工具的研发。

灯塔财经的团队,80%的员工来自腾讯、阿里、百度等一流互联网和金融服务企业,拥有10年以上移动互联网、搜索引擎、金融软件领域的经验。但是团队三分之二的成员没有炒股经历。

"大家都去开个户,学炒股。"朱留锋还请来行业专家,培训员工专业知识。大家雄心勃勃,要大干一场,朱留锋亦是如此。

谁料,当年7月就迎来了股灾,这无异于当头棒喝。

"说实话,我跟大家一样有些受挫,但作为公司老总,我能做的,只能是鼓舞士气,重新出发。"朱留锋和他的团队夜以继日地研究分析、讨论对策。经历了一场变故,学会炒股的团队成员深刻体会到作为股民的心理和需求。

市场上针对散户的炒股类APP不少,同花顺、东方财富、大智慧等占有不错的市场份额,但这些应用都强调专业性,对于散户而言,不太好理解,股票市场信息也不及时、不透明。

于是,灯塔财经于2015年11月研发出股票灯塔APP,产品主打"有态度,易读懂"的证券资讯。团队成员每天从市场上筛选出5000条左右的核心资讯,由10多人的专业财经编辑团队处理后,改写成不超过140字的内容摘要。

之后,灯塔财经根据历史大数据分析此类资讯对市场的影响状况,为其配上"卖出""利空""中性""利好""买入"五种态度标签,让用户直接得到解读和指导,对市场做出快速判断。

靠着资讯,股票灯塔 APP 迅速获得用户和市场认可。

在朱留锋看来,灯塔财经产品的核心竞争优势在于,它是个讲人话、接地气的炒股工具,而且有信息分析的加工深度,主打智能这一点,给不同资讯贴上标签,属于业内首创。

朱留锋看准了人工智能,股票灯塔 APP 上推出了国内首个人工智能股票服务机器人——"灯塔表哥"。"你要问行情、查股票、看指标等,就摇一摇手机叫出表哥,直接开口发问,表哥就会秒答,非常智能。"朱留锋说。

在"左右护法"的支撑下,这家诞生在股灾之中的灯塔财经势如破竹:2016年,和十多家券商合作,向证券公司提供技术和数据服务。2017年,获 5500 万元 A 轮融资,公司估值超过 4.2 亿元。2018 年,灯塔财经上榜 2018 胡润百富中国最具投资价值新星企业百强榜,彰显了灯塔财经在国内互联网金融科技服务领域的影响力。

难割乡愁,不能忘记家乡

"四年前我跟陈区长说,我一定会来的。"

2018 年,朱留锋正好 40 岁,在外读书、工作已有 21 年,对家乡的情愫一直埋藏在心底。现在,他真的带着项目来了。

"从武汉——宁波周回来,我有想过要不要回家乡创业。"朱留锋略有所思,说道,"我首先想到的是,我的创业团队从哪里来?我这些年在武汉积累了一定的人脉资源,组建团队相对成熟;但鄞州是我的家乡,金融环境也不错,我也希望有朝一日能回乡创业。"

这几年,朱留锋一边在武汉创业,一边为家乡服务。不管多忙,他每年都会抽空回家,看看住在咸四村的父母,吃一顿新鲜的咸祥海鲜。"这些年咸祥变化很大,变得洁净宜居,更有风情,鄞州也破茧成蝶,成为一座都市新城。"朱留锋说,"我若反哺社会,家乡必是我的第一站。"

2018 年 6 月,朱留锋当选为武汉宁波经济建设促进会会长,积极推动推进宁波与武汉的合作交流。朱留锋表示,希望新一届武汉宁波经促会的各位成员能进一步弘扬老一辈"宁波帮"的优良传统,联合在一起,为在武汉的宁波人出力,为反哺家乡出力。

"我会积极推动宁波籍企业家回家乡二次创业,为家乡建设贡献各自的力量。"朱留锋说,"鄞州是我的家乡,我义不容辞。"

像大多数在汉"宁波帮"一样,无论事业做得多大,路行得多远,对家乡宁波始终寄托着一份难以割舍的乡愁。"潮起潮落,游子总有泊岸归来的时候。"朱留锋说,"我是宁波人,为宁波做贡献是我义不容辞的责任。接下来我将继续竭尽全力,带动武汉宁波经促会努力开展各项工作,主动为会员企业排忧解难,特别是企业会员在生产经营中碰到的实际问题,要通过不同的渠道加以反映,以求得切实解决。同时我希望武汉宁波经促会可以肩负起大家的重托,努力开创工作的新局面,积极带动在汉'宁波帮'发展,为甬汉两地的经济建设做出更大的贡献。"

(本文作者:毛茵)

我的曲艺人生
湖北省曲艺家协会主席、武汉说唱团原团长陆鸣如是说

陆鸣,男,1957年出生于湖北武汉,祖籍浙江宁波东乡。师从著名相声表演艺术家姜昆,武汉相声界领军人物。曾任武汉市说唱团团长,国家一级演员,享受国务院专家津贴。获首届中国相声节金玫瑰奖,第二届中国曲艺节牡丹奖,2002年中央电视台春节联欢晚会"观众最喜爱的节目"二等奖,2003年荣获中央电视台相声大赛三等奖,全国笑星大赛铜奖。获湖北省"屈原创作奖"、省"百花书会"一等奖、省"楚天明星奖"、首届湖北艺术节"楚天文华表演奖"、武汉市江花杯大奖等。

现任中国曲艺家协会理事、中国曲协相声专委会委员、湖北省文联副主席、湖北省曲艺家协会主席、武汉市文联副主席、武汉市曲艺家协会主席、湖北省民族管弦乐专业委员会副会长、湖北省葫芦丝巴乌专业委员会名誉会长。荣获"全国五一劳动奖章",被评为"武汉市劳动模范",获得"老劳模功勋荣誉奖"荣获"老劳模新贡献标兵""全国演出管理人物百强""武汉十大新闻人物"等荣誉称号。

我带着浪漫来到这个世界

我的父亲叫陆雍嶽，1932年11月12日出生于浙江宁波东乡邱隘陆家中央门。1948年，刚满16岁的父亲从宁波老家来到武汉，在汉口新华百货商店当学徒。1950年，父亲转到武汉市行政学校学习，随后在武汉市公安局道外分局球场街派出所当了一名光荣的人民警察。后来我父亲遇到了我母亲——湖北黄陂人陈玉华。最浪漫的是，他们居然是同年同月同日生！1957年5月21日，在这个更浪漫的日子里，我来到了这个世上。

一帮民警叔叔伯伯兴致勃勃地张罗着给我起名字。后来担任武汉市公安局局长的徐玉清说：现在大鸣大放，这孩子就叫陆大鸣吧。大家纷纷叫好，只是觉得"大鸣"作为名字显得太直白，不如陆鸣更简练含蓄、有新意。因为那时的名字多为三个字，叫单名的还真不多。

三岁那年，我跟着父亲回过一次宁波老家，学会的第一句宁波话是"阿拉宁波人"。一个三岁的孩子能记得什么，但是我脑海中真的有一种强烈的记忆，留着在宁波老家大白鹅追着要啄我的影像——我记得父亲带着我在小河边上走，路过好多座小桥，桥头的石柱上有小佛龛，里面还有石雕的小人，让我流连忘返。小河里一群大白鹅在戏水，大白鹅扎猛子、嬉水以及后来追着要啄我的镜头，现在还历历在目。

我出生时，父亲是分局二科科长，母亲在分局三科做预审员。在我三四岁的时候，我们家从兰陵路搬进了球场街50号，这里是武汉市公安局江岸分局看守所，在当时可谓大名鼎鼎。

因为球场街50号是一所看守所，所以平时大院的门都是紧闭的，大门口是持枪荷弹的8201部队的战士在站岗，这导致我小时候哪里也去不了，同学们也不能随便进来找我玩。所以说,童年时光我基本上没有什么玩伴,也因此慢慢养成了非常内向的性格。我父亲心灵手巧,自己动手做了一个矿石收音机,一根磁棒上套一个线圈,移动线圈居然可以调台。从这台最原始的收音机里,我听到了好听的音乐、好玩的相声。通过收音机,我知道了侯宝林、郭全保、常宝华、马季等相声大师的名字。不过那时候,我只知道相声,还不知道曲艺是什么。

我小舅舅陈汉亮当时在西安冶金学院读书,因为外婆住在我家,他放假自然就回我们家来。有一年他带回来一把二胡。他的二胡拉得真是好啊,那是我第一次接触乐器。一天他到同学那里去玩,我偷偷把二胡拿起来,刚开始拉得比杀鸡还难听,后来竟然慢慢拉顺了,开始有点那个意思了。他回来后,发现我第一次拉二胡竟能拉得有点样子,就把那把二胡留给了我。那是一把红木二胡,如果能保存到现在绝对非常值钱,可惜硬被我拉垮了。二胡就这样成了我的玩伴,这却引起了一位驻守50号的8201部队战士王叔叔的注意。王叔叔是河南兵,原是县业余剧团的。听到有二胡琴声,他顺着声音找到我们家。从此,我有了第一位音乐老师。

上小学的时候,"文化大革命"开始了,学校成立了毛泽东思想红小兵宣传队,学校里的文艺骨干在那里唱歌、跳舞、拉琴好不风光。宣传队的老师听同学说我会拉二胡,就主动来问我愿不愿意加入宣传队。我高兴得一夜都没有睡着。第二天,当我兴高采烈准备拿着二胡去参加排练的时候,却被迎头浇了一盆冷水。班主任朱福纯老师说我是班主席,又是学习尖子,坚决不让我加入宣传队。当时,我委屈得大哭了一场,就这样跟宣传队遗憾地擦肩而过。

小学毕业,我被分配到位于球场路的红兵中学(现划归武汉市第六中学)。球场路有三所中学相邻,有大名鼎鼎的市六中,有市三十中,最不济的就是与市六中一墙之隔的红兵中学。因为它太小了,学校前操场只有一个篮球场大,发边线球还要靠着院墙发。后操场在还要下几级台阶的后院,在音乐教室的旁边,只有篮球场四分之一的面积。但就是这样一个微型学校,打出来一支威震武汉市江岸区的女子篮球队。只有三十多个人的校文艺宣传队,却排出了现代芭蕾舞剧《白毛女》全场和京剧样板戏《红灯记》全剧,厉害吧!宣传队的男女同学,穿着军大衣,拿着舞鞋乐器的英姿,真的让我羡慕万分。初中一年级下学期,我终于被招进了红兵中学毛泽东思想文艺宣传队。进宣传队的第一天,乐队队长万汉民和秦汉清把我带进乐器库房,那满满一屋子的乐器,当时就把我看傻眼了!从那天起,我几乎天天扎在乐器房里,拉拉这个,吹吹那个,乐此不疲,觉得这就是我想要的幸福生活。

一天,我们学校唯一的音乐老师程止隅找到我,他问我:"陆鸣啊,我看你乐理基础很好,能不能试着作曲啊?"我当时一听,吓着了,忙回答:"程老师,作曲是多么高深的事情啊,我一个初一学生怎么可能做到?"程老师说:"你别把作曲看得那么高深,你拿一首你喜欢的词,反复地读,就会出现一个节奏,再读,就会出现一个旋律,你把它记下来,这就是作曲。"程老师说完,就给了我一本小画册《红小兵画报》,里面有很多诗配画。他说:"你自己找一首写写试试。"晚上回到家里,我按照程老师说的,找了一首自己喜欢的小诗,叫《世界地图墙上挂》。我不停地反复地读,慢慢发现竟真能读出节奏。再读下去,旋律也在心里开始盘旋。我赶紧把这种感觉记下来,两个钟头不到就写好歌了。第二天,我拿给程老师看,程老师惊诧地问:"是你自己写的?"我点头说是。程老师坐在钢琴前对着我写的歌谱弹唱起来。宣传队的同学们围拢来,听说是我写的歌,都说:"这歌好好听,陆鸣好了不起!"

一天,程老师给我一张江岸区委礼堂的演出票,是江岸区红小兵宣传队的演出。当时武汉市各区都有自己的红小兵宣传队,而江岸区红小兵宣传队非常了得,它和硚口区红小兵宣传队、长江航运公司红小兵宣传队形成三足鼎立之势。我至今记得,到第六个节目时,报幕员说:"请听女声独唱《世界地图墙上挂》。"歌名和我写的歌一样。哦,程老师是让我来学习的,看看别人是怎么写的。但是当台上那个漂亮的小姑娘一开口,我傻了:这不正是我写的歌吗?!我顿时激动得热血沸腾!一个初一学生的作品被大名鼎鼎的江岸区红小兵宣传队演唱,这是多么令人兴奋、令人骄傲的事情啊!一个星期后,程老师递给我一本《红小兵画报》:"你自己打开看看。"我翻开画报,封三上赫然印着,《世界地图墙上挂》作曲:陆鸣(初一学生)。那是我的作品第一次发表,那是1970年,我十三岁。

我喜欢上了作曲。程老师说:"要想学习作曲,必须要学会弹钢琴。"程老

» 陆鸣工作照（第二排左二）

师掏出一把配好的钢琴钥匙，交到我手上。当时全校一千多名学生，几十个班级，程老师工作非常辛苦，因为每个班都有音乐课，基本上程老师都是上午四堂音乐课，下午两堂音乐课。他常说钢琴是他的半副嗓子，因此视钢琴如生命。有时调皮的学生乱弹他的钢琴，他还会急哭。因此当程老师亲自为我配好钢琴钥匙，并交给我时，我心中的那种感动不是用言语可以形容的。当时正值"文革"期间，学钢琴的音乐资料匮乏，程老师就把我带到他家，从自家柜子最底下掏出来一摞满是灰尘的书，全是音乐方面的书。程老师把书全送给了我，叮嘱我一定要好好学音乐。于是，我成了当时武汉市为数不多的会弹钢琴的初中生之一。

当时我一直想考剧团。一是进剧团能搞专业，这是当时文艺青年的最高理想。二是进了剧团可以不下农村。我当时1.78米的个子，体重却只有100斤，瘦得像一根麻秆。我还有一个非常不好的习惯，就是从小不吃蔬菜。不是不爱吃，是不能吃，吃了就要吐。什么原因呢？我和家人都不知道。不能吃青菜，如果下放农村,那要怎么活呢?所以,唯一的办法就是考剧团。但武汉市属剧团1970年招考了一批学员,后来就没有再招生了。

1974年,一个电话决定了我的命运。当时我们家搬到了解放南路1号,我便转学到了要武中学(现为市六中上智中学)。要武中学音乐老师李道中,原来是武汉第一师范学校的老师,评书表演艺术家何祚欢就是一师毕业的。何祚欢跟李道中打了一个电话,说武汉说唱团要招一批曲唱学员,请他推荐几个得意门生去应考。李老师当时有一个合唱团,但成员都是女生,他就挑了两个唱歌最好的女生,另外加上我和拉小提琴的林辉,一起去考说唱团。

当时武汉说唱团演职员都在汉阳县蔡甸李集镇接受贫下中农再教育,只剩下茅贵娴、刘汉家两位老师在家负责招生。李道中老师带着我们四个去后,茅老师眼前一亮,因为之前没有太突出的学生,说唱团又很想招到好的男生。当时茅老师、刘老师认为我们这两个男生乐感、形象、嗓音都很好。但林辉是个中音,老师觉得我的嗓音更加符合唱曲艺的要求,就把我和另一女生周瑾留下来了。

幸运走上曲艺之路,苦练练出真本事

我进团后,团里安排我和杨鸣秋随邹远宏老师学唱湖北道情。我在学校主要学习乐器,完全没有肢体语言。邹老师第一次给我们排练,一个出场就排了几个钟头。杨鸣秋在学校是学跳舞的,形体不成问题,出场很顺利。到我出场就惨了,不是顺拐,就是僵尸跳。形体问题像一座大山压在我的心里。有一次毛主席发了一个重要指示,夏雨田老师连夜创作了一个曲艺联唱来宣传。团里安排我和其他三个男演员表演其中一段湖北渔鼓。这是我第一次上场演出,我早早地做好准备,化好妆,默好词。演出开始了,我满腔热情上台表演,虽然很紧张,但是自我感觉很顺畅。因为是学员们第一次上台演出,老师们都在台侧观看。我下台刚刚走进后台化妆间,感觉老师们都在笑我,有位老师说:"陆鸣怎么会这样差啊?两只手像猪蹄。"还有位老师说:"陆鸣绝对不是搞曲艺的料子,一定是开后门进来的吧?""赶紧让他哪里来的到哪里去,让他该干吗干吗去。"一个充满激情第一次上台演出的小学员,听到这些话该是多大的打击啊!

我找到了团里的陈彬书记,陈书记说:"你的形体本来就是弱点,今天上台明显和其他三位不协调,这说明你练得不够!你的乐理好,会那么多乐器,我们说唱团就是要求一专多能,我们是看好你的。"从那以后,我铁着心开始认真地练。经常是团里那栋楼的人都走空了,我一个人还在练。70年代经常停电,团里蚊子成堆,我一个人摸着黑顶着被蚊虫咬的一身包练习身段和唱腔,过年过节也从不间断。功夫不负有心人,1979年武汉市文化局进行武汉市专业剧团中青年演员基本功考核,我唱了一段湖北大鼓,说了一段快板,然后用手风琴给康国权老师的二胡、张守元老师的独唱伴奏。这次考核我被专家评委团评为曲艺第一名。

那时,武汉说唱团胡必达、夏雨田、何祚欢三位老师誉满湖北。看着他们的表演,我暗暗下决心,一定要努力成为一个像他们一样受观众欢迎的演员。虽然进团安排我搞曲唱,但是我从小喜欢相声,内心深处一直没有放弃。没有相声资料,我就请顾耀宗老师带我去图书馆,借阅相声作品集,那时候没有复印机,更没有数码照相,只能用手抄。我抄了好几本笔记本的相声段子。平时老师们演出时,我就如饥似渴地看他们的表演,分析他们的表演特点,心里偷偷存着这个从未磨灭的相声梦。后来"四人帮"倒台了,说唱团准备排一台相声专场演出。一般的相声专场要求五个节目。那个时候的相声段子时长相对较长,演出时间至少在两个半小时,所以需要五对相声演员才能完成相声大会的演出。当时说唱团只有四对相声演员,还差一对。我就主动去找何祚欢的学生孙仲江商量,准备一起排一个相声节目参加相声专场演出。因为平时我们没有什么演出机会,而这次只要排个相声就可以上台演出,机会多么难得啊!我和孙仲江一拍即合,说干就干。

我们找到一段相声《动力研究》,常贵田、常宝华的作品,是谈恋爱观的。70年代末,爱情题材在文艺作品中还是禁区。这段相声大胆地涉足这一禁区,运用相声的手法批判了不正确的恋爱观,很受年轻观众的欢迎。我们认真排练,请老师们提意见,这段相声终于在汉阳区委礼堂和观众见面了。

我们是开场,但是效果还不错。虽然效果还可以,我们的自我感觉也良好,但是演出结束后,还是有人说:"挺好的一个节目,被他们演得稀烂。"胡必达就鼓励我们:"如果说你们这段相声演得很好,那是瞎话,更是害你们。你们没有学过相声,能有今天的表现绝对是下了力的,但是远远不够。还需加油!"短短几句话,给了我们巨大的鼓舞。在后来的日子里,我们反复地排练,反复地琢磨,反复地推敲,终于在台上稳稳地站住了。剧团领导看我这么喜欢相声,也算是块说相声的料子,更欣赏我那股钻劲儿,于是正式通知我学习相声,表演上向胡必达学习,创作上由夏雨田辅导。于是,1979年,我开始成为相声演员。

武汉汉剧院为表演艺术家陈伯华操琴的是钱西河,他的儿子钱乐从部队转业来到说唱团,成了我第一个正式的相声搭档。一次,夏雨田和我们聊天时说:"演员在台上要亮自己的特长,在台下要练自己的特短,你把特短变成了特长,那你就是艺术家了。"这句话点醒了我,要想说相声,要想在台上受欢迎,必须要找到能够发挥自身特点的节目。我的特点是什么?音乐方面比较强,我们就从这一点上突破。我们找到一段相声作品《爱情歌曲》,这是武汉军区胜利文工团吴效武、杨国栋的节目,我特别喜欢。我们把这个节目根据自己的特点进行修改、重新编排,没想到效果出奇地好。

1982年,说唱团贺征观摩北方片区曲艺调演回来。他拿着一卷开盘录音带非常兴奋地对我说:"陆鸣,你听一听,这是东北杨振华老师的一段相声。"杨振华当时火遍全国,知名度非常高。他和一位弹吉他的搭档合作,表演了一段相声《欢歌笑语》,第一次把吉他搬上了舞台。20世纪七八十年代,吉他被叫作"流氓乐器",而他居然把吉他搬上了舞台,因此引起了极大的轰动。贺征说:"陆鸣,他只是弹吉他,你会那么多乐器,你就不能搞一个全新的节目展示一下吗?"我反复听着杨振华的这个节目,反复揣摩,在稿纸上写下了四个大字:吹拉弹唱。

其实《吹拉弹唱》只是非常浅显地解释吹拉弹唱的演奏技法,表演了吹笛子、拉手风琴、弹吉他、唱歌的才能而已。没想到就是这么简单的一个创意,在团里掀起了轩然大波。一些老先生说,这叫相声吗?相声是语言的艺术,是两个人在台上说。在台上吹拉弹唱演奏乐器能叫相声吗?你抱着个吉他在台上扭来扭去的那算怎么回事儿?这是歪门邪道、旁门左道嘛!我没气馁,坚持把《吹拉弹唱》写完,并送给夏雨田看,夏老师非常认真地给我提修改意见,连打错的标点符号都给我改过来,说:"这个作品我觉得挺好,什么形式不重要,关键是观众喜欢不喜欢,接不接受。"

我们决定试一试。试一试可不是白试的啊。说唱团历来排新节目都是不花一分钱的,但是排这个节目,首先要买电吉他吧。1982年,电吉他180元一把,节目需要买两把,外带一个吉他音箱180元。当时我们的演出服是清一色的中山装,穿着中山装背个吉他,总觉得有点滑稽,于是还需要定制两套西服,180元一套。排这个尚有争议的节目竟然需要投资900元,而那年团里刚买的一架钢琴也不过900元,而当时我的工资只有36元。投入买一台钢琴的钱,排一个有争议的节目,值当吗? 好在夏雨田团长非常支持。我们把东西都买好,憋足了一股劲,一定要把这个节目排好,不能给领导丢脸。

《吹拉弹唱》的首演是在湖北十堰市二汽汽车总厂,我清楚记得那是1982年2月,很大的一个露天场子,有几千人。演出开始,我们怀着忐忑的心情上台,没想到效果好得一塌糊涂,用山崩地裂般的欢呼来形容绝不为过。特别是年轻人看到有吉他、流行歌曲,都忍不住为之疯狂。当时的流行歌曲还叫靡靡之音,于是我们就选取世界名曲,选取知名的抒情的外国名歌和我国当时最流行的影视歌曲,年轻人喜欢至极。《吹拉弹唱》一炮走红。

十堰市是我们赴西北巡演的门户。在二汽的演出红红火火,五天演出了八场,而且都是晚上,有几场是错开开演时间赶场演出,场面异常热闹。离开十堰,我们开始了西北的巡演。一路上,《吹拉弹唱》从开场到中场,再到倒二(晚会倒数第二个节目)。进西安之前,夏团长召集全团开会:"《吹拉弹唱》一路效果非常好,我提议从西安演出开始放在最后压轴。"有的老师提出质疑:"曲艺是有规矩的,压轴的演员一定是德高望重的。说唱团让陆鸣、钱乐他们两个年轻演员压轴,这在同行中怎么说得过去呢?"夏雨田团长毕业于华中师范学院(今华中师范大学),是我国相声界第一位大学生,他说:"演出应该从观众效果出发,试一试吧。"结果效果非常好,把整场晚会推向了高潮。

第二天,武汉说唱团和西安曲艺界开座谈会,西北笑星王木犊、石国庆老师说了一段非常有感触的话,他说:"我觉得武汉说唱团,最大的特点就是新。没有一点旧的东西,没有条条框框,没有论资排辈。比如说让陆鸣的节目压轴,这在全国相声界都是不可能的,这事只可能发生在武汉说唱团,我非常羡慕这个让人温暖的集体。"

在说唱团这个温暖大家庭里成长

我为自己能成长在说唱团这样一个温暖的大家庭里感到自豪,所以我发自肺腑地希望能为这个团队多做点什么。作为说唱演员,可能很多人觉得光鲜——上台有人鼓掌,演出结束还有人献花。但其实在20世纪80年代中期,我们是非常辛苦、非常可怜的。可怜到什么程度?装台、卸台、搬运道具都是我们自己干。

1987年,有一天我们在石家庄演出,第二天早上还要赶往旁边的一个县城继续演出。从武汉到石家庄,我们是坐火车,从石家庄到县城,我们包了一辆长途汽车,人坐在车里,行李也放在车里。那道具怎么办?我们就把大大小小16口箱子码在长途汽车车顶的行李架上。我们当时16个人,有4个女生,2个老同志,剩下的10个年轻人分配了16口实木做的道具箱。那箱子非常重,一个一个拉到车顶上摆好,用绳子捆好。我们坐上汽车不到半小时,还没松一口气,车就开不了了。原来是遇到了一座古城楼,城门很矮,长途汽车刚刚可以过去,但是我们车顶上堆了道具箱就超高了。这是唯一的一条路,我们必须从古城墙城门经过。那个时候,我们人都已经累瘫了。但是没有办法啊,我们又把箱子一口一口卸下来,车子开过城门去,再把箱子搬过城门,一口一口地举过头顶,再装上车顶。到了目的地之后,又要把道具搬下汽车,搬进剧场,马上装台,迎接晚上的演出。演出结束,已经不是精疲力竭可以形容了。

第二天,我们乘火车赶往下一个演出地点。火车站的工作人员说:"我们是个小站,工作人员不够,列车在我们站只停靠4分钟,你们需要自己搬运行李,要不然你们的道具就只能分批运了。"那怎么行,晚上就要演出,16口箱子一个也不能少啊!大家一商量,我们自己搬。火车一到,我们那个搬运速度把车站的专业搬运工都惊呆了。确实,我们常年做这个,搬东西还真一点也不比他们业余。道具刚搬上行李车,提醒开车的哨子就响了。我们又拼了命地跑到最后一节车厢,刚上车,火车就开动了。

还有一件记忆深刻的事情。一次在武昌演出结束后乘车回团,我们全部坐在货车车厢后面的箱子上,走到六渡桥,听到"叭"的一响,一根电线断了,像抽鞭子一样打在我旁边的箱子上,实木的箱子被打出一道深深的槽,而要是稍微打得再偏一点,我可能就一命呜呼了。所以当演员其实有很多辛酸。可能就是那时候超负荷地拼命,我落下了腰椎间盘突出的毛病。2005年曾发病过一次,疼得我起不了床,而我们当时正在黄石演出方言剧《活到就要活快活》,千名热情的观众在台下翘首以盼,我只能咬紧牙关,佯装无事地坚持演出,那种如数万钢针猛扎的痛苦,至今让我记忆深刻。

放弃高薪走穴,牵头走上艰难的曲艺改革之路

其实我是有机会改行的。从1987年开始,我先后录制了20多盘歌曲磁带,销量最好的单盘达到25万。在湖北音像出版社我与苏珊一起录制的《风趣对唱》卖火后,马上接到深圳乐团的邀请,邀请我和苏珊加盟他们的演出,每人每场500元。500元,在1987年是一个不小的数字。但当时是剧团最艰苦、最需要我的时候。我谢绝了高报酬的走穴,毅然接受了由大家民主选举的演出队长一职,带领大家一起踏上艰难的承包试点演出旅程。我们要先赚回演出队全体人员的工资1400元。我放着一天500元的外快不赚,带领着大家辛辛苦苦地完成每月1400元的指标,靠的是什么?靠的是信念,靠的是对曲艺的热爱,靠的是对武汉说唱团这个大家庭的依恋。更重要的是,我们肩负着振兴湖北曲艺的重任。

进入20世纪90年代,我的事业遇到了几次大的际遇。1991年我演出了夏雨田创作的相声《归国记》,反映的是伊拉克战争中我国从科威特撤侨的重大事件。原名叫《妈妈我想你》,《归国记》这个名字是胡必达改的。夏雨田是我国歌颂型相声的扛大旗者,而这段《归国记》绝对是夏雨田继《女队长》之后歌颂型相声的扛鼎之作。1995年,我带着这段相声参加了首届中国相声节,获得了金玫瑰奖,这段相声还获得了湖北"屈原创作奖"。1992年,我参加了当时红极一时的楚天广播电台《星期天特别节目》的主持工作,搭档是胡大媛,开始主持领域的首次尝试。

1993年,我开始主持江汉电视台(后更名湖北经济电视台)《缤纷快乐城》,

这是全国最早的电视综艺节目之一。当时武汉地区的电视综艺节目火爆异常，比如湖北电视台的《欢快今宵》、武汉电视台的《周末娱乐圈》、湖北经视的《七转大转盘》。1993年我演出了夏雨田为我量身定制的相声小品《多多关照》，并参加了1993年中央电视台春节联欢晚会。当年我、许勇、赵卫国、李道南在武汉市云都大酒店，一起正式拜姜昆老师为师。1992年2月，我被武汉市文化局任命为武汉说唱团副团长。

进入2000年，曲艺发展遇到瓶颈期，主要是受到电视的冲击。武汉曲艺人从来是敢想敢干的，电视不是火吗？我们因势利导就要把曲艺和电视联系起来。在夏雨田、何祚欢和武汉电视台的策划、操作下，双方合作推出了一档以曲艺为主的电视栏目《都市茶座》，这一做就是将近二十年。从当初的综艺，到后来的访谈，到现在的栏目剧，一次次改版，一次次提档升级，一下火了二十年，茶座里的故事情节和段子，至今被江城的父老乡亲津津乐道。《都市茶座》对我来说有更深一层的意义，一次《都市茶座》为市纪委办一台"清风做伴"的晚会，需要一首唱读书月的歌。田天很快拿出《书香满江城》的歌词，制片人马昌桥找到我，让我担任作曲的任务。我很快谱好曲，并请涂云伴奏、吴姿霖演唱，歌曲受到一致好评。接着，我和田天联手创作了《幺姑姐》《摆手舞，中国》等歌曲。

互联网的出现，冲击了传统媒体、传统艺术样式，曲艺又是首当其冲受到影响。曲艺观众越来越少，剧团演出越来越少，武汉说唱团同样面临这个问题。剧团有个规律，一段时间不演出，矛盾就来了。一段时间不演出，就开始留不住人了。2003年8月，我被任命为武汉说唱团团长。面对繁杂的诸多问题，面对日渐萎靡的演出市场，我们该怎么办？

经过一段时间的观察、思考、研究，我发现了一个可以抓住的档期，即贺岁档。当时冯小刚导演的贺岁电影非常走俏。我想既然有贺岁电影市场，我们为什么不能开发一个贺岁剧市场呢？那个时候全市各个企事业单位岁末都要搞活动，总结会、表彰会、答谢会，都会组织一台综艺演出，湖北全省就我们一个曲艺团，哪台晚会也少不了曲艺节目啊。而像我、田克兢等几个稍有名气的演员每年这个时候，演出邀请几乎是应接不暇。可是只有我们几个有名气的人在忙，其他同志没有接到演出邀请，剧团也基本闲着啊。我想我们能不能搞贺岁剧呢，尝试一下走市场。我表达了这个想法，得到了夏雨田老团长的大力支持，他历时半年创作了剧本《活到就要活快活》。

我拿到本子的时候，一大摞稿纸，全是夏雨田手写的。当时他的病情已经很严重了。据他夫人茅贵娴说，夏老师经常写着写着就睡着了。后来听医生说，那不是睡着了，是肝昏迷。我拿着那一大摞稿子，感觉沉甸甸的。不久夏雨田老师就离开了我们。我觉得这已经不是一个简单的走市场的需求了，这是向夏雨田老师交答卷。怀着对夏雨田的无比崇敬，我们请武汉话剧院李铁担任导演，全团上下团结一心，认真排练，积极准备。

既然是走市场，就要做广告。以前我们团是从来不做广告的。当时《楚天都市报》以每日30万份的发行量独领风骚，我的同学曹山旭是《楚天都市报》老总，我就跑去找他帮忙。曹总是个极有情怀的人，他说："文化事业需要支持，我们一起来做。"《楚天都市报》给了我们大力的支持，从排练到演员到看点，进行了全方位的宣传。

我们还在汉口江汉路办了一个观众见面会，当时也没有大型活动要报批的意识，搭个台就办起来了。没想到人山人海，堵塞了交通。这台戏一演出，火爆得不得了，一票难求。第二年马上有人问我们，你们还有没有新戏？我们马上趁热打铁，干脆利落地说，有！于是赶紧组织创作，演出了《杠上开花》，这台戏更加火爆。《杠上开花》由武汉艺术创作中心李冰编剧，京剧《徐九斤升官记》导演余笑予执导。

由此，武汉说唱团打开了贺岁市场，我们每年过完年就开始准备第二年的戏，慢慢做出了品牌。做贺岁剧有三大好处，一是留住观众，二是留住人才，三是繁荣武汉的演出市场。

贺岁剧是走市场的，但我们一直坚持正能量，无论是题材的确定，还是一个小小包袱的使用，我们都坚持要通俗，但绝不庸俗。2011年辛亥革命武昌起义百年，我们创作了辛亥题材的《一枪拍案惊奇》。2012年，我们创作了反映新中国发展面貌的《海底捞月》。2013年，我们创作演出了反映工会关怀职工婚恋的《非常勿扰》。2015年，纪念抗日战争胜利，我们创作了《鬼子进了城》等。十多年下来，十几部贺岁剧，台台戏出彩，个个剧火爆。

我们做贺岁剧渐渐在全国做出了名气，一些兄弟剧团纷纷效仿。但是曲艺这个行当相对来说比较保守，总有人怀疑我们演戏算不算曲艺。我们认为我们是国有剧团，国有剧团的责任就是要演好戏，演的戏观众欢迎，剧团才有存在的必要。

我们做得最好的一出，是2012年的《海底捞月》，以年代戏的样式，来反映祖国的进步。当时我们采取了很多方式进行宣传，比如首场拍卖。那个时候很多单位邀请我们演首场，所以我们就干脆搞个拍卖。新闻媒体、演出单位给了我们极大的支持。我们真的不是生意人。开始我们是从5万起拍，别人说太低了。我说差不多就行了，结果拍到15万还有几家竞争。最后拍到21万，武汉市演出公司一举拿下了首演权。后来我们又采取另一种方式，演出公司、武汉晚报、说唱团三家联合，各尽其责、齐心合力。我们当年演出了120场，票房收入1600万元。作为一个地方剧团，能坚持本行来取得这样的成绩，真的是非常不容易。当年《海底捞月》票房排全国话剧前十，台湾导演陈立华因为导演《海底捞月》成为当年十大卖座导演之一，我也被评为"全国演出管理百强人物"。

紧跟时代节拍，不断学习提高，创作曲艺精品

习近平总书记在党的十九大报告中指出："文化是一个国家、一个民族的灵魂。文化兴国运兴，文化强民族强。"文化被提升到前所未有的高度。悠久的民族文化越来越受到重视，优秀的传统艺术得到了很好的保护与传承。武汉说唱团是一个有着悠久历史与众多曲艺品种的专业曲艺团体。湖北评书、湖北大鼓、湖北小曲被评为国家级非遗项目。湖北渔鼓、湖北道情、单弦拉戏、武汉相声被评为省级非遗项目。市政府还专门为我建立了"陆鸣武汉相声工作室"，我将努力把工作做好，为传承中华民族的传统文化做出贡献。

近几年互联网飞速发展，我为了更好地宣传贺岁剧，便开始学习网络宣传的技巧。2016年，我因为工作关系，认识了交通运输部长江航务管理局宣传科科长高妞，她是新闻宣传尤其是网络宣传的一把好手。高妞是个山东姑娘，80后，我湖北大学的小学妹。这个小姑娘专业学的是法律，但文学功底很深，尤其是古典诗写得好，词句温润古朴，讲格律又有灵性。我觉得她简直是个奇才。

2016年7月的一天,湖北遭遇了特大暴雨的袭击,渍水成灾。我突然想与她合作一下,看能不能创作一首歌来为湖北加油。我把这个想法告诉了高妞,没想到我们一拍即合,当天她就拿出了歌词《湖北挺住》。

我拿到歌词,马上就被文字感动鼓舞了。于是我一鼓作气,一天时间内谱好了曲,做好了伴奏,录好了音,还配上一段抗灾的小视频发到网上。没想到点击量惊人,一上午就突破50万,这首歌也为我在网络上大量圈粉,这种网络影响是舞台演出不可想象的。从此,我正式开始了和高妞的合作,一年间我们创作了近20首网络正能量歌曲,点击量基本上都在50万以上。2017年12月,汉口中山大道即将开街。我出生在兰陵路,长在球场街,工作在兰陵路,而这两条路就在中山大道两边,因此我和中山大道有着非常紧密的联系。中山大道封闭改造了两年,我们都不知道中山大道改成了什么样子。后来市文化局领导布置给我一个任务,让我尝试写一首中山大道的歌,通过网络来跟大家分享。

我找到搭档高妞时,她有点犯难。她是山东人,虽然在武汉十多年了,但对武汉中山大道印象并没那么深刻,更别说深入了解。于是我应她所求找了几个老武汉人,一起坐着聊天,聊老武汉们心中的中山大道,以及与中山大道有关的故事。当时聊着聊着,我突然记起一首儿歌:"左看右看看不完武汉,紧走慢走走不出汉口……"脱口而出时,高妞的感觉一下子就来了,后来我又续上一句自己编的"七绕八绕绕不出中山大道",高妞作为开场旁白全写了进去。后来,为了写好这首歌,高妞一个人好几次跑到中山大道去找感觉,没多久就写出了《汉口老街》的歌词。我记得,当时一看到歌词,就忍不住拍案叫绝:这正是我想要的东西!于是,一晚上我就把曲子写好了。12月28日正式把歌曲推向网络,一天时间点击量就攀升到300万。

2018年4月,习近平总书记到武汉视察,对武汉来说真的是一件令人欢欣鼓舞的大喜事。习总书记强调提出,长江是中华民族的母亲河,一定要保护好。当天,我就在网络上发了一首我和高妞创作的歌曲《绿动长江》。这首歌其实我们2017年1月就创作出来了,当时湖北省两会上提出如何建设好长江经济带,如何打好长江这张牌。湖北广播电视台旗下的客户端"长江云"约我和高妞围绕这个主题写一首歌。一个星期的时间,我们完成了作词、谱曲、请洪凯老师做伴奏、进棚录音、长江云制作动画小视频。据"长江云"不完全统计,《绿动长江》网络点击量达到了 5000 万。

　　我在网络上除了发歌,还在新兴平台抖音上制作并发布了一些方言小视频。比如《武汉地名传说》,通过武汉地名的来历,来看武汉的发展,了解过去的武汉,传承丰厚的武汉文化。《陆鸣话武汉话》是向大家介绍常说常用却不常写的武汉字。比如"跕到"的"跕"字,大家都以为没有,但是确有这个字,而且是古已有之。我希望通过网络的力量,来宣传一个颇有文化底蕴的城市——武汉。

　　这就是我的曲艺人生,我是相声演员陆鸣。还有,阿拉是宁波人。

（本文作者：陆鸣）

国家中医师承导师的医者仁心
记武汉市中医院主任医师张觉人

张觉人,1954年5月生于武汉,祖籍浙江宁波鄞县(今鄞州区)梅墟。1975年毕业于武汉医师进修学院中医专业,2000年毕业于湖南中医学院中医内科专业,获中医内科学硕士学位。1975年至1987年,武汉市汉阳区第一医院中医科工作,1987年至今,武汉市中医医院内科工作。

武汉市中医医院内科主任医师,教授,博士生导师,第五届国家中医师承导师,湖北省知名中医。湖北省中西医结合心脑专业委员会常务委员,湖北省中医经典委员会常务委员,湖北省中医疑难病专业委员会常务委员,武汉市中医药学会常务理事。第五届武汉市劳动模范。

从医40年,潜心探索中医名家学说,结合现代医学研究,擅长治疗肺系病、胃肠病、老年病等,年专家门诊8000人次。出版《老年病中医防治学术思想》《中医脑病研究》《中医脑病治法》《中风先兆》《调神论》《中医学术经验继承方法研究》等学术论著9部。

参加"十五"国家科技攻关计划"基于信息挖掘技术的名老中医临床经验及继承方法研究"。主持完成市科技成果"滋阴填髓益脑法对大鼠局灶性脑血再灌注慢性损伤保护机理的研究",主持市卫生科技成果"老中医学术经验继承方法研究"。

百度人物上有两个"张觉人",都是医界精英,都是中医大家。出生于光绪三十二年的张觉人,16岁开始专习中医外科,成为我国著名的丹道医家。在武汉,有一个宁波人张觉人,生于斯,长于斯,成名于斯。他擅长治疗心脑病,如头痛、失眠、眩晕、中风、胸痹以及各种老年病,如脑动脉粥样硬化性精神病、脑梗死、老年性痴呆、老慢支、慢阻肺、肺心病等,是武汉一号难求的名医。两位"张觉人"并不相识,但冥冥之中似乎又心灵相通:悬壶济世,医者仁心。

一家三代宁波人的武汉情结

1954年在武汉市第二医院(现武汉市中心医院)出生的张觉人,呱呱坠地时并没有见到大海,没能站在中国大陆海岸线中段,眺望东边的舟山群岛和北边的杭州湾,没能感受中国大运河南端出海口和"海上丝绸之路"东方始发港的勃勃朝气,但宁波丰厚的人文积淀和悠久的历史文化似乎给了这个孩子江南水乡的灵气。因张家到他这一辈是"人"字派,父亲希望他更有悟性,起名"张觉人"。

1950年,一位怀揣理想的青年从上海财经大学毕业,分配到著名的武汉裕大华公司,这是一家在抗日战争中后期国统区最大的纺织集团公司。这个青年的名字叫张肇之,就是张觉人的父亲。跟随父亲来到武汉的,还有他的母亲俞翠云。他们在武汉安家立业,融入了同样是亲水城市的九省通衢大武汉。

张家祖祖辈辈生活在宁波。张觉人出生时,奶奶、外婆、叔叔、舅舅都在宁波,但从爷爷辈开始,他们和武汉就有剪不断的渊源。张觉人听父辈们说,早年爷爷就到过武汉,在江汉路一带既济水电公司打过工。直到抗战时,全家才回到宁波。回到宁波后,修了六间平房,像围屋一样,子女们都住在一起,是个和谐的大家庭。外公曾在远洋轮上当大副,懂得英、德、法三国语言。从父母那里得到的信息片段中,张觉人对故乡和亲人有了神往。

1984年，29岁的张觉人将自己的新婚之旅定为"回老家"！那时，祖辈最后一位老人——奶奶也去世了，母亲、舅舅、大姐、外甥还在宁波。张觉人记忆犹新的是，他和新婚妻子从上海坐船到宁波，清晨海鸥的叫声叫醒了他，宁波港到了。然后他们换乘乌篷船前往梅墟。"涂田中涨"一直是张觉人心心念念的地方，而现在那里叫"涂田涨村"。

听说武汉大医院的医生来了，村里乡亲一传十、十传百，都来找他看病。一次次把脉，一个个亲切地问候，张觉人用他的方式释放蕴藏在心底的故乡情和亲情。从早到晚没有停，喝水的工夫都没有，直到天完全黑下来送走最后一位老乡，张觉人被亲朋们灌了个酩酊大醉。

故乡就是这样烙在了心里。

在医路上一走就停不下来

张觉人的小学是在江汉区合成里小学度过的。中学是在武汉十九中学上的，这是一所有着华丽欧式建筑的历史悠久的学校。

1970年，张觉人初中毕业就下乡了，成为下放知青的一员。下放地点是位于湖北省赤壁市西南26公里的羊楼洞。这里是湘鄂两省交界之要冲，明清之际系蒲圻（今赤壁市）六大古镇之一，为"松峰茶"原产地，素有"中国青砖茶之乡"的美称，"洞茶"远销欧洲和西北边陲。20世纪60年代至70年代，武汉市先后有4500多名知青下放到羊楼洞茶场。记载羊楼洞繁荣富有的文字都是过去式的"曾经"与"有过"。下放时，羊楼洞只剩一条青石铺路的主街横贯南北，长约一公里，几条小巷依主街向四周辐射，隶属于蒲圻县赵李桥镇管辖，人口不足千人。平日街上只有寥寥几个前来参观游览怀古的游人，看街道两旁尚存的明清古建筑，看青石板街面留下的据说是当年运茶车轮碾出的凹痕，想象当年的模样。

知青岁月的艰苦，对张觉人而言是一种人生宝贵的经历。除此之外，他记忆中留下的还有当地盛产的茶，那是一种刻在骨髓里的身体记忆。一辈子行医与茶相伴，他爱茶、懂茶、惜茶，把茶的清雅宁静融到了骨子里。

作为优秀知青，他被推荐学医后，终于找到了自己终生奋斗的方向。1975年，他毕业于武汉医师进修学院中医班，分配至武汉市汉阳区第一医院中医科任中医医师。其间,他一边工作一边坚持业余自修,要把耽误的时间补回来。武汉图书馆的老馆员至今还记得,有个文文静静的小伙子总来借线装书。他攻读中医经典及金元明清各家学说,1985年11月被湖北省总工会授予职工自学成才奖。

1983年开始,张觉人用7年的时间,参加武汉职工医学院内经研究会、武汉市卫生局名老中医学术争鸣会的学习,受到武汉地区30多位名老中医如万文漠、李幼安、蒋洁尘等的教诲。1977年,他求师于徐精诚、章真如先生门下,几十年来学习、掌握了中医经典和各家学说的理论与临床研究方法。20世纪90年代初,他深受省市中医名家李今庸、张六通、孙国杰等的教诲,理论及临床能力日渐进步。

1997年9月至2000年6月,他在湖南中医学院中医内科专业攻读硕士研究生。其间,在导师吴子明教授指导下,他学习并掌握了运用现代科学研究传统中医药的方法。

历经39年的临床、治学,张觉人形成了自己的老年病及心脑病的学术思想,具有丰富的临床经验。以此传承,他培养了中医内科心脑血管专业硕士研究生18名,博士研究生1名,国家级师带徒2名,医院师带徒1名。

孙思邈的"大医精诚"是张觉人行医的座右铭,他十分注重医德修养。1979

» 张觉人工作照

年被共青团湖北省委授予"新长征突击手"称号,1982年被中共湖北省委、省政府授予"五讲四美积极分子",同年被市人民政府授予"武汉市劳动模范"称号,1988年3月当选为第七届武汉市政协委员。

他想让每个人都延年益寿

生长壮老已,是一种不可避免的自然规律。生命对于每个人都只有一次,人们都希望自己能够健康长寿。

张觉人从大量医书古籍中研究"天年"和"寿"的因素,发现东汉名医华佗"年且百岁犹有壮容",唐代孙思邈100岁时写成不朽医典。张觉人着眼于探索中医却病抗衰之规律,他的思维既不是单纯的临床思维,仅在表象概念的基础上进行综合、分析、推理、判断的认识活动过程,也不同于对某一疾病辨治思考的线索,而是将理论与实践有机结合,提炼出中医防治老年病的思想精髓。

他运用现代科学研究传统中医药的方法,结合近40年临床、治学经验,形成了自己的学术思想与临床经验,写出专著《调神论》,又相继出版了《中医脑病研究》《中医学术经验继承方法研究》《老年却病延年中医精髓》《中风先兆》《中医养生精华》《老年病中医防治学术思想》《中医脑病治法》等。

2018年11月14日,张觉人在朋友圈里写道:"明朝一位著名医家提出,医者的天职在于扶植生民尽享天年乎,这是为医者的最高境界。勿忘初心,年轻时受全国青联派遣到广西为长寿老人服务,时至今日,经我救治的患病者越过了百岁,内心难禁喜悦。"他展示了一张为百岁老人治病的照片。1913年10月11日出生的罗金玉老人在2012年曾因胃痛、消瘦求治于张觉人,那时老人已99岁高龄,来时奄奄一息,家人已在准备后事。但张觉人不放弃,他运用自己的调治方法,居然让老人"起死回生",不久就能正常进食,症状明显改善,直到2014年过完101岁寿诞才过世。

张觉人以为,人届耄年,已是五脏衰退、精气衰耗、精神败伤,主要器官的功能多处于衰退、低下状态。耄年之人由于形体伤惫,百骸疏漏,故极易感受病邪。而且,耄年患病的特点,往往是牵一发而动全身,而弱之体在低水平上所保持的相互协调、相对平衡的状态,一旦平衡遭到破坏,则诸病丛生,甚至急转直下,一蹶不振。基于上述病理特点,张觉人临证对老年之疾,每以先贤"固本扶正"法则为准绳,无不使其得享余荫。

2016年,86岁的杨某在家吃饭时猝然倒地,当即由家属扶起,发现已不能站立,手欲握物而不能,但神志尚清,请张觉人出诊。经治疗,86岁杨某患肢功能恢复,可以独自行走,生活基本自理,后未见反复。

张觉人年专家门诊8000人次,他认真对待每位病人,以学验俱丰严格要求自己。他的医疗经验源于他的学术思想。1991年他在《上海中医药杂志》上提出"诸阳之会阳易亢""清阳之府邪易蒙""精明之府神易病""精髓之海髓易空"的学术主张。临床对脑病的治疗以潜阳、通窍、调神、填髓为大法。而在老年病的防治方面,他遵循《内经》"年长则求之于府",且提出"抗衰治病一体""扶本顾标"及"反治"的学术主张。他从《清代名医医案精华》中探索出老年病治疗原则:欲解时邪,务必注重正气;善治杂病,贵在着眼脾肾;不攻补,均应顾护中州,并以此指导临床用药。他总结出中医养生思想精髓,如:养生之道,养先天与养后天,动养与静养,人与自然观,内养与外养,养神与养形,食养与药养,养精、养气、养神,少壮养与保护机理,等等。

张觉人认为,耄年之人由于衰体受病,故临床多见虚衰之象,所谓"衰者彰之",此种逆疾病症象而治的"正治"法,确为临床之常用方法。然而,实践表明,某些复杂严重的疾病,表现的某些症状每与病变的性质不符,甚至可出现一些假象。尤其是人届耄年,处于生命极期,"至虚可见盛候",有些患者临终前会出现"回光返照"或"残灯复明"等反常现象。对此,必须明察秋毫,细审脉证,透过现象寻本质,针对疾病的本质选方施药。例如耄年患便秘,往往是因为肺脾气虚而大肠传导无力引起的。又如某些耄年发热,并非由于阳盛,而是起于阳虚。对于气虚便闭者,只能以补开塞,而因阳虚导致的发热,也只宜甘温除热。凡此顺从疾病的征象而治的方法,通常称作"反治"法。他在实践中深感"反治"不失为耄年病治疗的又一特点。

每个时代养生方式不同,需顺势而为

张觉人认为,每个时代养生的特点有共通之处又有所不同。20世纪50年

代的养生,主要是谨防卒中而夭,60年代,当防心梗而折,而80年代,应防喘促而逝。年纪大了,机能衰退是正常现象,医学家要帮助老年人带病养生延年。

张觉人把这种老年病中医防治学术思想贯穿于他的临床诊治中。据长寿学家研究,人从30岁开始,机体的机能每年下降1%,待其丧失100%,就应当是130岁。过去的100年中,许多国家把人的平均寿命从40岁提高到70多岁,长寿的人逐渐增多。学者们总结这一突破的原因,不能不感谢抗生素的问世,各种疫苗的出现有力地改善了人类在病毒、细菌面前的处境。如今困扰人们的不再是传染病,而是一些中老年慢性病,如动脉硬化、高血压、冠心病、糖尿病、胆石症、胆囊炎、慢性胃炎等。因此,对相当一部分患有慢性病的老年人来说,若要长寿,必须带病养生延年。

张觉人认为,所谓带病养生延年,就是除了要注意一般性的养生原则与方法,还要有针对性地对所患疾病采取防范措施。他经常通过各种途径对老年人进行科普宣传:

一、养成良好的生活习惯。长期不良饮食习惯是造成血栓形成的重要因素之一。高脂肪、高胆固醇饮食可使热量过剩、血脂升高。久而久之,血管壁、血液成分和血液流速都会发生改变。饮酒过多,血液中的血红细胞可受到损害,会影响红细胞的黏合力,从而引起血栓。血液黏稠度增高,是诱发血栓形成的重要因素之一。他认为,不宜食用高糖食物,防止血液黏稠度增高。饮食不宜过咸,食盐过多容易导致血液凝滞。吸烟、不吃早餐等生活习惯都可使血液黏稠度增高而诱发血栓形成。平时饮食结构搭配要合理,荤素互食。晚上活动少,血液流动速度变慢,所以晚餐更不宜食厚味,应以清淡为主,多吃些含维生素的食物,如各种新鲜蔬菜及水果。

二、保证足量饮水。饮水不足则体内血液黏稠度会增高,囤积的废物也难以排出。如晨起空腹饮一两杯白开水,可降低血液的黏稠度,使血管扩张,以利于改善机体新陈代谢,减少血栓形成。

三、适当选用预防血栓形成的食物。如大蒜、洋葱、番茄、韭菜、芹菜、海带、紫菜、黑木耳、银耳、桃仁、山楂、香瓜、木瓜、草莓、柠檬、葡萄、菠萝、鲭鱼、沙丁鱼等,对降低血液黏稠度,减少血液中不正常凝块都有较好的防治作用。

四、适当参加体育锻炼。体育锻炼可增加血液中的高密度脂蛋白,对动脉硬化有极重要的防治作用。同时,还可提高血液中的纤溶酶的活性,以防止血凝过高,有效地预防或延缓动脉硬化。

张觉人在近 40 年的医疗实践中,始终对患者及学生强调老年人保持情绪稳定的重要性。他认为,情绪过于紧张、激动、大怒,都可以引起血管痉挛、血压骤升、血液变稠,从而影响人体正常血液循环,以致诱发血栓形成或血管破裂。他说,中老年人健康长寿,应做到心情开朗乐观,情绪保持相对稳定。

(本文作者:毛茵)

激光帝国的巾帼之花
记武汉华俄激光工程有限公司董事长付俊

付俊,女,1963年7月7日出生,经济学硕士,光电子高级工程师,现任武汉华俄激光工程有限公司董事长兼总经理。1983年9月至1987年9月,在武汉大学生物系遗传专业学习,本科毕业,获学士学位。2002至2005年,华中科技大学研究生院毕业,获经济学硕士学位。1987年9月至1994年12月,在中国科学院武汉植物研究所从事细胞的组织培养和生物化学研究工作。

1994年12月,付俊创办武汉众泰科技公司。2000年10月,创办武汉众泰数码光电设备有限公司。2008年5月,创办中俄合资武汉华俄激光工程有限公司。2012年5月创办武汉希利激光技术有限公司。2017年5月创办湖北华俄激光科技有限公司。

付俊是中国光学学会激光加工专业委员会常委,湖北省激光行业协会轮值会长、副会长,武汉·中国光谷激光协会副会长,湖北省科技企业家协会常务副会长、湖北省浙江企业联合会常务副会长、武汉市妇女联合会第十一届执委会委员、洪山区政协第八届委员会委员。获得"武汉市十大创业人物"、武汉市"三八红旗手"、武汉市"十佳创业女性"、"湖北风尚女企业家"等称号。

湖北省民建法律专委会副主任、民建中央企业家专委会委员。武汉宁波经促会副会长,武汉市宁波商会常务副会长,湖北省浙商协会常务副会长。

她的身上有很多标签,她曾获得许多荣誉称号。一重身份,一份责任,路兮漫漫,无畏担当。从一个人的柜台到创办激光产业集团,从不懂激光技术到缔造上亿元的激光帝国。25年来,她从一个青涩女孩成长为睿智的女老板,一个肩负社会责任的企业家。她就是付俊,武汉华俄激光工程有限公司董事长,激光界的巾帼之花。

从柜台到公司,辞掉"金饭碗"

付俊是宁波人,1987年7月毕业于武汉大学生物系遗传专业,并分配到中国科学院武汉植物研究所从事细胞的组织培养和生物化学研究工作。毕业后留在省城,而且分配到国家级研究所,这对于一个外地女孩来说,是何等的幸运!然而,一个偶然的机会改变了付俊的人生方向,她毅然辞掉已端了六年的令人艳羡的"金饭碗"。

1993年,一位深圳的朋友托付俊打听武汉开办刻制原子印章企业的有关情况,说这是一项效益可观的生意。经过市场调查,付俊发现,刻制印章属于特种行业,须经公安部门严格审批,还会受行政区域的限制,既不利于做大,也不利于做强。

不过在调查过程中,付俊敏锐地发现,原子印章材料在武汉还处于半空白状态。武汉市当时有200多家刻字社,而使用原子印章材料的企业只有8家。而且经营印章耗材没有诸多的限制,可以做成全国性的产业。付俊一阵惊喜,马上改为向刻字社推销印章材料。

她找父母借了5000元,分别从上海、深圳找来货源卖给武汉一家刻字社,第一笔买卖净收入2000元,这相当于她当时一年的工资!初尝胜果,付俊的创业激情一下被点燃,她找到了成功的乐趣,便辞掉中科院武汉分院的"金饭碗"。

"那时觉得日子枯燥了点,尽管对大多数人来说,那是一份很好的工作。"不安分的付俊在回忆起30岁那年"下海"的初衷时如是说。她从一个植物研究员摇身变成个体户,在鲁巷租了个门面,成立了"武汉众泰雕刻器材经营部",义无反顾地走上了充满艰辛的创业之路。

三年里,付俊一个人站柜台、联系业务,没日没夜打拼,终获第一桶金。1996年,付俊看到市场上出现了一种新设备激光刻章机,比起传统手工刻章,又快又好,完全可以取代手工刻章。

她一眼就发现了其中的商机,迅速成立武汉众泰科技有限公司,并招聘研发人员,开始研制激光刻章机。当年底,第一台激光刻章机面世。付俊和她的团队通过近半年的努力,又成功研发了一种体积更小,对多材料具有适应性,加工质量更优的激光刻章机。产品一出来,就立即被客户抢购了。

"众泰研发成功泛材料激光刻章机"的消息在业界不胫而走,引起国内激光行业的轰动。谁都不相信一个生物专业毕业,对激光一窍不通的"门外汉",竟然能发明全性能、泛材料的激光刻章机。直到有同行扮成客户到众泰科技明察暗访,这才诚服于付俊抢得市场先机的眼光。通过这一战,付俊"巾帼不让须眉"的名声在激光界响了起来。

从公司到集团,一炮而红

市场没有永远的王者,更没有一成不变的规律。2003年,刻章机品种越来越多,2000元一台的光敏机,一秒钟就可以出一枚印章。市场竞争进入白热化阶段。

"我宁愿冒险做别人没做的事,也不愿与人家进行价格竞争。"激光似乎有着一种神奇的魔力,吸引着付俊在这个领域里不断探索,她决定转型,寻找新的突破口。一次在广州参展,一名广告人来询问:"激光能不能雕刻一些花纹呢?"这句话打开了付俊的思路。

回武汉后,她向一些高校科研机构咨询,得到的答案是,该技术很成熟,大型制造中已被应用,但小设备市场还是空白。得知这一商机,付俊立即向科研机构购买该技术,开始转向生产工艺礼品雕刻机。这种机器可以在竹子、木头等材料上雕出美丽细致的图案。

再次一炮而红。付俊带领研发团队接着设计出一系列专利激光雕刻切割机。"现在我们已成功研发出六大系列近七十款设备,广泛应用于广告、工艺品雕刻、服装裁剪、绣花切割、皮革雕花等多个领域。"付俊说。在求变求新中,她的众泰科技发展为集团,产品远销亚、欧、美各地,打破了行业限制与地域限制,市场前景广阔。

付俊享受这种技术攻克后的喜悦和收获成功后的骄傲,她始终坚信"人生还有比挣钱更重要的事情","一切源于科技的魅力",喜欢挑战的她从经营印章材料到撑起一整个激光产业王国,事实证明她选对了方向。

伴随着市场的快速扩大,2006年,公司位于东湖高新区关南科技园内的新厂区举行了隆重的奠基典礼。整个工业园占地30亩,总投资7000万元。工业园的建成投产为公司快速发展注入了强大的后劲。众泰科技高速发展也引起了社会和政府的广泛关注,付俊被评为"2006年度武汉十大杰出创业人物"之一,2007年获得"武汉市三八红旗手"等光荣称号。她成功完成了从一个商人到企业家的转变。

自主创新,攻关"卡脖子"技术

都说每个企业家都是一盏灯。付俊深刻明白,公司越大,意味着责任越大,人们的期待也越高。她说:"每一个员工背后都是一个家庭,这些家庭对我来说是沉甸甸的、意义非凡的,而我必须要做好掌舵人,永不止步,带领大家朝着更高的目标前进。"

2007年底,金融危机初露端倪,付俊随湖北省科技厅、武汉东湖新技术开发区管委会、湖北省暨武汉激光学会共同组织的中国湖北省激光技术参展考察团,赴莫斯科参加"2007国际光子展览会"。

在访问俄罗斯期间,付俊敏锐地察觉到激光金属切割的市场前景和俄罗斯具有世界水平的激光技术的先进性,及时与俄罗斯TETA公司建立联系,并达成将大幅面激光切割技术引进中国产业化的意向。

经过一年多的谈判,武汉众泰数码光电设备有限公司、中国湖北中科对外

» 付俊（左三）工作照

科技合作有限公司、俄罗斯专家三方达成协议，创办武汉华俄激光工程有限公司。此后，华俄激光开始专注于生产大幅面金属激光切割机，国内研发团队多次赴俄罗斯学习大幅面激光切割技术，俄方也多次来武汉指导切割机样机的研制。该项目被列为中华人民共和国、独联体、东欧国家政府间科技合作项目。

通过对俄罗斯先进激光技术的引进消化、吸收创新，华俄激光在样机研制过程中实现技术创新和改进项目28项。2009年，中方第一台具有自主知识产权的大幅面金属激光切割机面世并实现销售。付俊代表华俄激光与武汉·中国光谷激光行业协会会长朱晓、中科对外交流中心主任邓智勇、俄罗斯技术专家等一同到客户现场考察设备使用情况，并组织湖北省科技厅专家对此项目进行科技成果鉴定，结论为"填补了该类型国内空白，技术水平达到国际领先"。该项目被武汉市、东湖开发区评为"自主创新产品"并获得国家专利。

2009年，华俄激光推出专利产品大幅面金属激光切割机，一经上市即得到市场的充分认可，首批生产10台，远远不能满足市场需求。为此，付俊再次投入资金扩大生产规模,将大幅面金属激光切割机投入量产,2010年实现销售收入2000多万元。

随着业务量的突飞猛进,公司进入了发展快车道。从2011年开始,公司逐步成功研制出YAG750W激光切割机、500W单驱/双驱光纤激光切割机、1000W/2000W/3000W/4000W全封闭交换式光纤激光切割机、管板一体机、专业切管机等系列精品,投放市场后深受业界好评,实现了对德国、波兰、西班牙等十多个国家的销售,并返销俄罗斯,年销售收入实现翻番。

公司也因超快的成长速度和极强的研发能力荣获武汉东湖开发区第一批"瞪羚企业"称号,通过国家"高新技术企业"认证。付俊凭借在激光领域做出的杰出贡献,荣获"湖北风尚女企业家"称号并当选为洪山区政协委员。

成为激光切割设备优秀供应商,是付俊当时的期望,显然她做到了。而付俊的最终目标是,成为全球的行业领军企业。"金字塔的顶端,越往上越难攀登,但我们不畏困难,目标终有实现的一天。"付俊豪情满怀地说,"按照华俄激光成立之初的长远规划,目前仅仅是万里长征第一步,要做就做全球领先。"

2012年,付俊调整研发战略,与俄罗斯方面达成深度合作协议,成立由华俄激光控股的中外合资企业武汉希利激光技术有限公司;从事激光腔体技术及相关器件的开发,投入大量精力钻研尖端激光焊接技术和激光焊接装备的研发、激光焊接工艺的探索以及激光焊接设备的推广应用,为新能源、光通信和消费电子等领域提供最快捷、专业的行业应用综合解决方案。

同年,华俄公司研发的两款产品获得"中国设计红星奖","大幅面激光切割系统"被列为东湖新技术开发区"科学技术发展专项资金"第一批创新项目,公司技术总监傅杰博士作为该系统主要负责人入选"3551"人才计划,公司俄罗斯籍技术专家西里切夫·奥列格博士与塔拉索夫·亚历山大·瓦西里耶维奇博士分获湖北省政府颁发的"编钟奖"。

付俊紧盯世界先进技术发展方向,以市场需求和技术领先为导向,加大加快产品研发创新的力度和速度,并始终维系紧密的中俄技术合作。2018年,华俄激光再次引进俄罗斯激光领域的顶尖技术专家,后续还将吸收引进更多外籍人才和国际尖端技术,针对激光智能制造"卡脖子"技术,进行中外联合攻关,促使华俄激光的产品成为中华领先、世界一流的激光智能制造装备,助推华俄激光提质增效、跨越发展!

自强不息,成就凌云之志

天行健,君子以自强不息。尽管华俄激光在付俊的带领下已经成长为一棵行业大树,但付俊从未因此稍做停歇,而是以坚守和执着的创业精神,绽放出灿烂的商界巾帼风采。

如今,全球激光切割技术不断成熟,为了满足客户的不同需求,华俄激光进一步丰富产品线,研发出超大幅面如 12030 光纤激光切割机,高功率如 6000W/8000W/10000W/12000W/15000W/20000W 全封闭交换式高速光纤激光切割机。

随着激光切割设备朝着自动化和智能化方向迈进,付俊带领研发团队经过两年的探索及研究,攻破技术难题,于 2018 年初隆重推出激光切割自动化产线配套解决方案:平板自动上下料高速光纤激光切割机、全自动专业切管机、自动卷料激光切割机等系列智能化产品。具备从激光切割到激光焊接、从 500W 至 20000W 超高功率的全覆盖能力,具备为客户提供智能化激光切割产线的软件编写开发、硬件设计制造的综合实力,迎合客户的多种选择和需求,推进智能化、自动化产品在行业的应用。

在产能方面,为满足市场需求,占领高端市场,付俊于 2017 年成立湖北华俄激光科技有限公司,与湖北京山市政府签下投资合同,建立华俄激光湖北京山激光产业园,用于生产大幅面、高功率激光切割机及激光切割自动化产线配套设备。产业园占地 10451 平方米,总建筑面积 12949.47 平方米,可年产激光切割机 1000 余台,实现产值 10 亿余元。

华俄激光的多方发力布局带来了订单的爆发式增长,公司逐渐成长为激光行业领导品牌,品牌的知名度、美誉度不断提升,品牌影响力逐步增强。这些市场表现,引来了客户的热捧,引来了同行的赞许,自然也引来了国内知名投资机构的关注。随着资本的注入,今后华俄激光的创新研发实力将进一步增强,一艘强大的激光航母将以勃发的英姿傲立商海潮头。

大国工匠,情系荆楚

中国激光看武汉,武汉激光在光谷。华俄激光起步于武汉·中国光谷。作为国内激光领域第一家中俄合资的高新技术企业,从2008年正式成立至今,华俄激光始终践行"创新、合作、共赢"的创新战略和"专注专业、精益求精"的企业精神,已经形成一套完整的产品和销售体系,斩获50余项国家专利,技术遥遥领先,产品热销国内外,创造多项行业辉煌。多位省市级领导人莅临华俄激光考察,勉励公司继续向世界一流激光企业迈进。

公司推出的激光切割机系列,助力钣金加工行业,为钣金加工领域提供最快捷、专业的行业应用综合解决方案,产品不仅热销国内,且远销北欧、东欧、北美、南美、南非、东南亚等地区的30多个国家并返销俄罗斯,国际市场占有率逐年攀升。

公司秉承"诚信为本、品质为本、创新为本"的企业宗旨,凭借雄厚的技术实力、专业的客户服务及自主技术创新体系,始终走在行业领域的前列,连续五年成为武汉市东湖高新开发区"瞪羚企业"、国家级火炬计划及省"十一五"科技攻关项目承担单位,获批"国家创新基金重点扶持项目""武汉市中小企业发展专项资金项目"。

成功的路上没有一帆风顺,对企业家来说更是如此。从草根创业到行业翘楚,付俊带领华俄激光携艰辛与璀璨前行,遭遇了多少坎坷曲折,就收获了多少掌声认可。

她非常看好激光制造行业在湖北武汉的发展前景,"湖北作为中部崛起的领头羊,可以承接沿海地区产业转移,也可以给西部地区提供经济发展的支撑,特别是在今天这个产业升级、经济转型的时代,具有特殊意义。"付俊认为,"湖北科技优势和区位优势明显,人才的聚集和九省通衢的交通枢纽是其他地区无可匹敌的。"

眷恋一座城市,不是因为它的繁华。付俊说,她作为早期来汉发展的宁波人,初来乍到时不免感怀家乡。但伴随着求学、创业、经商、安家,在武汉奋斗的日日夜夜,这里的街头巷尾都给了她"家"的感觉。武汉的长江、东湖、黄鹤楼、老汉口、新汉街……一事一物已经深深刻在她的脑海里。

现在她对湖北、对武汉有着很特别的感情,付俊表示"一定要为我们深爱的地方贡献所长!"前方的路虽苦乐参半,但激励前行的是承载着梦想的不变初心——专注于激光智能制造领域,做大国工匠!

以人为本,厚德载物

"人才是企业的财富,也是企业得以运作、发展、持久的基石,我们只有解决了'人'的问题,才能解决企业的发展大计。"付俊说,"创办优秀的激光专业培训学校,为学生提供实践平台,为企业输送技术人才,是我一直以来的心愿。"

早在华俄激光成立之初,付俊便积极整合公司优势资源,自筹资金,开办武汉乐博职业技术培训学校,定期聘请华中科技大学光电学院的教授来校授课,也从公司选拔有实践经验的专业技术人员为学员做定向辅导,培养激光应用方面的专业人才,开创了激光行业自办学校的先河。通过与大学、专业职校等的配合,为广大学生提供免费就业实习的机会,提高学生的实际操作能力,也为公司以及整个激光行业提供大量的专业人才。

作为公司的创始人,付俊的行为举止无形中变成华俄激光企业文化的一部分,而她的人格魅力也加强了企业持续发展的凝聚力和感召力。公司近几年年会始终保留一个固定的环节,付俊亲手给工作满十年、二十年的员工颁发千足金纪念金牌,感谢他们对企业金子般的赤诚,邀请员工家属参加公司的团年饭,对公司员工的喜事送上真诚的祝福,对员工伤病困难尽企业所能予以帮助。这些对后院绿杨一枝一叶的关爱,是润物细无声的关怀,也是她真挚情感的流露。

"企业从社会中来,最终仍要回到社会中去,这不仅是时代发展的要求,也是企业的责任。"付俊在公司高速发展、创造财富的同时也不忘反哺社会。她谈及自己创业的经历时说道:"我们这一辈人,年轻时候的理想很朴素,国家培养了我们,就要回报国家。"这种胸怀天下的精神在她的职业生涯中从未缺席。

多年来,付俊在安排下岗职工、残疾人就业、自然灾害慈善捐款、关爱贫困儿童学业问题等方面承担起一个企业家应有的社会责任。积少成多,聚沙成塔,华俄激光的规模日渐壮大,连续多年每年为武汉市政府贡献数百万的税额,成为纳税大户,默默践行利国利民的准则。

每每谈到这些,她总是表现得很平淡,说得最多的一句话是"我还做得不够,这是我应该做的"。"实干强于空谈,机遇转瞬即逝,我们要快!"她睿智潇洒,用独特的智慧完善自身,壮大企业,发展事业,丰富生活,服务社会,创造属于自己的辉煌人生。

她在历经磨炼中脱胎换骨,成为一名沉稳果断、积极向前、永不言败的成功女性。展望未来,付俊仍不忘实业报国的初心,牢记技术强国的使命,加强激光核心器件技术攻关,引领武汉激光制造业发展方向,为中国制造迈向中国创造贡献更多力量。

一滴水,虽然微小,却可以折射出太阳的光辉;一缕光,虽然弱暗,却可以指明希望的方向。付俊用实际行动支持公益,履行社会责任,给需要帮助的人们带来温暖和希望,也阐述着自己的人生态度:以人为本,厚德载物。

有志者,事竟成,破釜沉舟,百二秦关终属楚;苦心人,天不负,卧薪尝胆,三千越甲可吞吴。两个历史典故,昭示了通向成功的道路总是艰难和坎坷的,只有不怕困难、意志坚定的人才能最终达到目标,只有这种在苦难中磨炼出的精神才会释放出空前的创造力。

作为我国工业激光切割领域知名企业家,付俊以敏锐的战略眼光、卓越的领导才能,带领华俄激光一步步走向辉煌。25年的艰苦创业,从一个人的公司到如今的激光产业集团,付俊多了一份宠辱不惊的从容与淡定,但是她没有丝毫的懈怠与放松,反而觉得身上的担子更重。居安思危,为了保持企业的可持续发展,她一直在寻找企业跨越式发展的途径,提出"抢抓市场机遇,实施技术革新,创建学习团队,铸造中国名牌"的企业经营理念,不断进行技术创新、产品创新、人才创新,使公司一跃成为国内激光领域工艺水平拔尖、技术实力强大、产品结构齐全、销售网络广阔的专业激光智能装备制造商。

相信,在不久的将来,秉承着企业家精神的付俊,一定会带着华俄激光的品牌魅力,在激光界的国际舞台上傲然前行,尽显巾帼风采!

(本文作者:华俄)

小豆芽,让市民生活更如意
记湖北玉如意农业集团有限公司董事长余建栋

余建栋,1971年5月出生于浙江宁波慈溪,自考本科学历,高级经济师,芽苗菜专家。第十二届武汉市政协委员,第四届武汉市新洲区政协常委,新洲区首批问津英才获得者,武汉市优秀中国特色社会主义事业建设者,武汉市优秀农业产业化企业家。

现任湖北玉如意农业集团有限公司董事长、武汉市宇博电器设备有限公司董事长,武汉业内人称"豆芽大王""插座大王"。玉如意农业集团是国家高新技术企业、省级农业产业化龙头企业,2015年1月新三板挂牌。

余建栋曾主持"优质豆芽生产关键技术与工艺研究""豆类黄化芽绿色高效工厂化生产关键技术研究"项目,联合发表论文《8种常见芽菜致病微生物的分离鉴定》,出版书籍《芽苗菜产业与产业化工厂生产》,获2项发明专利,8项实用专利。

武汉宁波经促会副会长,武汉市宁波商会常务副会长。

1994年4月,23岁的余建栋准备到武汉创业,朋友们很惊讶,"天上九头鸟,地上湖北佬",他们印象中的湖北人是很霸道、很滑头的。附近的上海、杭州都可以去,何必去那不熟悉、人又"恶"的地方。余建栋自有他的情怀。熙熙攘攘汉正街,萋萋芳草鹦鹉洲,武汉商业氛围的吸引和为验证语文课本上的美好,余建栋怀揣着对创业前景的憧憬,道别父母,离开家乡,坐着卧铺客车,一路颠簸,风尘仆仆,来到了陌生的武汉。

武汉城市既繁华又陌生,与余建栋当时熟悉的上海、北京比,感觉有差距,但武汉九省通衢、高校众多、商业氛围浓厚。日后发展机会多的潜意识,让这位宁波后生萌生了一定要在武汉开辟一片天地的想法。

某日,余建栋无意间路过汉口前进五路,忽然发现一幢欧式历史建筑的墙上有一块武汉市文物保护单位的铭牌,上面豁然写着"汉口宁波会馆旧址"。对着碑文他了解到这是1924年建成的武汉宁波同乡会的会所,民国时期国民党宁波籍最著名的老乡都曾在此下榻,由此可见当时这个会所的重要性。附近繁华的江汉路上,还有当年的四明银行汉口分行住宅区宁波里,曾居住了几代宁波人。

巧合的是,转过一条街来到前进四路,这里是汉口电子市场一条街,在这里他见到很多店铺在销售产自宁波的移动插座。经过与店铺老板的交流,他得知移动插座在这里的市场销量非常大,辐射到省内各地县及周边的河南、湖南、江西等省,但头疼的是有的插座质量不好,存在退换货较多和用电安全隐患等问题。余建栋心一动,这些插座正是我们老家的优势产品,如果能找到注重质量的供应厂家合作,这可能就是立足武汉的一个切入点。没错,正是这里奠定了余建栋后来武汉"插座大王"的地位。

后来,余建栋通过一些历史书籍了解到早期"宁波帮"在武汉的贡献和声誉。沈祝三为建武汉大学信守合同,不惜倾家荡产;汉口沿江大道的欧式建筑,基本出于宁波建筑商人之手;武汉建设的全国最大的发电厂、最大的自来水厂、最大的火柴厂,都是"宁波帮"作为发起人和大股东……他倏然感到骄傲和钦佩,心想在武汉创业可不能丢了宁波商人的脸,一定要诚信经营、合法经营,学学前辈,也做一个武汉第一的产业。

在这样有着浓厚"宁波帮"元素的城市创业,让远离宁波的余建栋心里感觉踏实。他定下心来,进商场签柜台、租仓库,联系老家质量相对好的厂家发货,找寻潜在客户联系业务,余建栋在武汉的创业开始啦。因余建栋为人本分、做事公道,客户愿意和他业务来往,甚至有的打听着来找他合作,业务不断扩大。随着插座销量越来越大,次品也越来越多,甚至发生了质量事故。余建栋经销的虽然不是三无产品,但"相对好"的质量还不够好,同质化的价格竞争越来越激烈,插座的生产厂家手续不齐全又进驻不了武汉的正规商场。余建栋深深感到,没有好的质量、没有好的品牌是没有出路的,一定要找一家各方面都更好的供应厂家合作,对销售产品进行升级。

功夫不负有心人。1996年春节,他回宁波慈溪老家,在慈溪遇到成立不久的生产移动插座的公牛电器厂厂长,结下了不解之缘。厂长阮立平毕业于武汉水利电力大学,虽然当时只有三五间厂房,规模还像个小作坊,但阮立平的远见卓识让余建栋折服,创业理念与他一拍即合。在国家有关政策的大背景下,移动插座市场乱象终将由乱转治,这个企业"要做用不坏"的插座,做的插座"要保护电器,保护人"。公司推崇的"忠信诚和,专业专注"的文化理念,让余建栋觉得这个企业可以放心合作。

余建栋果断签约,并马上注册了自己的公司,成了公牛牌移动插座湖北地区总代理。果然,公牛品牌在阮立平董事长的带领下,很快成为国内高档开关插座、转换器行业的佼佼者。但是,公牛插座刚出来时并不好卖,好多做了代理的人因为价格高、市场推广难而中途放弃。在武汉,余建栋同样遇到了这些问题,公牛插座比普通插座贵两倍以上,原来的批发渠道打不开,几个月下来销售寥寥。余建栋对公牛品牌的质量充分信任,分析问题所在,决定在销售渠道上做文章。

20世纪90年代中叶,武商集团所属的武汉广场,连续多年全国商业单店销售额第一,是武汉商业销售的引擎、品牌销售的风向标,它对产品质量及售后意识极强。余建栋敏感地意识到,宁波公牛集团公司生产的公牛牌插座质量优异,只要武汉广场能进货,其他商场都会"跟风"。

余建栋使出浑身解数,叩开了武汉广场的大门。不过两月,公牛牌插座进驻了全市所有商场。之后,因为信任大商场的选择,一些小经销商和消费者到批发市场寻找公牛插座,就这样倒逼武汉几个电子批发市场的一些大户,从原来不敢进货到主动要求进货,各地市县的客户也纷纷来人来电话进货。公牛销售网络在武汉乃至湖北地区逐渐铺开。如今,公牛销售量达到湖北地区移动插座市场65%以上,牢牢占据"湖北第一"的位子,余建栋也因此被圈内称为"插座大王"。

小豆芽实现做实业的大理想

2010年开始,已迅速发展壮大的宁波公牛集团公司,将原来所有省级代理降格为市级或县级代理。作为公牛公司的老代理商,余建栋能理解公牛公司的做法,这样销售渠道实行扁平化,让渠道下沉,使产品更接近消费者,同时便于厂家对市场的管控,可防御竞争对手渗透。但对于一个有想法的人来讲,自己建的渠道日后都会变成上游厂家的渠道,失去渠道也就失去了做代理商的价值。余建栋一直有个实业梦,这次被降格为市级代理商后,他更坚定了要创办自己的实业的想法。

他想创办自己的实业,想有自己的"根"。因为从小在农村长大,对农业有根深蒂固的情结,他的眼光瞄准了现代农业,突破口是餐桌上的小小豆芽。如今,武汉的超市、菜场里70%左右的豆芽都有一个很好听的名字,叫"玉如意",它们都出自余建栋的玉如意农业集团。

2007年,武汉市有个别黑作坊生产有毒有害的"药水豆芽"流向市场,相关报道引起武汉市委、市政府的高度重视,为保障消费者"舌尖上的安全",专门成立武汉市放心豆制品领导小组,组织调查研究,出台相关政策。其中,要求扶持培育8至10家日均投料10吨以上的大型骨干豆制品加工企业(含豆芽)、规范

» 余建栋

升级 10 家特色豆制品加工企业（含豆芽）。

一直瞄准市场机遇的余建栋，看到了其中的商机。由于豆芽是武汉市民餐桌上十分喜爱的农产品，在整治的同时必须培植大的豆芽生产企业，按照标准化生产，产品监督有源可查。但豆芽生产利润不大，且投资金很高，风险也很大，一般企业不愿涉足。余建栋经过一个星期的昼夜市场调查，了解到武汉市场豆芽每天有 200 吨左右的容量，销售额全年在 1.5 亿元以上，如包括 200 公里内可辐射到的周边城市，全年销售额应在 2.5 亿元以上。真可谓，小豆芽大产业，小豆芽大民生。农业生产在当时有这样一个年销售额还是不错的，况且还是工厂化的现代农业，应该是个好项目。

了解了市场容量，他又观察了一些小作坊豆芽的制作销售现状，为了高产、不烂、好看，多少都会添加一些违规的药品，作坊主在生产中普遍患上皮肤病、关节炎。他意识到生产工业化发展是条新路，工厂智能化生产豆芽完全有别于农田作业。余建栋经过对市场分析和外地学习考察，决定投资豆芽工厂智能化生产项目。

对于投资农业,每一个经商的人心中都很清楚,它的投资回报周期长,依靠规模化和全产业链整合才能做出经济效益,但真正有实力的农企并不多。大部分农业企业产业链相对单一,财务风险比较大,如果没有优秀的管理能力和强大的资本作保障,农业投资很容易陷入困境。获准成为政府扶持培育的对象之后,2007年11月湖北省玉如意绿色食品有限公司成立。从创建之日起,公司就定性为一家专注于各类芽苗菜研发、生产、深加工、生物制品萃取及技术培训成果转让的科技型企业。"只有科技兴农才能走出投资农业的困境,只有发展现代科技农业才符合未来发展道路。"余建栋说。

有志者,事竟成。在武汉市新洲区招商引资政策的感召下,在市区两级农业局、武汉市豆制品办公室及有关职能部门的大力支持下,余建栋投资6000万元,在新洲区汪集工业园建成了一家全国规模最大、技术领先的工厂智能化豆芽生产企业,日产芽菜200吨的智能化生产线于2009年8月正式投产。

每项"唯一"背后,注定要比别人付出更多的努力。豆芽作为速生菜,余建栋能把它做成"唯一",究竟是怎么做到的呢?

"豆芽对温度、湿度、水质以及保存环境等要求非常高,豆芽烂和豆芽脆是困扰规模化生产的两大技术难题。"余建栋说。为了攻克难题,他查阅大量资料,请教专家和豆芽师傅,并和武汉华中农业大学、武汉农科院开展校企、院企合作。他同公司技术骨干扎根车间,吃喝睡都在厂里,模拟豆芽自然生长环境、采用不同产地豆子进行了上百次试验,最后掌握了不同环境下豆芽的生产规律,摸索出一套促使豆芽高产高品的生产、清洗方法。同时,因为余建栋和团队善于总结思考,在实践中获得了2项发明专利、8项实用专利,对企业增加效益起到了推动作用。

小小的豆芽凝聚着无数的心血和智慧。为了让消费者放心食用他们精心生产的豆芽,并有别于小作坊的豆芽,余建栋决定给它们上"身份证",他注册了"玉如意"牌商标。余建栋说,玉代表冰清玉洁,代表品质,如意是豆芽的形状,同时也是吉祥之意,整体寓意就是高品质的豆芽给予消费者吉祥如意的生活。为追求好的品质,各个生产环节他都不敢马虎。在工厂建立产品追溯系统,让消费者扫二维码便知道豆芽的生产过程。每个销售网点都有产品的流通许可证。包装袋上明确印有"不添加催生素,不用漂白粉荧光增白剂漂洗"等字样。

在余建栋看来,自己生产的豆芽能够贴上"身份证",得益于从原料基地到生产环节的"绿色无公害"。余建栋介绍,为了确保质量,公司在东北建有专门的原料生产基地,坚持豆芽7天自然生长期,用自打的地下井水淋水等,各环节质量以严格的程序控制。

"豆子从进仓、浸泡、孵化,我们全程都给豆芽听音乐。"余建栋这样描述自己豆芽的特别之处,"近年来有人尝试让果树听音乐,实践发现,结出的果子更香甜。我受到启发,于是也尝试给豆芽听音乐。"余建栋笑着说。

在竞争中开辟广阔天地

有市场就有竞争。但玉如意牌豆芽上市竞争的激烈程度,仍让余建栋始料未及。由于模拟自然生产,生产周期比市面上添加生长激素的豆芽长,产量也要低很多,因而玉如意豆芽批发价格要比同行高0.1元至0.2元,价格处于劣势,导致上市时每天只有十几吨的销量,每天出产的200吨豆芽根本卖不完,只能眼睁睁地看着它们烂掉。

开公司建工厂,你可以在国家法律、政策许可下任性地开始,但市场未必领你的情、买你的账。在全套仿生态封闭环境、智能化作业的生产车间里,余建栋看着自己和生产团队研究孵化出来的黄豆芽、绿豆芽万分着急。因为这种生产周期七天、保质期只有三天的娇嫩嫩的豆芽,它的市场还散落在各地小作坊商手中。"我们当时就处于生产得出却销售不掉的窘境。毕竟市场不会轻易接受一个新品牌,小作坊商也不会轻易退出市场,别人也要吃饭嘛。"余建栋说。

为开拓市场,余建栋将市场划分为三块,采取切香肠战略一节节攻破。首先是市区两级政府机关、企事业单位食堂,其次是市场上各大中型超市,最后是小作坊商供应的菜市场和零散的小超市。在市政府"放心豆制品"工程的支持下,玉如意牌豆芽很快进入机关单位和超市,但是难就难在小作坊商供应的集贸市场上。

小作坊商生产的豆芽虽然食品安全问题频出,屡遭消费者诟病,但这是作坊业主赖以生存的来源,他们绝不会自动放弃。余建栋很清楚这一点,所以在攻克这块市场时,他并没有借市政府文件的规定,采取简单粗暴的打压政策。"这样只会导致恶性价格竞争,质量没保证,使消费者和生产者两败俱伤,这是不明智的。"余建栋说,"我们采取一个互惠双赢的政策。所谓互惠双赢政策,就是步步为营,与小作坊商一个一个谈,将他们转变为玉如意的代理商。"也就是说玉如意以一个双方都可以接受的价格成为供应商,他们维持自己的市场不变,只是不用再自己生产豆芽,而是从玉如意进货。一方面,玉如意有量产的能力,可以充足供应市场需求;另一方面他们可以在减少时间、精力和劳动力投入的基础上,获得和以前自产自销相当甚至更多的收益。"自己不生产,表面上看,他们压缩成本、扩大利润的空间被挤压掉了,但他们的实际收益扩大化了。人工小作坊需要人和水、添加剂长期打交道,关节炎和皮肤病成了他们的职业病。加之拖家带口,牵绊着一家几口劳动力。从这种意义上讲,他们的收益是增加的。"余建栋说。

找到问题症结,余建栋迅速出拳。收编武汉豆芽市场上约200家小作坊,他一家一家找上门,劝其停止作坊式生产豆芽,承诺按照市场价收购其原料和生产场所,并将其吸收转化为"玉如意"的经销商,实现合作双赢。

但步步为营的面谈也并非一呼百应,甚至出现个别小作坊商合作一段时间后又自己生产,个别小作坊商先在玉如意大量赊货然后逃之夭夭等违约情况。收购全市小作坊商的过程,耗费了玉如意大量的人力和财力,以至于投产三年后营收才逐渐持平。"前期基本上是在困境中硬着头皮迎难而上。"余建栋说。

经过整编,玉如意共收编了全市150多家小作坊。这种统一监管加工销售某种农产品的模式,在湖北省也是首创。

余建栋不是时代的英雄,却属时代的弄潮儿。他以搞好农产品食品安全为宗旨,以抓好产品质量为核心,以做大做强龙头企业为载体,以带动农民致富为己任,演绎了动人的打造湖北"放心豆芽"工程序曲,令人叹服和钦佩,堪称湖北"放心豆芽"工程的推动者。因成绩突出,余建栋被推选为武汉市政协委员、武汉市新洲区政协常委。

余建栋有着强烈的事业心和责任感,企业的发展凝聚了他的远见卓识和孜孜不倦的奉献。为了打造"放心豆芽"工程,余建栋始终围绕一条产业化模式,重点抓好三个关键环节：

一、建设大基地，把好品质关。玉如意公司设计规模为日产豆芽200吨，需豆类20吨，每年需豆类8000吨。如产业达到规模，2万平方米的生产车间，相当于3万亩土地的产出，也相当于节省土地3万亩。

二、管理现代化企业，强调突出标准化，把好生产关。在生产过程中重点把好优质的芽豆关、纯净的水质关，生产全程电脑监控，从根本上保证消费者食品安全。

三、抓好品牌的品质。严把原料关，严格按照豆芽标准化生产，环环紧扣。

如今，湖北玉如意芽业科技股份有限公司已是武汉市"放心豆制品工程"重点扶持企业，公司的产品质量深受消费者青睐，"玉如意"牌豆芽深入消费者日常生活，占领70%武汉农贸市场和部分机关、事业单位、高等院校食堂，并且销往武汉城市圈（武汉"8+1"城市圈）的8个大中型城市。公司依托武汉市新洲区当地资源，服务新洲农业，推行"龙头企业＋基地＋农户"的模式，流转3000亩土地作为果蔬种植基地，实行订单式经营，既解决农民种菜难、卖菜难的问题，又让2000名农民致富增收，而企业发展也得到了保障。在人员安置方面，公司现有正式员工180人，还收编了一两百个豆芽小作坊家庭，安置其中的400余人参与农贸市场的销售及产品的运输，实现了良好的社会效益。

远见和勤奋，使企业驶入智能化发展快车道

余建栋认为，一个真的企业家，既不是寻求个人的飞黄腾达，也不能被时代淘汰。一个优秀的团队，必须是一个有丰富知识底蕴的团队，每个人都需要不断充实与学习。基于这一思想，他以锲而不舍的精神，通过各种方式勤奋学习，给自己充电。在繁忙的工作之余，他挤出时间，先后学习了企业管理、经济管理、财务管理、信息管理等多方面知识，使自己的综合能力和管理水平有了质的飞跃，提高了驾驭企业运营的能力。

余建栋在加强自身学习的同时，更注重建立一支知识化、专业化、年轻化的高素质员工团队。为此，他将员工教育和培训工作列入企业长远规划，指导制订详细的培训方案，利用员工业余时间，坚持业务培训和文化知识学习。他

还通过选送、定向培训等形式,选拔业务骨干和优秀员工到相关培训机构学习。正是这种求贤若渴的人才意识和"以人为本"的企业价值观,使湖北玉如意芽业科技股份有限公司造就了一支懂业务、会管理、多层次的具有团队精神的员工队伍,实现了企业和员工的"双赢"。

湖北省玉如意芽业科技股份有限公司已是一家国家高新技术企业。公司在已有知识产权"优质豆芽生产关键技术与工艺"的基础上,从原料清洗、消毒、培育、孵化、发芽、去壳到产品包装、质量检测、冷链运输等各道生产环节,均实现了智能化、工厂化、规模化的物联网模式。

为丰富产品,满足市场需要,公司不断研发新的芽苗菜产品。近期,黑豆芽、青豆芽、豌豆苗、花生芽、五彩豆芽等产品,已陆续销往全市各批发零售农贸市场和超市,以供不同人群选择。

余建栋介绍,"玉如意"还将继续大力推进智能化豆芽生产,增加研发投入。将通过联合高校等科研机构,研发豆芽生物萃取技术,生产高附加值豆芽生物制品,在打造生鲜豆芽品牌的同时,将产业链延伸到高附加值生物制品,向生物技术企业转型。

不忘初心,方得始终。玉如意作为湖北省农业产业化重点龙头企业、武汉市"放心豆制品工程"重点企业和武汉市"菜篮子"工程重点企业,事业不断发展,而余建栋时刻不忘回馈社会,当各界有困难时,他都会伸出援助之手。他为地震、雪灾、洪灾等受灾人员以及困难户、贫困大学生、环卫工等捐款捐物,至今已达数百万元。

展望未来,余建栋有新的规划和布局。湖北玉如意芽业科技股份有限公司将以武汉为中心,充分发挥已有的品牌效应,做大主业,在全国范围内建立或合作豆芽生产基地。在保持新鲜豆芽市场全国领先的情况下,加大研发投入,开展豆芽深加工项目和高附加值的生物提取项目,让一个小豆芽做出真正的大产业。

(本文作者:毛茵)

再创业是一种社会责任
记武汉三江联合展示工程有限公司董事长江安林

江安林,1969年10月出生于浙江宁波象山。武汉市宁波商会秘书长、常务副会长。在任期间,发扬帮扶精神,让商会成为宁波商人助力企业做强做大的娘家人,拓展会员企业的市场空间,加强甬商责任意识,倡导奉献社会服务他人的精神。

2011年,江安林选择在汉注册成立武汉三江联合展示工程有限公司(下简称三江联合),业务涉及加油站设计、施工、改造一体化。同时建造4500平方米的厂房,生产中国石油、中国石化加油站统一标识产品及模块化产品,开始逐步向下游延伸,2018年三江联合年产值达到近6000万元。

2013年7月,投资创办武汉四明科技有限公司,从事船用通讯导航的软件研发和运用。

2015年2月,武汉三江联合以75%的控股和香港丽雅时装公司合资成立禹顺融资租赁(上海)有限公司。

他从渔村走向上海，最终瞄准武汉

1969年10月9日，浙江宁波象山石浦镇诞生了一个男婴，憨实可爱。经营着一家电子工厂的父母欣喜地憧憬着未来一家人幸福安宁的生活，他们给孩子取名"江安林"。

象山石浦镇位于浙江沿海中部、象山半岛南端，北接新桥镇、定塘镇等乡镇，西扼三门湾，南与鹤浦镇、高塘镇隔港相望，东临大目洋、猫头洋，素有"浙洋中路重镇"之称。

在这个渔港重镇，江安林的父母和许多精明能干的宁波人一样，很早就看准了市场，生产经销雷达反射器等船用电子产品。儿时的江安林对电子产生了浓厚的兴趣，也在潜移默化中受到家庭经营理念的熏陶。

1989年江安林中专毕业，从老家宁波到上海无线电三厂通讯部实习，并得到领导的好评。他开阔了视野后，越来越觉得自己的专业知识不够，1990年江安林到上海第二工业大学进修电子通信专业。

毕业后，江安林被分配到上海卢湾区科技协会下属企业工作。一天按部就班工作六七个小时，这对于年仅23岁正踌躇满志想干一番事业的江安林来说，太安逸无疑是在浪费生命。

1993年，他辞掉了稳定的工作，自己当起了个体工商户。他瞄准舞台音响通信系统，专业打造，不到两年便赚到了第一桶金。这时他想到的是要回家乡去做点事情！

1995年，江安林回到老家宁波石浦，成立象山盛发贸易有限公司，经营船用通信雷达导航设备。正赶上海洋渔业大发展，所以企业发展很顺利。1996年结婚后，他"妇唱夫随"将战场迁至上海，便将宁波的公司交给妹妹打理。通过妹夫和妹妹多年的经营，如今他们已拥有自己的厂房、办公楼和研发楼。江安林感到自豪和开心的是，他虽然人在武汉，心里一刻未忘家乡，在公司的决策经营上他也一直在为家乡建设做贡献。

现在公司自主研发生产雷达、船舶管理系统、智慧港口管理平台，在数字海洋行业里具有一定的影响力。

江安林第一次和湖北亲密接触，是在2000年5月。当时是去湖北荆门谈一个项目，看到湖北和沿海城市的发展差距太大了。1984年开放了14个沿海城市，1990年上海浦东大发展，1999年国家又提出西部大开发，这些地方在中央政策的支持下发展趋势有目共睹。湖北是个九省通衢的省份，地处我国中心，江安林敏锐地意识到以后肯定有发展的前景。

2005年，江安林被浙江方向标识工程有限公司派至武汉，开拓华中地区的市场。

两年后，浙江方向标识被收购。此时的他，有两个选择：一是回到上海或者宁波象山开始新的事业，二是留在武汉继续担任华中地区总经理并开拓自己的事业。

江安林不愿意放弃武汉这片已经打下的天下，而且在武汉生活两年多，他也开始渐渐融入武汉文化，爱上了这片热土。

2008年，他将家搬到武汉，确定事业在武汉发展。

近年来，创下的基础生意很快走上正轨，他开始当"甩手掌柜"，两家公司都交由职业经理人去打理，自己乐得个"闲得自在"，有时间做更多的公益。

树"百年甬商"品牌，搭建会员平台

江安林做人的格调，和武汉市宁波商会的风格极为契合。

在湖北的异地商会圈子里，武汉市宁波商会颇有些低调和内敛。商会很少高调参与商界的项目投资活动、同业交流会或者在媒体上亮相。

不过，赫赫有名的"宁波帮"历来有"抱团打天下"的传统，低曝光度丝毫不影响这一商帮的聚集。一位在湖北经商的宁波籍商人说，宁波人喜欢以"一带三带三"的模式闯世界。如果一个宁波人在某地赚了钱，他会带上三个熟人或

朋友过来,一起把生意做大;而这做大了生意的三个人,会再回家乡带三个人过来。这样,3 的 N 次方累积起来就形成了一个产业集群。

从东部沿海迁徙到中部地区,宁波慈溪人渐渐在武汉市洪山区广埠屯电脑城一带聚集,卖电子原配件;宁波象山人的企业多涉及机电、机械制造,宁波宁海人则主要做家具生意,分布在湖北省各个城市;宁波余姚人多做灯具生意。

这些产业集群,是湖北商业生态环境中不可或缺的组成部分。"异乡人"商海搏击,成就自己的同时,也为这个区域的经济发展,贡献着一分力量。

武汉,对前来经商的宁波人来说,有着特殊的意义。熟悉近代商业史的人都知道,宁波商人曾在武汉留下了浓墨重彩的一笔。从汉口江汉关大楼、汇丰银行大楼、花旗银行大楼、汉口总商会大楼到武汉大学近代建筑群,这些现存的优秀历史建筑,都是由"宁波帮"前辈建造的。20 世纪初的宁波人,还与鄂商一起在武汉创办了中国最大的发电厂、自来水厂、火柴厂以及众多的百年老字号,如亨达利钟表、茂记皮鞋等。

这段历史也哺育了 2007 年成立的武汉市宁波商会。沿着老一辈"宁波帮"的脚印,新一代"宁波帮"有自己的目标和责任。

一个宁波人第一次独自来到湖北做生意,只要他留心攀老乡,没过多久,总会有人"拉拢"他加入武汉市宁波商会。"我们从外地到湖北来,我们没有主管部门,我们有苦有难有冤没处申,商会就是我们的娘家。一个人的力量很小,商会出面就有了组织,有了坚强的后盾。"武汉市宁波商会常务副会长兼秘书长江安林,对新近发展的会员这样描绘商会的功能。

这并不夸张。务实的宁波人往往说得少做得多。在武汉市宁波商会,日常管理的事务庞杂而具体。商会不仅负责与省市政府主管部门、宁波经济促进会、兄弟商会及全体商会会员之间联络沟通,还广泛开展银企对接、项目推介,并延伸到帮扶会员在产品销售、劳动合同、劳资纠纷、法律维权、律师咨询、子女入学、生病就医等方面可能遇到的种种问题。

这个事无巨细的民间商会组织,依靠什么支撑?靠每位会员的支持和商会领导的无私奉献。

有一位加入宁波商会多年的会员,在武汉做生意折了本,连回家的路费都凑不出来,前来商会求助。听闻这一情况,商会几位领导带头集资,不仅为他提供回家的费用,还一起资助 10 多万元助他东山再起。后来,这位会员生意渐渐有了起色,慢慢偿还了债款。

武汉市宁波商会自 2007 年 3 月成立以来,逐渐聚集宁波籍商人 200 多名,其中约 10% 的企业业主来自湖北省其他城市。江安林介绍,2014 年武汉市宁波商会开始应要求促进黄冈、襄樊、荆州、随州等市分会成立。加入商会的会员,更多希望能借助商会这一平台把企业做强做大,从熟悉的圈子中找到市场机会。基于此,武汉市宁波商会积极开展工作,为项目找钱,为钱找项目。

2011 年 9 月 18 日,武汉市宁波商会成立武汉四明甬商投资有限公司,主要经营房地产开发、电子行业、机电设备、通信行业、电子器材、网络工程等行业的投资,公司首期融资 2 亿元。公司成立以来,采用互助担保的方式,为依法经营、诚信经营的会员提供小额贷款担保。公司还开展了融资、广告等多项业务投资,截至目前,为商会增添经济效益 48.78 万元。

2013 年,借由武汉市工商联与汉口银行战略合作协议的签署,武汉市宁波商会获得汉口银行 16 亿元的整体授信,该笔授信贷款由商会初分,汉口银行审核批准。除此之外,商会先后与农业、工商、招商、兴业、湖北、中国、广发等多家银行联系合作,帮助会员解决融资难题。这一时期,多家银行武汉分行主要领导是宁波人或祖籍宁波,商会通过联络这些宁波籍金融业领导,使会员获得了更好的融资环境。

武汉市宁波商会会员企业 80% 以上为商贸企业。商会领导经研究认为,商贸公司发展到一定阶段,要扩大规模和市场空间,必须向生产型企业转型,故众多会员企业有着转型的迫切需求。

经过多番考量,2013 年商会领导选定湖北省黄冈市黄州区南湖工业园,计划在此建设宁波产业园,在满足湖北宁波籍商人办工厂需求的同时,引进宁波市优秀的企业来鄂发展,吸引两地项目投资,推动两地经济发展。

据介绍,产业园计划投资 1.5 亿元,规划 4000 亩,集机械、电器、轻纺行业、孵化区于一体。目前,产业园已与方太厨具、鸿地重工等四家知名企业达成合作意向,预计开发区域达 1000 多亩。

» 江安林生活照

在武汉市青山区江边,商会已着手划定30亩土地,筹建一栋30多层的"宁波大厦",拟作为商会会员的办公场地和在汉甬商的标志性建筑。

"除了赚钱,企业家还应该怎样度过自己人生",这是众多企业家都会去思考的问题。对商会领导来说,选择这一份无薪水、无回报的额外工作,图的是实现赚钱之外的另一种"人生意义"。

商会设立了会长轮值制度和小组负责制度。每位会长、副会长会按照章程安排一个月的轮值时间。在轮值时间内,该轮值人员负责处理日常运作和突发事件。对于日益壮大的会员队伍,商会根据会长、副会长办公地就近原则,安排分管区域。目前商会下辖武昌片区、汉正街片区、东西湖片区、汉口北片区、余姚宁海片区、宜昌片区、襄阳片区、黄冈片区等。

清末民国初,近代武汉"宁波帮"的杰出代表、著名建筑家沈祝三和他的汉口汉协盛营造厂,在承建武汉大学时遭遇国际金融经济危机,金价、建筑材料价格纷纷大涨。为保证营造质量,这位建筑家欠下百万巨债,甚至变卖几乎全部家产,最终确保武汉大学26栋主体建筑的建成,至今这些经典建筑仍然在武汉大学熠熠生辉,是全国重点文物保护单位。

对于当今的甬商来说,这种诚信精神和民族大义仍让他们仰望不已。为培养商会会员的责任担当意识,商会多次开展学雷锋,看望孤寡老人,资助贫困学生活动。在汶川地震、青海地震、"菲特"台风袭击等救灾捐款中,武汉市宁波商会都是武汉市率先响应的商会之一。

作为武汉市宁波商会常务副会长兼秘书长,江安林依靠会长、会员以及商会办公室各位工作人员,做了自己应做的工作。

放弃"清闲自在",选择再创业

2005年,江安林被浙江方向标识工程有限公司派至武汉,开拓华中地区的市场。当时,他以为自己不久就会回上海,常常忙完就往上海的家跑。

浙江方向标识公司专门承接中国石油、中国石化加油站的形象包装工程,安装材料、技术人员都由浙江总公司带来,所以江安林初期基本很少与武汉人打交道。两年后,浙江方向标识公司被收购。此时的他有两个选择,一是回到上海或者宁波象山开始新的事业,二是继续留在武汉担任新公司华中地区总经理并开拓自己的事业。他不愿意放弃武汉这块已经倾注心血的市场,在武汉生活的两年多时间,他开始渐渐融入这座城市。

2008年,他将全家从上海搬到武汉,确定事业在武汉发展。

2011年,江安林在武汉注册成立武汉三江联合展示工程有限公司(下简称三江联合),业务涉及加油站设计、施工、改造一体化。同时建造4500平方米的厂房,生产中国石油、中国石化加油站统一标识产品及模块化产品,并逐步向下游业务延伸。依靠中石油、中石化区域公司的支持,2018年三江联合年产值近6000万。

2013年7月,江安林投资创办武汉四明科技有限公司,从事船用通信导航的软件研发和运用。

2015年2月,武汉三江联合公司以75%的股权控股和香港丽雅时装公司合资成立禹顺融资租赁(上海)有限公司。

在他和夫人的精心经营下,生意很快走上正轨。如今,两家公司都交由职业经理人打理。

2009年,他和朋友参加"穿越梦想·行者无疆"自驾活动,自武汉出发至西藏、新疆,往返总行程14000千米。车队带了数万元的物资和药品,捐赠给西藏的孩子们。这一次长途自驾旅行,让江安林看到还有许多人生活贫困,需要社会爱心人士的帮助。于是,他给自己定了一个每年长线自驾的目标,每次出行,车上都要准备物资,送给那些偏远山区物资紧缺的人,贵州、云南、四川(藏区)、甘肃、青海、西藏、新疆等,都留下了他的足迹和爱心。

(本文作者:毛茵)

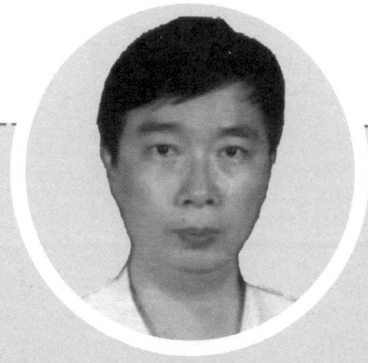

和祖父沈祝三一样，致力于建设大武汉
武汉建工（集团）股份有限公司监事沈世璋如是说

沈世璋，1953年出生于武汉，祖籍宁波鄞县（现鄞州区）。其祖父沈祝三是我国近代著名建筑家，祖外公是宁波籍交通银行汉口分行经理、汉口商务总会首任总理卢鸿沧。

1970年2月下乡插队当知青。1988年大学毕业回到武汉，在武汉市工业设备安装公司做审计工作。

1998年任武汉建工（集团）有限公司（由原武汉市建筑总公司改制）审计监察室副主任。

受武建集团和武建股份的委派，沈世璋曾任武汉国际会展中心股份有限公司监事、武汉晴川桥梁管理公司监事、武汉长隆经济发展有限公司监事、武汉建工富强置业有限公司监事及董事、武汉建工安装工程有限公司监事会主席、武汉建工科研设计有限公司监事。

2016年退休，任中国建设会计学会建筑会计学术委员会副主任委员、《建筑会计》期刊编委、湖北省总会计师协会建工分会会长。

第五届武汉宁波经济建设促进会副会长。

我的祖父沈祝三,生于宁波鄞县茅山沈风水村,原名卓珊。他读过几年私塾,后因家贫学做木匠活。在上海谋生时,他学会了看建筑图纸和讲英文。1904年,他被上海协盛营造厂派往汉口主持施工。1908年,正式开办了自己的营造厂——汉口汉协盛营造厂。后来,他还涉足建筑材料业,创办了砖瓦厂、轧石厂和炼灰厂,是近代中国著名的建筑商。

资料表明,武汉三镇的300多座著名建筑中,有建筑商可考的有107处,其中56项为汉口汉协盛营造厂建造。汉协盛建造的众多近代武汉优秀历史建筑,至今仍是武汉城市建筑中绚丽的风景。这些建筑中,德林公寓(1927年中共中央领导人驻地旧址)、汉口汇丰银行大楼、汉口横滨正金银行大楼、武汉大学早期建筑群四处是全国重点文物保护单位,汉口电报局大楼、英商景明洋行大楼等二十七处是湖北省、武汉市文物保护单位。最负盛名的是武汉大学早期建筑群,它是我国近代建筑史上的典范作品之一。

在祖父的光环下,我继续建设武汉,先后参与了新江汉大学、武汉国际会展中心等重大项目建设,并为其凝聚了心血。

特殊时代的艰难求学生涯

从我记事起,我们一家就住在外公家。祖外公卢鸿沧是近代"宁波帮"在武汉的杰出代表之一,曾任交通银行汉口分行经理、汉口商务总会首任总理。外公家在汉口车站路一处石库门里弄里,里弄里有很多住户是被称为"下江人"的江浙沪人,大多说上海话、宁波话,时间长了,就连是地道武汉人的居委会主任都可用洋泾帮上海话、宁波话与邻居聊天。邻里关系相当不错,大小事都可互相帮衬,我想不起邻里之间曾有谁红过脸、吵过架。我们一群小伙伴在放学后,作业做完就在弄堂里玩,经常串东家跑西家,直到大人喊吃饭。特别是到夏天,太阳还未西下,我们就开始在大门外地上洒水,然后摆出极具武汉特色的竹床阵,晚饭时间满巷弄飘着各家的饭菜香。天黑后,我们躺在竹床上数着满天的繁星。至今我还怀恋孩提时的里弄生活。

我没见过祖父沈祝三,他去世时还没我。我祖母和父亲对我祖父及汉口汉协盛营造厂的事缄口不谈,我对祖父及汉协盛营造厂的了解基本是从外公那里听来的。

由于我是孙辈中的老大,小时候很受外公宠爱。我最喜欢的不是偶尔得到的两块苏打饼干、一颗糖果,而是在我放假时外公经常带我去他宁波同乡朋友家。大人们聊天一口宁波话,我听不大懂,我只享受在来去的路上,外公像导游一样,一条街、一条路、一栋房、一座建筑,讲它们的历史,讲武汉城市的建设演变。那时我还小,外公讲的我记不全,印象深的是我祖父开办的汉口汉协盛营造厂建造的好高、好大、好气派的房子。比如汇丰银行大楼、横滨正金银行大楼、四明银行大楼、日清轮船公司大楼、金城银行大楼、景明洋行大楼、璇宫饭店和汉口平和打包厂等。

特别是听到非常美丽的武汉大学是祖父为信守合同亏损建造的,很想去看看。但当时年龄小,直到进了中学才如愿。

我进中学那年,正逢"文革"初期,中学招生不考试,改为"就近入学",于是我极不情愿地被分到武汉八中。"极不情愿",不仅是因为如按考试成绩录取我肯定会进更好的学校,更主要是武汉八中的前身是我祖母黄琴芳(又名黄芹舫)创办的汉口女子中学。我祖母在新中国成立后将学校交给政府后仍住在学校,"文革"一开始她就被赶出校门,此后十几年居无定所。前脚祖母被赶出去,后脚我踏了进来。因"文革"前我们经常去祖母家玩,学校很多老师职工认识我,这在那个年代让我很不爽。好在除极个别人,其他都对我很好。特别是我的班主任,没将别的同学写的我家被抄家的小报告交给学校,使我能外出串联。还有学校理发室的师傅(可惜我忘了他姓什么),每次我去理发,他都要我代他向黄老师(他们都这样称呼我祖母)问好。因为有这些善良的人,我才在武汉八中待得下去。

看武汉大学的愿望是在大串联时实现的。当时外地来武汉串联的学生乘公交是不要票的,我们几个小伙伴冒充外地学生到了武大。真的,武汉大学太漂亮了!建在山坡上沿阶而上的校舍,孔雀蓝琉璃瓦的房顶。我们登上珞珈山,攀上山顶的一座瞭望塔,可以俯瞰武汉大学全景。我不敢对小伙伴说武大是我祖父盖的,只能看风景。自那以后,只要有时间,我和家人都要到武大转转看看。

我1966年上中学,一进校,就逢"文革"全面展开,大串联、停课闹革命越演越烈。所幸我们班有一位好班主任,她顶住各种压力始终要求我们到校上课。在那样艰难的条件下,她非常不容易地联系其他各科老师,坚持到校授课。我记得最少时连我在内就3名学生,但仍然开有语文、代数、几何、英语、化学、物理和生物7门课程。直到1968年底中央要求中小学复课,学校教学秩序才逐渐恢复正常,只是初三的课程改为政治、数学(仍分代数和几何)、英语和工农业基础知识。由于我基本上一直跟着在学,所以我的成绩一直在排里(当时都学解放军,年级称为连,班称为排,小组称为班),甚至可以说在全连里都名列前茅。几十年后同学聚会时,有同学戏称当时他暗地里努力,以我为标杆,到头成绩也没能超过我。1969年,我们排被评为武汉市"复课闹革命"先进集体,新闻记者拍摄的我们排活动的照片登上《长江日报》头条。我被评为学校"活学活用毛泽东思想积极分子"。

1969年底,我们得到消息,第二年春季高中开始招生,从我们这一届(1969届)初中毕业生中按20%的比例推荐选拔进入高中。我当时很天真地认为以我的学习成绩和在校表现,应该可以上高中。别的同学已经在组织下农村插队的知青小组,而我却未做准备。结果一公布升学名单,没有我,如同一桶冰水从头浇到脚。我听说,在讨论会上我的班主任极力为我争取,最后由工宣队一言定局:我们的教育是为工农子女办的,不是为资本家子女办的。事后,班主任和我的数学老师与我谈了几次话,宽慰我。他们与其他班的班主任一起商议并向校领导请求,将几位和我情况相近的因各种原因落榜的同学组成一个小组,安排到据说是条件最好的生产队插队。

继续上学无望,我心不甘,但又无可奈何。直到离出发只有几天时间时,我才到派出所下户口。1970年2月16日,我到学校办完手续,噙着泪水,三步一回头走出学习了三年半的爱恨交织的武汉市第八中学,从此再未踏入一步。

我们下乡时,还没有后来的招工一说,我们以为将要去当一辈子农民,于是我们小组几人商定,用步行途经武汉三镇到武昌火车站的方式告别武汉。1970年2月18日,我们一行从我家出发,经过汉口中山大道、江汉桥,到汉阳文化宫、长江大桥,到武昌阅马场、大东门再到武昌火车站集合点。火车开动时,一直站在远处的留校升高中的排长同学,跑到我坐的窗口下喊了一声"沈世璋再见"。就这样,我离开了武汉,一去十八年。

游子他乡十八年

有那么一部电视连续剧《敌营十八年》,我这十八年不是在敌营,没有那么艰险,但也有很多戏剧性的曲折。总体来说,在这十八年里,我成熟了。我下乡插队当知青后,无端被裁有海外关系,推荐选拔上大学又被顶替。招工时,我进厂当了工人。我没有沉沦,勤勉工作,在农村入了共青团,进厂后加入共产党,提拔为国家干部。我认识了勤奋好学、聪明贤惠的妻子,并有了一个可爱的女儿。在一些人的眼中,我还算顺风顺水,可我总有一个念头 —— 回武汉。

十八年里,我也经常回武汉,毕竟父母、祖母、外公外婆都在武汉。但每次回武汉都有种做客的感觉,毫无小时候的自在坦然。

1988年,是我的一个转折年。我大学毕业,终于调回阔别已久的武汉。

得知我要回武汉,很多同事劝我,说你回武汉,十几年努力全废了,一切归零。厂领导不愿放走一名生产管理骨干,三次厂办公会上都做我工作。在一位参会朋友的帮助下,我的调动才得以通过。

1988年7月18日,我到武汉市人事局报到转关系,到公安局上户口。选定这一天,是因为我离开武汉是2月18日,离开农村招工进厂是7月18日,仅此而已,绝无要发的意思。18年零5个月,我回到了武汉。

没有白喝武汉的长江水

我在武汉的工作单位是武汉市工业设备安装公司,是原武汉市建筑工程局改制为武汉建筑工程总公司的下属单位。公司领导对我很器重,安排我做审计工作。领导对我说,公司比较复杂,你新来,和公司内各方面没有利益联系,可以客观公正地梳理和督查公司经济运行中的状态与存在问题。

当时,中国的企业内部审计刚起步,很多人对审计很陌生,没有前车之鉴,只有边干边学。对我来说,从工业行业跨到建筑施工行业,很多地方都要从头学。我虚心向知者、能者求教,结合理论知识,很快将公司内部审计工作开展起来。

时间不长,公司内部审计工作便卓有成效地开展,以财务收支审计为基础,经济责任审计、专项审计、干部离任审计迅速展开。审计工作得到公司各级管理人员的认可,我也被任命为公司审计室主任。

其间,我曾被借到武汉市审计局,参加对武汉市煤气公司气源厂基建工程的审计和配合国家计委对武汉钢铁公司"双七百"技改工程的审计。还参加过湖北省"财政、物价、税收大检查"。这些经历对我学习业务知识和提高工作能力有很大的帮助。

1994年,全国开展国有企业清产核资,公司组织专班由我全面负责,经过三个月,彻底厘清了企业家底,为下一年企业改制奠定了基础。公司也被总公司授予清产核资先进单位。

1995年,公司改制成有限责任公司,我进入监事会任监事,同年又被选为公司纪委委员。1997年又任武建集团襄阳公司监事。

1998年是不平凡的一年,长江流域暴发特大洪水。我作为抢险突击队的成员,参加了7·29武汉市江岸区丹水池中南石油公司管涌等处抢险。为保卫大武汉,52天没回家,直到洪水退却。我荣立二等功。

是年下半年,公司上级单位武汉建工(集团)有限公司(由原武汉建筑总公司改制)公开招聘审计监察室副主任,我在公司领导的支持下报名应聘,经过专业考试和考核,我得分第一,通过面试,终被录聘。年底,我到新单位上班。

武汉建工(集团)有限公司(简称"武建集团")前身是武汉市建筑工程局,20世纪80年代改为企业,是武汉最大的建筑施工企业,下属二十多家建筑、安装、装饰、预制、房地产开发、建设机械等企业,有员工三万余人。

1999年,武建集团集中优良资产,与武汉市政总公司等发起组建一家新企业——武汉建工股份有限公司(后改名为武汉建工集团股份有限公司,简称武建股份),我以职工代表的身份被推选为股份公司监事。

2000年,为推动武建股份上市(后因多种原因未能实现),规范武建股份财务运行,武建集团委派我任武建股份财务部经理。也就在这一年,公司承接了新江汉大学和武汉国际会展中心两大市重点工程。

武汉国际会展中心是武汉广大市民非常关注的项目,而我最关心的是新江汉大学。七十年前,我祖父倾其所有建造武汉大学,以其诚信,兑现承诺,留下一所至今仍可称为中国最美丽的大学。七十年后,我所任职的公司承建武汉市属最大最新的大学。这是一种巧合,还是一种必然,我不知道,我只是对新江汉大学特别上心。从人员安排到资金的调配,只要是新江汉大学工程需要,我都会第一时间解决。好在新江大工程的工程资金是充足的,且支付及时,完全没有遇上我祖父建武大时的困难。加上公司管理到位,该工程项目按期完工并获利。

到武建股份的那一段时间,也是我工作最繁忙的时期,除了财务部日常工作,还兼审计室主任,负责对公司二级单位实施内部审计。2001年,为协助市政府解决原武汉上柜公司社会公众股遗留问题,武建股份吸收合并了富强股份有限公司,武建集团托管了九头鸟股份有限公司。为公司上市,我多次去证监会,最后一次是在2003年3月,到北京做最后努力,我们都不知当时北京正是"非典"高发期。待回武汉后媒体才公开发布信息,同事们开玩笑说要将我们隔离,想想还是有些后怕。

2003年,在停止武建股份上市工作后,公司按市里国企改制要求,将下属七家企业的股权转让给民营企业。我和会计师事务所、评估公司一起一家一家清理账务,核实净资产。在保证国有资产不流失的前提下,圆满实现国有股的转让,使公司主体更精干,活力更强。

我还受武建集团和武建股份的委派,担任过武汉国际会展中心股份有限公司监事、武汉晴川桥梁管理公司监事、武汉长隆经济发展有限公司监事、武汉建工富强置业有限公司监事及董事、武汉建工安装工程有限公司监事会主席、武汉建工科研设计有限公司监事,被同事戏称为"监事专业户"。同时,我还先后担任武汉建工总部第一党支部书记、武汉建工第二党总支书记、武汉建工总部党委委员、武汉建工工会第二分会主席、武汉建工工会经费审查委员会委员。

2007年,武建集团为适应企业发展需要进行机构调整,将集团公司和武建股份管理机构合一,对外简称"武汉建工"。于是我既是武建集团的财务部经理,又是武建股份的财务部经理,担子更重了。不仅要管股份公司,还有集团公司,特别是还要解决原武建集团所属企业改制后遗留的问题。

2008年至2009年,恰逢会计制度变革,公司要由执行《企业会计制度》改为执行《企业会计准则》。此次变革不同于1999年由执行《施工企业会计制度》改为执行《股份制企业会计制度》,也不同于2003年改为执行《企业会计制度》,需很多政策性调整会计报表和账务。在全体财会人员认真细致工作和会计师事务所的强力配合下,工作顺利完成。

作为企业财务负责人,我也曾感到巨大的压力,不仅是工作量大,还直接感受到企业的艰难,主要是企业流动资金紧张。武建集团在按市政府的规划推进国企改制进程中,完成了一万多名员工的身份转换,政府没有一分钱补贴,导致公司举步维艰。那段时间,建筑市场也不规范,一些单位信用度差,工程款拖欠严重。而流动资金的困乏,直接影响公司的经营活动,导致无法承接一些需高额垫资的大工程。2005年前后,武建股份上市无望,社会上一阵风似的要国有资产退出竞争领域,武建集团也在国内外找投资人,准备转让武建股份中的国有股。我和我的同事们一边做好被新的老板辞退的准备,一边还要到处清收欠款、筹集资金,保证公司生产经营正常运转。

那时我想到祖父,他只身来到武汉创业,在成为武汉最大的建筑商后,为修建武汉大学,不惜变卖汉口家产、抵押建筑材料厂,以完成武大建设。在那个年代、那个社会,应比我们现在难得多,和他比,现在的困难不算什么。

好在武汉建工有一个坚强有力的领导团队,能带领全体员工顶住多重压力,排除干扰,破解各类难题,用精细的管理一步一个脚印地艰难向前。武汉建工是全国首批评定的43家建筑施工总承包特级资质企业之一,2011年又顺利通过重新申报评审。十几年来,公司每年都有工程项目获得国家建筑质量最高奖——鲁班奖及多个国优奖。几十年来,武汉建工在武汉建设了多座地标式

» 沈世璋

的建筑——黄鹤楼、楚天台、武汉国际会展中心、琴台大剧院、琴台音乐厅、武汉博物馆、武汉图书馆、新江汉大学、武汉广电中心大楼、交通银行瑞通广场、招银大厦、武汉市民之家、长江传媒大厦、武汉工人文化宫等。在民生方面还建有几十个小区、多座医院、多段地铁、多处道路和桥梁。

作家方方在《汉口的沧桑往事》中写道"武汉最漂亮的房子差不多都是汉协盛盖的,它们几乎撑着汉口老房子的半壁江山"。汉协盛是我祖父沈祝三创建的建筑公司。而如今,我也可以自豪地说:"现代武汉的漂亮建筑,一多半是武汉建工的佳作。我能成为武汉建工的一员,感到非常自豪。"

2010年,我改任武汉建工副总会计师,减少了日常工作中的琐事,可以有较多的时间和精力来研究企业发展中的财务管理问题。在公司每年召开的项目管理研讨会等会上,我陆续提出"会计监督与管控重心的前移""企业的负债管理""企业内部控制与项目管理的联系""产品成本与项目管理""营改增对企业和项目管理的影响""把握营改增契机,借力发力调整规范分包分供管理"等课题,在公司引起很大的反响。公司董事长称我"老学究",并在和部分中层管理人员谈话时说"沈总讲的就是我们下步要做的"。

2011年,"营改增"开始在部分省市和行业试行,我把主要精力放在研究"营改增"对建筑施工企业的影响上。我与财政部、住建部有关人员保持联系,及时了解新的政策，提出建议，与各地多家大型建筑施工企业随时交流各自的困惑、问题与准备方案。并和湖北省地税局、省造价定额站专家一起研讨，组成课题组，在有关杂志上刊登研讨课题的研究结果和文章。我不仅在公司内部多次培训宣讲"营改增对建筑施工企业的影响"，还应邀到市水务集团、燃气集团、重科集团和重庆宣讲。应吉林省建筑业协会的邀请，我到吉林省作了三场大型培训。由于公司对"营改增"重视，准备较充分，2016 年全面实施营改增时公司顺利接轨。

2016 年底，我办理了退休手续，离开了工作岗位，却也无法完全闲下来。目前，还担任中国建设会计学会建筑会计学术委员会副主任委员、《建筑会计》期刊编委、湖北省总会计师协会建工分会会长、武汉宁波经济建设促进会副会长等社会职务。但毕竟有了较多可自由支配的时间，到处走走看看，可以欣赏每天不一样的武汉。

纵观我与武汉，忙忙碌碌几十年似乎毫无建树，既没能像我祖父那样"支撑汉口半壁江山"，也未有惊天动地的壮举。但我感觉自己还是没有白喝武汉的长江水，或多或少在将武汉建设成国家中心城市的过程中出了一点微薄之力。

愿武汉的明天更美好！

（本文作者：沈世璋）

◎ 附录：

武汉市概况

　　武汉市是湖北省省会，中国中部六省唯一的副省级城市，简称汉。国务院批复《武汉城市总体规划（2010—2020）》中称，武汉是中国中部的中心城市、国家历史文化名城、国家重要的工业基地、教育科学基地和综合交通枢纽。2016年，中共中央、国务院批准《长江经济带发展规划纲要》，明确沿江九省二市，以长江黄金水道为依托，发挥上海、武汉、重庆的核心作用。是年12月，武汉继京津沪渝蓉穗之后被列为国家中心城市。

　　武汉建城有3500多年历史，位于长江与最大支流汉江交汇处，由隔江相望的武昌、汉口、汉阳三座城市组成。武汉市名始于1927年1月，武汉国民政府决定将武昌市、汉口市（含汉阳）合并，取各市第一字，成立武汉市，作为京兆区。

　　武汉市域面积8569.15平方千米。2018年全市常住人口1108.1万人，其中城镇人口889.69万人，占比80%。全市户籍人口883.73万人。全市辖13个行政区：江岸、江汉、硚口、汉阳、武昌、青山、洪山、蔡甸、江夏、黄陂、新洲、东西湖、汉南。辖6个功能区：武汉经济技术开发区、东湖新技术开发区、东湖生态旅游风景区、武汉化学工业区、长江武汉新港和武汉国际航空港。

　　2018年全市完成GDP1.4847万亿元，增长8%，居全国城市排名第九位。全市一般公共预算总收入2900.2亿元，增长9.3%，其中地方一般公共预算收入1528.7亿元（其中税收1294.21亿元）。全年进出口总额2148.4亿元,其中出口1275.2亿元。全年实际利用外资109.27亿美元,增长13%。全市社会消费品零售总额6943.9亿元,增长10.4%,居全国城市第六位。

武汉是国家重要的工业基地,具有完整的工业体系,主导产业为汽车及其零部件、智能装备制造、钢铁、电子信息制造、生物医药、能源及环保业等。武汉地区全年生产、销售汽车近170万辆。世界500强东风汽车集团有限公司总部设汉,世界500强有256家在汉建有企业或设有机构。

武汉是国家重要的教育基地。拥有高等院校84所,在校大学生110.7万人,包括在校研究生13.8万人。其中,教育部直属重点大学7所:武汉大学、华中科技大学、华中师范大学、中国地质大学、武汉理工大学、华中农业大学、中南财经政法大学。2017年,全市105所中等职业教育学校在校生8.1万人,367所普通中学在校生32.8万人,601所小学在校生57.9万人,1391所幼儿园在园幼儿31.8万人。

武汉是国家重要的科学研究基地。全市有科学技术研究机构111个,中国科学院、中国工程院院士67位,中国科学院武汉分院下辖6个研究所。全市有国家重点实验室21个、国家工程实验室4个、国家级工程技术研究中心28个以及国家级科技企业孵化器30个。全年专利申请量60511件、授权量32397件(其中发明专利8807件),技术合同成交总额722.54亿元,居全国城市前列。

武汉是联合国教科文组织授予的"世界设计之都"。特大型桥梁、特大型水利枢纽、高速铁路、高速公路、水上水下舰船、光电子软件、电子元器件、钢铁连铸、生物种业以及超高层建筑施工设计等达到国际先进水平,部分达到国际领先水平。全年对外承包工程及劳务合作营业额46.68亿美元,增长19%。

武汉是国家综合交通枢纽。2018年社会物流总额3.63万亿元,增长9.3%。全社会客运量28638.88万人次,完成货运量

62517.88万吨。铁路年客运量1.822亿人次,保持全国首位。全年航空港旅客吞吐量2450万人次,其中国际航线41条。长江武汉新港货物吞吐量逾亿吨,集装箱吞吐量135.56万标箱。汽车滚装量84.53万辆,仅次于沪穗。2018年邮政业务总量192.4亿元,增长28%。电信业务总量707.9亿元,增长120.8%。

武汉是中国中部金融重镇。在汉设立总部的金融机构28家,设立或已筹建的金融后台服务中心33家。全市上市公司77家,其中境外上市公司20家。2018年末,全市金融机构(含外资银行)本外币贷款余额28270.77亿元。全市实现保险保费收入621.02亿元,增长12.1%,各类保险赔付支出159.7亿元。

武汉是文化体育大市。拥有8家市属艺术院团及琴台大剧院、琴台音乐厅等大型剧场。全市有公共图书馆2座,藏书452.7万册,年接待读者543.58万人次。大型美术馆2座,博物馆近百座,其中湖北博物馆系全国八大博物馆之一。2018年,全市有电影院129家,年观影人数4467万人次。武汉被誉为"奥运冠军的摇篮",培养出13位奥运冠军、一大批世界冠军,走出国际女子网球大满贯冠军李娜。汉口江滩公园建有武汉奥运冠军雕塑群。2017年,全市有体育场馆154个,举办国际女子网球公开赛等国际重大赛事7场,全年体育彩票销售额32.31亿元。2019年,承办世界军人运动会,其规模仅次于奥运会。

武汉是旅游城市。武汉历史悠久、旅游资源丰富,拥有黄鹤楼、东湖、晴川阁、归元寺、古德寺、宝通寺、花木兰故里木兰山风景区以及汉口五国租界旧址等古迹名胜。武汉是购物天堂,拥有汉口江汉路、武昌汉街、洪山光谷3条各逾1.5千米长的商业步行街和武商商圈。武汉餐饮富有楚菜特色,兼顾南北风味,著名小吃。武汉交通便捷,2013年以来铁路客运量一直居全国城市首位。武汉天河国际机场开通武汉至巴黎、旧金山、莫斯科、伦敦、东京、悉尼等地的41条国际航线。2018年,全市接待国内游客28512.47万人次,国内旅游收入3037.55亿元。全年入境游客276.23万人次,增长10.4%,国际旅游收入18.83亿美元,增长11.3%。

武汉是宜居城市。位于江汉平原,属亚热带季风性湿润气候区,四季分明,日照充足,年平均气温17.3度。武汉半城山水半城秀,长江和最大的支流汉江,呈Y字形在武汉市域内汇合,使武昌、汉口、汉阳三城隔江相望。市域内有大小湖泊166个,湿地面积居全球内陆城市前三位。2018年,全市轨道(地铁)交通线路长354.6千米,地铁营运10条线路、通车里程304.6千米,日最高客运量351.42万人次,地铁通车里程、最高日运行量居全国城市前五位。建成慢行交通系统4240千米,公交线路519条,营运公共汽(电)车9049辆,出租车17508辆。全市自来水日供水能力536万吨,用电量519.37亿千瓦时。2018年,全市民用汽车拥有量312.3万辆。武汉是中部医疗中心,卫生医疗机构6340个,床位9.59万张。其中有335家医院、72个专业公共卫生机构。全市有卫技人员10.67万人,其中执业(助理)医师3.82万人,注册护师护士5.35万人。全市有三级医院61家,其中三甲医院26家。每千人拥有医生3.42名,公民无偿献血22.5万人次,武汉人均期望寿命81.3岁。城镇居民人均可支配收入47359元。武汉社会秩序状况良好,是中央综合治理委员会评选的长安杯全国社会治安先进城市之一。2017年、2018年被中国社会科学院、中央电视台等评为全国最幸福的十大城市之一。

据不完全统计,目前武汉有宁波祖籍市民数十万人。

后 记

　　1984年8月1日,邓小平在北戴河听取沿海开放城市和对外开放工作的汇报时,提出"把全世界的'宁波帮'都动员起来,建设宁波"。根据这一精神,在国务院原宁波经济开发协调小组工作的基础上,1988年10月宁波经济建设促进协会成立,吴学谦、谷牧、路甬祥、包玉刚、董建华相继担任协会名誉会长。

　　1999年5月,武汉宁波经促会成立。宁波经促会会长、国家计委原常务副主任陈先,副会长、化工部原副部长林毅才,商务部原副部长姜习,宁波市委原书记项秉炎等多位宁波籍省部级老领导专程赴汉,出席在武汉红领巾小学(原私立汉口宁波小学)举行的仪式,宁波籍武汉市领导郭友中、陈华芳等参加。全国人大代表、中国第一家商业上市公司——武商集团董事长毛冬声被推选为首任会长。

　　宁波市委、市政府对筹建武汉宁波经促会十分重视,市政府副秘书长凌国莲为此数次来汉商议筹建事宜。因为"汉口是宁波帮在上海以外活动最集中的城市",武汉有宁波祖籍市民数十万人。

一

　　武汉是中国中部中心城市,公元前16世纪的商朝盘龙城遗址被誉为"城市之根",距今已有3500余年。从12世纪元朝以来,管理中国南土的军事、经济机构驻地一直设在武昌。1926年底,国民政府迁都于此,将隔长江相望的武昌市、汉口市(含汉阳)两座城市,各取首字,冠名武汉,系武汉国民政府的京兆区。在此前后,武汉数次分合,数次被中央政府批准为特别市、直辖市,直至1954年

6月取消直辖市。

宁波地狭人稠,"地之所产,不给于用",民间素有敦重乡谊及男丁13岁须出门谋生计的习俗,且"多俊生东浙,去来天下通。帮帮经济竞,代代绩荣隆"。宁波商帮成为近代中国最大商帮之一,亦是中国历史上的十大商帮之一。依靠充裕的资金、先进的理念以及中央政权和地方政府支持,"宁波帮"对近代香港、上海、天津、武汉的崛起发挥了十分重要的作用。

祖籍宁波的武汉人,主要来源于历史上的四个时期:一是清朝康熙、雍正、乾隆时期来汉经商的宁波人。当时,武汉的江南地区武昌,是湖广总督府驻地,江北地区的汉阳,是府衙、县衙驻地,汉口则是"当九省总汇之通衢,实腹地无二之商市"。清朝康熙六年(1667)以宁波商帮为主的下江商人,成立汉口江浙绸公所。清朝乾隆四十五年(1780),宁波商人修建汉口浙宁公所,这是宁波商帮在外地建立的第二处宁波人聚商地,比上海早了40年。二是清朝咸丰十一年(1861)汉口开埠以后,英法美德俄日等国设在上海的中国洋行总部,派遣一批宁波籍买办抵汉成立汉口分行。中国民族资本继粤港、上海、天津三地之后,第四次转移的目的地是汉口。在港穗津沪经商成功的宁波商帮,携带资金和先期开放的理念来汉兴业经商,在武汉的金融、工业、航运、建筑、市政等领域成就斐然。三是抗日战争初期,江浙、上海沦陷,大批宁波人迁厂迁店,涌入"战时首都"武汉。四是新中国成立后来汉的宁波人。国家调整沿海的部分工业、科技、医学等机构布局,同济医学院、中科院水生所、中原电子厂、天一印染厂等由上海内迁武汉,一批宁波籍大学生毕业分配或工作调动至汉。此四批宁波人,基本已经落籍武汉。

史载确切的宁波祖籍的武汉市户籍人口数,仅见1931年汉口市的官方记载。是年长江及其支流遭遇百年一遇特大的流域性洪水。汉口市除硚口一些高地外大部被淹,受灾人口566864人,因水灾死亡3515人。汉口市人口剧降,在市府统计的76万人口中仍有3万余名宁波祖籍市民。当时的汉口市地域面积,约同于现武汉市13个区中的3个城区江岸区、江汉区、硚口区辖区。延续至今,武汉居住着数十万祖籍宁波的市民,分布在各行各业。

此外,1978年改革开放以来,一批宁波企业家来汉经商兴业,在各自领域做得风生水起,他们大都持有宁波户籍。

二

清末,以省籍为主的商帮如晋商、粤商、徽商(以徽州为主)、鄂商、浙商、湘商等已经占据武汉三镇的汇兑业、米业、茶业、盐业、布业、竹木业六大传统商贸市场。

在中国近代第四次资本转移浪潮中,携资而来的府州籍的宁波商帮和县籍的(广东)中山商帮另辟蹊径,抢占金融业、建筑业、水电业、百货业、市政业等新兴市场。宁波商帮全力支持湖广总督张之洞"湖广新政"和兴工业、建市政等举措,善用欧美国家发明的现代公司股份制度募集资金,受到张之洞的青睐。清朝光绪二十四年(1898),朝廷颁发上谕,在上海、汉口设立商务局。在张之洞力荐下,宁波镇海籍史晋生出任汉口商务局总董,其职责之一是"鼓舞联络上游川、陕、河南、云、贵、湘、粤等处工商"。

与省籍为主的商帮不同,作为府州籍的宁波商帮善于借力,"因航运而起,因金融而盛",在武汉的一些领域中成为产业支柱。

金融业。清末汉口钱庄最多时逾200家,金融规模仅次于上海,其中宁波籍占有重要地位。同康钱庄方性斋、同大钱庄董棣林、承丰钱庄丁菊生等名闻汉上。清末民国初,宁波商帮创办或合办的银行设汉口分行的有,浙江兴业银行(1908)、四明银行(1919)、浙江实业银行(1921)等,其办公楼均为欧式大型建筑,是"宁波帮"在中国中西部发展的金融后盾。四明银行汉口分行大楼7层,建筑规模超过上海总部大楼,其职员宿舍建在繁华的江汉路,冠名宁波里。

工业实业。在汉的宁波籍宋炜臣、阮雯衷等乃实业兴国的先驱。受"宁波帮"领袖叶澄衷委托,宋炜臣在汉口采取股份制办法募集资金,1897年兴建中国内地第一个现代民族工业企业——汉口燧昌火柴厂,亦为时年全国最大火柴厂。1906年,在湖广总督张之洞以湖北官钱局入股总股本十分之一的支持下,宋炜臣和鄂商合作创办了汉镇既济水电股份有限公司,发电量占全国经营电厂总容量4449千瓦时的三分之一,供水人口约10万,为时年全国规模最大的城市自来水厂。后又与鄂商合资兴建中国八大机械工厂之一的扬子机器厂,宋炜臣因此被誉为"汉口头号商人"。镇海人阮雯衷以汉口为基地,在汉口和鄂皖鲁豫省会城市兴建面粉、豆粕、蛋品、芝麻等加工厂对抗洋货。在张之洞的支持下,在京汉铁路自备60节车皮和停车专用铁道线,被称为"粮食大王"。

建筑业。武汉现存的近代300余栋优秀历史建筑中,半数以上由"宁波帮"建筑商承建。1908年,宁波籍沈祝三创办的汉口汉协盛营造厂(建筑公司时称营造厂),在三镇兴建了有据可考的56栋(处)建筑。其中,1927年汉口中共中央领导人驻地旧址(德林公寓)、汉口汇丰银行大楼、汉口横滨正金银行大楼、武汉大学早期建筑群等4处是全国重点文物保护单位,汉口四明银行、汉口电报局、英商景明洋行大楼等22处是省市文物保护单位,5处是武汉市优秀历史建筑。此外,一批在汉落籍的宁波建筑商享有盛誉,其中定海周昆裕的明昌裕、奉化康炘生的康生记、鄞县项惠卿的汉和顺、宁波钟延生的恒记、镇海李祖贤的六和公司等是其中的佼佼者。余姚魏清涛的魏清记兴建了中国第一座英国钟楼式海关——汉口江汉关,系全国重点文物保护单位。周昆裕的明昌裕于清朝光绪二十七年(1901)承建了汉口三德里北里,三德里系全国现存规模最大的清末里份建筑群,有122栋2至3层石库门楼房。

航运业。清末,宁波商帮在汉口经营70余艘夹板船,从事长江航运业。"宁波帮"领袖叶澄衷自置帆船100余艘,经营上海、宁波至汉口的航运业。汉口开埠后,英美等国以先进船舶控制长江航运,"自汉口以下,各船废业者逾半"。"宁波帮"虞洽卿等相继创办宁绍轮船公司、三北轮船公司,成立汉口分公司,开辟沪汉、汉宜、汉湘(潭)等航线,成为长江航运主要的民族企业之一。三北汉口分公司拥有20余艘客货轮,总吨位2万余,助力汉口成为长江流域航运中心。

清末民国初,宁波籍买办占汉口500名左右服务外国银行、洋行的买办的三分之一,王柏年、史晋生、汪显述、马圻源等为其代表人物。他们通过对外贸易积累巨额资金,再投资实业或房地产。此外,五金电料业沈宾笙、搪瓷业张庆赉、石油业谢润生、百货业魏吉甫、西药业项松茂、报关业徐荣卿、南北货业董章顺、钟表业陈文生等均是时年汉口各业的翘楚。船王包玉刚、生物学家贝时璋等"宁波帮"的领军人物,早年亦在汉口做学徒或就学。

宁波人向有珍惜乡谊的习俗。清光绪十九年(1893),汉口四明公所在汉口的硚口居仁坊建成,"设瘗园殡房",据称可停放1500具棺椁,可见宁波籍汉口市民人数已经较多。1924年,汉口宁波会馆在水塔北侧建成(今武汉市江汉区前进路115号,市文物保护单位)。1927年1月,宁波奉化籍蒋介石首次来汉口,参加国民党中执会暨国民政府委员临时联席会议,其谢绝官方安排,径直入驻宁波会馆一周。1936年4月,蒋介石携夫人宋美龄抵汉,再次入驻汉口宁波会馆,并在此与宁波商帮论政叙谊。其他宁波籍政界、商界、文化界名人入住汉口宁波会馆则不胜枚举。

近代,"宁波帮"成为推进武汉城市建设发展的极为重要的力量。

三

2009年,宁波市政协文史委编撰的《汉口宁波帮》由中国文史出版社出版。此著由祖籍宁波的武汉市政府原副市长陈华芳作序,武汉市地方志办公室、武汉图书馆学者吴明堂、董玉梅、杜宏英、王钢、于世海等撰著,祖籍宁波的武汉市人大常委陈祖源先生撰写部分章节并统稿。我参与了前期的组织工作。此著生动描述了清末民国初宁波商帮在武汉的贡献。这在祖籍宁波的武汉市民中引起很大的反响。武汉大学、华中科技大学、华中师范大学、中南政法财经大学、湖北大学、江汉大学等高校的史学家,省市社科院学者和关心城市历史的市民,对此著亦给予很高的评价。

不少人希望续写祖籍宁波的当代武汉人,以激励后来者。2013年,第四届武汉宁波经济促进会换届,我有幸任会长,遂与宁波籍老市长陈华芳、毛冬声、方天人、陈祖源等商议,组织编撰《宁波人在武汉》一书,并由宁波出版社出版,以记载祖籍宁波的当代武汉人的奉献精神。2018年武汉宁波经促会换届,入选人有武汉市宁波商会会长郑奋勇、第四届武汉宁波经促会会长朱留锋,增加了在汉创业的宁波企业家。经过多年的组编稿,此书终于付梓。

此著入选的人物,是上千名在汉拼搏的宁波籍企业家中的佼佼者,亦是数十万祖籍宁波的武汉市民的代表。

朱英富院士是中国第一艘航空母舰辽宁号舰和多型号护卫舰、驱逐舰的总设计师,是中国海军走向深蓝的杰出科学家,竺延风是中国汽车制造业的领军人物之一,陈华芳是在汉"宁波帮"第二代中的佼佼者,夏穗生教授是中国器官移植的开拓者之一,毛冬声是中国百货业的标志性人物之一,顾美皎、朱以文、杨鹏飞、倪红卫、王红卫、杨祥良等是武汉高校知名学者,方天人、陈祖源是分配至汉的宁波籍大学生的优秀代表,向欣然是黄鹤楼等名楼的总设计师,楼隆极、毛炯辉、陆鸣、张觉人等是武汉政界、科技界、文化医药界的代表,郑奋勇、朱留锋、付俊、余建栋、江安林等是新一代"宁波帮"的创业者,等等。文体或自叙或他叙,立业报国的感情跃然纸上,对武汉和故土充满了感情。武汉市宁波商会会长郑奋勇、武汉宁波经促会会长朱留锋等还响应宁波市委、市政府号召,回乡创办实业。在编撰期间,90岁高龄的著名器官移植学家夏穗生教授不幸逝世,这催促我们加快编撰此著的进度。

此外,本著特别入选两位人物。一位是第一至第五届武汉宁波经促会顾问、杭州籍人士郭友中,他是武汉市政府原副市长、著名数学物理学家,抗战初期其父亲曾任宁波警备区司令,组织抗战护城。另一位是宁波籍著名建筑家沈祝三的孙子沈世璋,他秉承祖父遗愿,倾尽心血继续建设武汉。

遗憾的是,因种种原因,一些做出重要贡献的宁波祖籍武汉人因故未能撰写传记:中共武汉市委组织部原部长虞承恩,率队创造世界珠心算比赛项目所有世界纪录的解放军陆军勤务学院(武汉)王卫达教授以及颜庆夫、吴志振、康际方等。因两会联系范围原因,一些优秀的祖籍宁波的武汉人,特别是武汉地区高校、科研院所的学者未能入选,这只有留待以后弥补了。

宁波人讲诚信,办社会团体也十分认真。武汉市民政局登记的社会组织达4000余家。根据国家民政部《社会组织评估管理办法》,市民政局在全市开展社会组织评估工作,武汉市宁波商会在参评的1000余家社会组织中脱颖而出,被评为2014年全市4家5A级社团之一。武汉宁波经促会与其共同办公,共同推进相关工作。这一做法,我曾在宁波市召开的宁波经济建设促进会理事会上交流。

2015年11月,由宁波市委、市政府主持的"武汉—宁波周"在汉隆重举行,市长和数位副市长亲自率团。会前,在祖籍宁波的武汉市原副市长陈华芳及毛冬声、方天人、陈祖源、吴志振等的支持下,武汉宁波经促会、宁波商会全力以赴,以此作为回报家乡的重要契机。我因任市政府副秘书长时曾先后协助市长、常务副市长工作,便会同宁波市副市长李关定出面邀请武汉钢铁公司、东风汽车集团有限公司两家世界500强企业的常务副总经理,武汉大学、华中科技大学两所985高校的副校长,烽火通信、华工科技、人福医药、天喻信息、高德红外、东湖高新、凯迪生态、长江通信八家高新企业的董事长等重要嘉宾,最终与武钢等达成合作协议45个,总投资170.87亿元。天喻信息等上市公司在宁波落户。

2018年6月,武汉市原副市长陈华芳和我率队,到宁波经促会报告第五届武汉宁波经促会换届事宜。受宁波市政协主席、宁波经促会会长杨戌标委托,宁波经促会副会长、宁波市委原常委、秘书长王剑波,副会长、宁波市原副市长王仁洲,副会长兼秘书长、市政协原秘书长黄士力,宁波经促会常务副秘书长任森祺等参加座谈。他们对拟编辑出版《宁波人在武汉》一书给予支持和很高评价。

此著由唐惠虎、郑奋勇、朱留锋主编,唐惠虎提出大纲和入选者,并统筹修订全书,沈华强、毛茵任副主编。祖籍宁波的长江日报社高级记者毛茵,承担大量编辑任务,并撰写部分传记。武汉宁波经促会副会长、秘书长沈华强,宁波商会、经促会联合办公室主任周丽琳和干事丁燕琳承担烦琐的编务工作。

此著的出版得到宁波经济建设促进会办公室张幸迩、谷林、童立平、张尚君、马铭鸿等的支持。宁波经促会原秘书长、市政府办公厅经促办主任董敏,在此著策划时给予了指导。宁波日报社总编辑金波、宁波出版社总编辑袁志坚、总编辑助理徐飞对此著的出版给予了支持。责任编辑苗梁婕付出了许多心血,在此致以谢意。

为有助于读者了解有数十万祖籍宁波人的武汉,附录收入《武汉市概况》。

唐惠虎
2019年8月26日于武汉

(唐惠虎:第三届武汉宁波经济建设促进会会长,法学博士)

图书在版编目（CIP）数据

宁波人在武汉 / 武汉宁波经济建设促进会，武汉市宁波商会编 . -- 宁波：宁波出版社，2019.12
ISBN 978-7-5526-3752-6

Ⅰ.①宁… Ⅱ.①武… ②武… Ⅲ.①移民—历史—武汉②人物—生平事迹—武汉 Ⅳ.① D69 ② K820.863.1

中国版本图书馆 CIP 数据核字（2019）第 268836 号

宁波人在武汉

武汉宁波经济建设促进会　武汉市宁波商会　编

责任编辑	苗梁婕
责任校对	金芳萍　虞姬颖
装帧设计	金字斋
出版发行	宁波出版社
	（宁波市甬江大道1号宁波书城8号楼6楼　邮编　315040）
网　　址	http://www.nbcbs.com
印　　刷	宁波白云印刷有限公司
开　　本	710mm×1000mm　1/16
印　　张	17.75
字　　数	290千
版　　次	2019年12月第1版
印　　次	2019年12月第1次印刷
标准书号	ISBN 978-7-5526-3752-6
定　　价	80.00元

如发现缺页或倒装，影响阅读，请与出版社联系调换　电话：0574-87248279